Im alten Berliner Studentenviertel

Helmut Zschocke

Im alten Berliner Studentenviertel

PETER LANG

Frankfurt am Main · Berlin · Bern · Bruxelles · New York · Oxford · Wien

Bibliografische Information der Deutschen Nationalbibliothek
Die Deutsche Nationalbibliothek verzeichnet diese Publikation in
der Deutschen Nationalbibliografie; detaillierte bibliografische
Daten sind im Internet über http://dnb.d-nb.de abrufbar.

Umschlaggestaltung:
© Olaf Gloeckler, Atelier Platen, Friedberg

Umschlagabbildung:
„Füchse" des Wintersemesters 1909/10
vor dem Eingang des Corpshauses
der Normannia Berlin.

Abdruck mit freundlicher Genehmigung
von Ulrich Dëus-von Homeyer

Gedruckt auf alterungsbeständigem,
säurefreiem Papier.

ISBN 978-3-631-60606-3
© Peter Lang GmbH
Internationaler Verlag der Wissenschaften
Frankfurt am Main 2012
Alle Rechte vorbehalten.

Das Werk einschließlich aller seiner Teile ist urheberrechtlich
geschützt. Jede Verwertung außerhalb der engen Grenzen des
Urheberrechtsgesetzes ist ohne Zustimmung des Verlages
unzulässig und strafbar. Das gilt insbesondere für
Vervielfältigungen, Übersetzungen, Mikroverfilmungen und die
Einspeicherung und Verarbeitung in elektronischen Systemen.

www.peterlang.de

Inhaltsverzeichnis

Zur Einführung 7

1. Das zugeteilte Revier 11

2. Ein selbstgewähltes Studentenviertel 29

3. An der Universität 57

4. Als Gast der Berliner 91

5. Im bunten Viertel 115

6. Höhepunkt und Niedergang des Berliner Quartier latin 153

Anhang: Zwanzig kurze Porträts prominenter Bewohner des
Berliner Studentenviertels 167

Zur Einführung

Seinen ersten Auftritt in der Reichshauptstadt Berlin hatte sich der junge Münchner Studiosus Ludwig Ganghofer anders vorgestellt. An einem trüben Herbstmorgen des Jahres 1878 entsteigt er einem Waggon dritter Klasse des Postzugs - ausgestattet mit dem ersten väterlichen Monatswechsel von 120 Mark sowie den Kollegiengeldern - und begibt sich auf „Budensuche".

„Weil ich", so der spätere Romanschriftsteller, „an die Grenzen meines Geldbeutels denken musste, fasste ich Zutrauen zu einem schmalen, alten, sehr bescheiden aussehenden Haus in der Friedrichstraße, ganz nahe bei den Linden." [1]

Die Ortslage erscheint dem unerfahrenen Jüngling ideal: Die Universität liegt nur einige Schritte entfernt. Der vor wenigen Jahren gekrönte Kaiser Wilhelm – so würde er stolz seinen Eltern mitteilen - wohnt gewissermaßen um die Ecke. Und überhaupt, man steckt mittendrin im Berliner Leben.

Das Mansardenzimmer für 30 Mark „gefiel mir, obgleich es ein bischen sonderbar aussah, wunderlich mädchenhaft." Die „Hausfrau" beeindruckt den jungen Mann tief, insbesondere der „auffallend hübscher Teint." Merkwürdig nur der rote Schlafrock und dass sie „eine heftige Vorliebe für Wohlgerüche zu haben schien. Schade auch, dass sie so dick war."

Gegen Mitternacht geht es im Haus nicht mehr so ruhig zu wie in den Abendstunden. Zuerst ertönt lautes Klavierspiel, dann Weibergekreisch und Zorngebrüll eines Betrunkenen. Auf dem Treppenabsatz ein „balgender Knäuel" von drei „Mannsleuten" und einem halben Dutzend „Weibsbildern", die alle sehr wenig anhaben. Jetzt endlich geht dem neuen Mieter ein Licht auf. Tief empört flüchtet er mit dem Zimmerschlüssel in der Hand für den Rest der Nacht ins Café Bauer und mietet sich am Morgen Hals über Kopf in der Französischen Straße bei „ordentlichen Leuten" ein, ohne in der Aufregung nach dem Preis zu fragen. Sein Gepäck lässt er von einem Schutzmann aus dem Sündpfuhl holen. Dieser bringt auch die 30 Mark zurück. Ganghofer weigert sich, die drei anrüchig gewordenen Goldstücke zurückzunehmen, was den preußischen Beamten – jedenfalls vorübergehend - in arge Verlegenheit bringt.

Das neue Quartier ist zwar „frei von heftigen Wohlgerüchen", erweist sich jedoch als kompletter Salon für 60 Mark. Damit stehen noch 23 der 120 Mark Monatswechsel zur Verfügung. Jetzt müssen die Kollegiengelder dran glauben. In einem Brief an die Eltern wird der Verlust der 100-Mark-Note angezeigt. Der

---

1   Ludwig Ganghofer, Lebenslauf eines Optimisten, Stuttgart 1920, S. 77

Vater ersetzt den Betrag, mahnt indes zugleich, mit dem Geld künftig vorsichtiger zu sein.

Vom „Zauber der Großstadt" fürs erste gesättigt und in Anbetracht des „notleidenden Geldbeutels" bezieht der Student ein billiges Zimmer,

„... weit da draußen, wo Berlin ein Ende nahm ... damals sagten sich in der Charitéstraße die Katzen gute Nacht, und von meinem Fenster konnt ich über weite kahle Sandflächen hinausträumen, auf denen sich die ersten Viaduktbogen der Stadtbahn zu erheben begannen". Das dreieckige Stübchen in der Charitéstraße 1 ist „ ... allerliebst und anheimelnd. Es biedermeierte. Ein Lederlehnstuhl, den man nie ansehen konnte, ohne an eine Großmutter mit weißen Schmachtlocken zu denken. Und der Schreibsekretär war ein völlig unergründlicher Organismus von Klappdeckeln und Schubladen. ... Und die Hauspatronin duftete nicht und hatte keinen roten Schlafrock, hatte immer eine blaue Schürze vor dem dunkelbraunen Kleid, war die alte, kleine, wohlgenährte Frau Henkel." [2]

Innerhalb kürzester Zeit bringt es der Zugezogene auf nicht weniger als drei Wohnadressen und vollzieht damit im Zeitraffer einen Vorgang, zu dem die Berliner Studentenschaft viele Dezennien an Semestern benötigt: die Verlegung „ihres" Stadtviertels vom Süden nach dem Norden der Spree.

Das Studentenviertel ist keineswegs das einzige City-Viertel im Berlin jener Jahre. Das wohl bekannteste ist das Regierungsviertel in der Wilhelmstraße. Räumlich direkt nebenan, am Südrand des Tiergartens konzentriert sich das Diplomatenviertel. In entgegengesetzter Richtung, östlich vom administrativen, liegt das Bankenviertel, das viele Grundstücke in der Behrenstraße und im Raum bis zur Kronenstraße belegt. Als Nachbarn der Banken präsentieren sich südlich der Leipziger zwischen Friedrich- und Jerusalemer Straße die Zeitungsverlage und deren Druckereien, auch Nachrichtenbüros, Korrespondenzen, Bildredaktionen, Buchverlage und Buchbindereien. Nördlich der Leipziger Straße erstreckt sich um den Hausvogteiplatz das Konfektionsviertel, Sitz eines der damals größten Wirtschaftszweige der Stadt. Im Anschluss an den Lustgarten bildet sich schließlich zwischen den beiden Spreearmen eine weltbedeutende Konzentration von Museen heraus, für die sich bald die Bezeichnung Museumsinsel einbürgert.

Das studentische ist also nur eines von vielen Vierteln der Innenstadt. Aber es unterscheidet sich von allen anderen. Nicht nur, dass es bereits ab 1810, mit Gründung und im Umfeld der Universität entsteht und damit zu den ältesten zählt.

Der Hauptunterschied ist folgender: Die anderen sind Funktionsviertel; kennzeichnend für sie ist die Häufung bestimmter gleichartiger Einrichtungen. Das Studenten- oder Akademikerviertel ist demgegenüber primär ein Wohnquartier; hier häufen sich - in Nachbarschaft zu den Lehrstätten - „Studentenbuden." In

---

[2] a. a. O., S. 88

diesem Viertel sind – im Gegensatz zu den anderen - die Menschen Tag und Nacht anwesend (auch so mancher Professor wohnt im 19. Jahrhundert in der Nähe des Universitätsgebäudes oder sogar in diesem selbst). Hier findet das gesamte Leben statt, nicht nur das Arbeitsleben. Hier haben die studentischen Akteure ihre gesellschaftlichen und geselligen Treffpunkte. Menschen mit eigenem Sozialverhalten und speziellen Lebensgewohnheiten – und nicht die Baulichkeiten von Ministerien, Banken oder Zeitungsverlagen - sind es, die dem Viertel ihren Stempel aufdrücken.

Wie geht es zu im Berliner Studentenviertel? Wie lebt man dort? Wie und wo vergnügt man sich? Welche spezifisch studentischen Zusammenkünfte finden dort wo statt? Welcher Teil der gesamten Berliner Studentenschaft – der zahlenmäßig größten im Deutschen Reich - wohnt überhaupt in diesem Viertel? Welche bekannten Persönlichkeiten haben ihre Karriere an diesem Ort begonnen? Warum kommt es zur Nordwanderung dieses Wohngebiets und wie verläuft dessen alte bzw. neue Abgrenzung? Wann und warum verschwindet das Berliner „Quartier latin"?

Diese Fragen spielen in der Literatur zur Berliner Universität kaum eine Rolle. Dort dominiert die Betrachtung des Hochschullebens „von oben", also etwa der jeweiligen geistigen Strömungen an der Universität, der Koryphäen auf den Lehrstühlen, der Rolle der Universität bei wichtigen historischen und gesellschaftspolitischen Ereignissen bzw. Veränderungen; Gegenstand anderer Abhandlungen sind die innere Struktur der Lehrstätte bzw. der Fakultäten, die Leitungs- und Organisationsprofile, Finanzierungsfragen u. v. a. m.

Das vorliegende Buch nimmt die Sicht „von unten" auf. Es geht um diejenigen, für die jede Hochschule existiert. Es geht um eine vergleichsweise selten gepflegte Betrachtungsweise des Universitätslebens – und um einen Nachtrag zum vor kurzem feierlich begangenen zweihundertjährigen Jubiläum der Berliner Alma Mater.

1. Das zugeteilte Revier

Im Oktober 1810 schreiben sich die ersten Studenten an der neu gegründeten Berliner Universität ein. Es vergehen nur wenige Monate, und auf dem Markt erscheint zum Preis von „vier guten Groschen" ein Büchlein mit dem Titel „Nachrichten für angehende Studirende in Berlin, über mehrere hiesige ökonomische und wissenschaftliche Angelegenheiten" – gewissermaßen der erste Berliner Studienführer. Autor und Verleger ist Johann Christian Gädicke, ausgestattet überdies mit den Ämtern „Universitäts-Logis Commisarius und Castellan des Universitäts-Gebäudes".

Die kleine Schrift lässt erkennen, wie sich die preußische Behörde zu den neuen Bewohnern der Residenz verhalten wollen - fürsorglich und kontrollierend:

> „Gleich bei der ersten Vorbereitung zur Errichtung einer Universität in Berlin", so die Vorrede, „wurden die Fragen aufgeworfen: sind auch Wohnungen für die Studenten vorhanden? Können Studenten sich unbedingt in jedes Haus einmieten? Wer belehrt diejenigen über Wohnungen etc. welche hier gar keine Bekanntschaft haben? Es war sehr nöthig, daß man diese Gegenstände zum Wohl der Studirenden in Betrachtung zog, denn Berlin ist zu groß, als daß ein Fremder junger Mann nicht in mehrfacher Verlegenheit gerathen sollte, wenn er hier nicht jemand hat, welchen er über seine erste Einrichtung zu Rathe ziehen kann." [1]

Mit Wort und Tat hilft Gädicke dem der heimatlichen Geborgenheit entrissenen und in die Eigenverantwortung entlassenen Jüngling, sich in der großen, damals schon ca. 160.000 Einwohner zählenden Stadt zurechtzufinden. Er vermittelt – gegen ein gewisses Entgelt – Wohnstätten, gibt Auskünfte zu Kolleggeldern und anderen Universitätsangelegenheiten, zu Preisen für Güter der Lebenshaltung, für Kleiderreinigung und zu vielem anderen mehr.

Zu Recht gilt Johann Christian Gädicke als Kenner der Stadt. Sein „Lexikon von Berlin und der umliegenden Gegend. Enthaltend alles Merkwürdige und Wissenswerthe aus dieser Königsstadt und deren Gegend" aus dem Jahre 1806 weist ihn als solchen aus. Kein Wunder also, dass er den behördlichen Auftrag erhält, ein „Universitäts-Revier" abzustecken und dessen Ausmaße in seinem Studienführer bekannt zu geben. Das von Gädicke abgegrenzte und höheren Orts genehmigte Areal

> „ ... enthält ungefähr 1.600 Häuser und 30.000 Menschen , und ist also größer, als die meisten deutschen Universitätsstädte, Wien und einige andere ausgenommen. ... Es ist unstreitig der schönste Teil der Stadt, mit der großen Promenade, den Linden, dem Opernplatz, vielen der schönsten Straßen, und nahe dem Thiergarten." [2]

---

1   a. a. O., Berlin 1811, Reprint 1985, S. III-IV
2   ebenda, S. 2-3

Den „schönsten Teil der Stadt" beanspruchen natürlich alle Berliner – und sei es, um zu sehen und gesehen zu werden. Besonders gilt dies für die Straße „Unter den Linden". Hier residiert im Kronprinzenpalais König Friedrich Wilhelm III. Die Anwohner der Prachtstraße gehören in der Regel zu den wohlhabenden,

Das Gebäude der Friedrich-Wilhelms-Universität. Um 1830

kaum auf Untervermietung angewiesenen Bürgern der Stadt. Das führt von Anfang an zu der Absonderlichkeit, dass ausgerechnet das Bild der zentralen Achse des Universitätsreviers keineswegs von Studenten dominiert wird, und auch in den umliegenden Straßen ist das akademische nur eines von mehreren prägenden Elementen. Es ist so, wie es später Oskar Schwebel formuliert:

> „Auch Berlin hat sein ‚Quartier latin'. ... Nicht aber, dass der Student als solcher in diesen Theilen der Residenz irgendwie dominierte: davon kann bei Berliner Verhältnissen nicht die Rede sein: wohl aber liegen hier die Universität und all die Institute. Noch herrscht hier, in vielen Straßen wenigstens, jene Ruhe, welche die Musen so sehnlich erwünschen; noch spinnt sich hier das Leben und Treiben der studentischen Korporationen ab. Selbst in den Bierhallen liegt etwas von studentischem Geist. Für die Linden trifft dies nicht zu; sie gehören der Gesamtgeschichte Preußens, ja Deutschlands." [3]

Beiderseits der „Linden" finden sich indes vielerlei Wohngelegenheiten. Im Einzelnen schlägt Gädicke dem „Universitäts-Revier" zu:

---

3   Oskar Schwebel, Aus Alt-Berlin, Berlin 1891, S. 444

Die *Neustadt oder Dorotheenstadt.* Ihr wichtigstes Wohngebiet bilden die drei nördlichen Parallelstraßen der „Linden", die Mittel-, die Dorotheen- und die Georgenstraße samt ihren kleinen Querstraßen. Erst an zweiter Stelle zu nennen sind darüber hinaus die Straße Unter den Linden und die südlich folgende Behrenstraße, außerdem als Querverbindungen die Friedrichstraße sowie am westlichen Ende die – etwas später angelegte - Neue Wilhelmstraße. Das Universitätsgebäude liegt ganz am östlichen Rand der Dorotheenstadt.

Der *Friedrichswerder.* Wohnunterkünfte bietet hier weniger die unmittelbare östliche Nachbarschaft der Universität, in der das Zeughaus, heute Deutsches Historisches Museum, dominiert. Ganz anders die Situation in den vielen kleinen und kleinsten Straßen beiderseits der Kurstraße, die gegenüber der Friedrichwerderschen Kirche vom Werderschen Markt nach Süden abgeht und auf den Spittelmarkt mündet. Wohnhäuser herrschen auch in der unmittelbaren Umgebung der Kirche vor. Heute ist es kaum noch möglich, sich vor Ort die damaligen Gegebenheiten vorzustellen. Die ursprüngliche kleinteilige Bebauungen des südlichen Friedrichswerder ist komplett verschwunden, teilweise sogar die Straßen. Was Bomben und Abrisswut der Nachkriegszeit nicht beseitigten, war kurz zuvor bereits bei der Überbauung von fünf Gassen durch den Erweiterungsbau der Reichsbank (heute Auswärtiges Amt) liquidiert worden.

Die *nördliche Friedrichstadt.* Sie schließt sich südlich an die Dorotheenstadt an und wird im Osten vom Friedrichswerder und im Westen – jedenfalls als Wohngebiet – von der Mauerstraße begrenzt. Die einzelnen beiderseits der Friedrichstraße verlaufenden Ost-West-Verbindungen sind: Französische, Jäger-, Tauben-, Mohren-, Kronen- und als südliche Begrenzung die Leipziger Straße.

Das historisch erste Berliner Studentenviertel reicht somit von der Leipziger Straße im Süden bis zur Spree im Norden und vom Spreekanal im Osten bis nahe an den Tiergarten im Westen. Es bietet an sich hinreichend Platz für eine Studentenschaft, deren Anzahl bis Anfang der sechziger Jahre des 19. Jahrhunderts unter Zweitausend verbleibt.

Nur widerwillig gesteht der staatliche Universitätsbeauftragte Gädicke dem Studenten eine alternative Ortswahl zu:

> „Sollten aber Familienverhältnisse oder andere individuelle Gründe dem Studenten eine Wohnung in einem anderen Theile der Stadt, außerhalb des Reviers, räthlich machen, so hängt die Wahl ganz von ihm ab, nur darf er sich dann billigerweise über die Entfernung vom Unterrichtsgebäude nicht beschweren. Die Professoren und Docenten bei der Universität, sind jedoch verpflichtet, im U n i v e r s i t ä t s – R e v i e r z u l e s e n, entweder im Universitätsgebäude selbst, oder in einem andern hier gelegenen Hause." [4]

---

4   Johann Christian Gädicke, a. a. O., S. 3

Selbst die Lehrkräfte müssen somit ihren Beitrag zu Bindung des Studenten an das „Revier" leisten. Es ist indes nicht die Sorge um das Wohlbefinden des jungen Mannes, der bei mehr als zehn Minuten Fußweg ermüden könnte. Es geht um weit größere Gefahren, die gebannt werden sollen:

> „Die Polizey hat verrufene Häuser und dergleichen weibliche Geschöpfe daraus entfernt, so daß kein Student befürchten darf, in unsittlicher Nachbarschaft zu wohnen, wenn er sich ein Quartier in diesem Reviere wählt." [5]

Die Kunde von diesen drastischen Maßnahmen dringt bis ins weit nördlich von Berlin liegende Liebenberg. Schlossherr Friedrich Leopold von Hertefeld sorgt sich in einem Brief an Tochter Alexandrine um die sittengerechte Unterbringung seines Sohnes Karl, der ab April 1812 in die Universität eintreten soll:

> „Lüderlichkeit herrscht ... in der Stadt überhaupt, was Du schon daraus ersehen magst, dass man, um die Universität vor derart üblen Einflüssen zu sichern, den (es folgt die Beschreibung des Reviers - H. Z.) Bezirk von allen lüderlichen Etablissements gereinigt hat. Selbst die berüchtigte Madame Bernard hat ihr Haus in der Behrenstraße verkaufen und mitsamt ihrer Nymphen sich außerhalb des eben angegebenen Bezirks niederlassen müssen." [6]

Ob diese „Reinigung" wirksam und anhaltend war, ist zu bezweifeln. Verdeckte Formen käuflicher Liebe blühten zu allen Zeiten trotz und sogar wegen solcher Verbote, und lange bevor dem jungen Ganghofer im Jahre 1878 das in der Einführung dieses Buches erwähnte Malheur widerfuhr, war die quer durch das Studentenviertel führende Friedrichstraße zu einem Brennpunkt der Prostitution geworden.

Die nachdrücklich empfohlene Niederlassung der Studierenden in einem speziellen Revier hat aus Sicht der Behörden einen generellen Vorteil. Sie trägt dazu bei, Kontakte der akademischen Jugend mit den niederen Schichten der Bevölkerung zu verhindern, seien diese nun „lüderlich" oder – aufmüpfig. Selbst beim Besuch des Universitätsgottesdienstes in der Französischen Kirche am Gensdarmenmarkt verbleiben die jungen Männer im Viertel und unter sich.

Den Studenten der Berliner Universität wird ihr Wohngebiet zugeteilt; im Preußen von Friedrich Wilhelm III überlässt man generell möglichst wenig dem Zufall. Aber auch ohne Verordnung, ganz spontan wären die Studierenden sicherlich bestrebt gewesen, sich im Umfeld der zentralen Lehrstätte der Universität einzumieten.

Diese als Bestandteil des Forum Fridericianum großzügig um einen Ehrenhof angelegte Dreiflügelanlage mit der Adresse Unter den Linden 6 war in den Jahren 1748 bis 1753 von Johann Boumann d. Ä. errichtet worden. Friedrich II hat-

---

5 ebenda
6 Theodor Fontane, Wanderungen durch die Mark Brandenburg, Band 3, München 1996, S. 270-271

te sie für Prinz Heinrich von Preußen, Bruder des Königs und Held des Siebenjährigen Krieges, als dessen Stadtresidenz errichten lassen. Architektonisch der Knobelsdorff-Schule zuzurechnen, imponiert der schlossähnliche Barockbau bis heute mit seinem fünfachsigen skulpturenbekrönten Mittelrisalit, der sich vereinfacht an den Stirnseiten der Seitenflügel wiederholt und mit den von Pflanzengirlanden überspannten Rundbogenfenstern.

Im Jahre 1809 übereignet Friedrich Wilhelm III das inzwischen leerstehende Gebäude der Universität, die im Jahre 1828 den Namen des Königs erhält (und 1949 in Humboldt-Universität umbenannt wird).

Die Gründung einer Universität ist Teil der Reformen, die nach der militärischen Niederlage Preußens gegen Napoleon 1806 bei Jena und Auerstädt einsetzen. Den Hintergrund bildet dabei der Gedanke, dass der Staat durch geistige Kräfte ersetzten muss, was er durch physische verloren hat. Im Geiste der Reformer sind weder Wissen an sich noch Reden gefragt, sondern Charakter und Handeln. Es geht um radikale Wahrheitssuche und fundierte Urteilskraft.

Hinter diesen Zielen stehen an der Friedrich-Wilhelms-Universität in den ersten Jahrzehnten hervorragende Gelehrte wie Hegel und Fichte (Philosophie), Schleiermacher (Theologie), Boeck (Philologie), Ranke und Droysen (Geschichte), Virchow (Medizin) oder Helmholtz (Naturwissenschaft). Es dauert auch nicht lange, bis Berlin die höchste Studentenzahl aller deutschen Universitätsstädte vorweisen kann. Dabei ist es nicht nur die Universität mit ihren einmaligen Sammlungen, sondern die gesamte wissenschaftliche Landschaft, die die preußische Residenz für Studierwillige so anziehend macht, die Akademien der Wissenschaften und der Künste, die königliche Bibliothek, die Charité, die öffentliche Zeichenschule, die Bauakademie, die Tierarzneischule, später auch die landwirtschaftliche Hochschule, die allgemeine Kriegsschule, die Pépinière zur Ausbildung von Militärärzten, die Singakademie u. v. a. m.

Die Studenten der ersten Semester wohnen nicht nur größtenteils im Umfeld des Universitätsgebäudes, sie sind auch weitgehend der Orientierung unter mehreren Lehrstätten enthoben. Das Lehrangebot ist zuerst weitestgehend im Haus der Alma Mater konzentriert. Das Untergeschoss enthält die Hörsäle und den Versammlungsraum der Professoren, außerdem Hufelands Poliklinik in einem Parterreraum auf der Gartenseite. Im Mittelgeschoss des Westflügels befindet sich das anschauliche anatomisch-zootomische Museum mit seinen Skeletten und Präparaten (Rudolphi, dann Johannes Müller), im Ostflügel und einem Teil des Mittelbaus (Dachgeschoss) das zoologische Museum (Direktor Lichtenstein) sowie im ersten Stock die mineralogische Sammlung (Direktor Weiß), außerdem die geologische Sammlung – alle von der Akademie der Wissenschaften übernommen. Der äußerlich attraktive Mitteltrakt zwischen den beiden Seitenflügeln, das Corps de Logis des alten Palais´, ist für Lehrzwecke nur teilweise nutzbar. Der alte Ball- und der Empfangssaal des Prinzen nehmen hier mit fast 16 Metern Höhe beide obere Stockwerke ein. Diese Räume dienen nunmehr öffentlichen akademischen Feierlichkeiten.

Der Botanische Garten hinter dem Universitätsgebäude

Das Haus beherbergt darüber hinaus noch Kunstsammlungen, ministerielle Büros, die Sitzungszimmer der Akademie der Wissenschaften sowie die Quartiere aller Unterbeamten der Universität und mehrerer Professoren. So besitzen die o.g. Museumsdirektoren Lichtenstein und Weiß prächtige Amtswohnungen mit Blick zur Oper und zum Zeughaus. Auch Professor Tralles wohnt als Astronom der Universität unter dem Dach im Mittelbau, wo der - nie verwirklichte – Bau einer kleinen Sternwarte vorgesehen ist.

Hinter dem Palast, entlang der heutigen Universitätsstraße bleiben noch ein ganzes Jahrhundert hindurch die Gebäude der Pferdeställe aus den Zeiten prinzlicher Hofhaltung bestehen. Ein Holzplatz wird in einen botanischen Garten mit Gewächshaus umgewandelt. Hier finden Vorlesungen über medizinische Pflanzenkunde statt. An den Garten schließt sich das Kastanienwäldchen an, von dem ein ehemaliger Student noch im vorgerückten Alter schwärmt:

„Was war er uns Jungen für ein anziehender Aufenthalt! ... Der wohlgepflegte Gang hinter der Universität, auf welchem wir uns als fröhliche Studenten ergingen: ‚long, long, ago'! Aber die Erinnerung erfreut das Herz." [7]

Schon in den zwanziger Jahren macht sich die zunehmende Enge im Universitätsbau bemerkbar Aber der jährliche Baufonds beträgt nur 4.000 Taler; kein Betrag, um neu zu bauen, nicht einmal, um der Anfang der dreißiger Jahre bestehenden Einsturzgefahr des Daches nachhaltig zu begegnen. Zur Linderung der Raumnot hilft man sich, indem mehr und mehr Beamtenwohnungen in Instituts- und Vorlesungsräume umgewandelt werden. Der größte Widerstand kommt dabei von den Stall-Leuten, die mit ihren Pferden noch immer angestammte Plätze und Rechte beanspruchen.

Außerhalb des Gebäudes besitzt die Universität zunächst nur zwei Kliniken, die medizinische für den Therapeuten Professor Johann Christian Reil und die chirurgische von Professor Carl Ferdinand Graefe. Diese Keimzelle des späteren Universitätsklinikums, wo Patientenbehandlung und Studentenausbildung gleichermaßen gepflegt werden, verfügt über zwei mal zwölf Betten und ist im Mietshaus Friedrichstraße 101, dicht am Südufer der Spree, untergebracht. (Beide Kliniken ziehen später nach Norden über die Spree in die Ziegelstraße).

Ansonsten ist man als Medizinstudent der ersten Jahre andernorts zu Gast, weitab vom Viertel in der militärisch geleiteten Charité oder nebenan zum anatomischen Unterricht im alten Theatrum anatomicum der Akademie, auch anatomische Kammer genannt. Diese liegt an der Ecke der Dorotheen- zur Charlottenstraße. Erfreulich ist, dass es dort, wie Gädicke werbend mitteilt, „nie an Cadavern fehlt". Nicht akzeptieren wollen die Studenten der Universität hingegen, dass die vorderen der insgesamt 167 Sitzplätze des Hörsaals von den Zöglingen der militärärztlichen Pépinière, den „traditionellen" Gästen, bean-

---

7   Oskar Schwebel, a.a.O., S. 445

sprucht werden. Reibereien und Prügeleien zwischen den Studierenden beider Bildungsstätten sind an der Tagesordnung.

Das Magnus-Haus am Kupfergraben (rechts). 1868

Die Universität unterliegt strengster Haushaltsführung. Heinrich Gustav Magnus, der durch Untersuchung ballistischer Kurven den nach ihm benannten Effekt herausfindet, begründet auf eigene Kosten in seinem Wohnhaus Am Kupfergraben 7 (Ecke Dorotheenstraße) die Physikalische Lehrmittelsammlung der Universität, die erst 1844 ins ehemalige Prinzenpalais überführt wird.

Die Hochschule besitzt zuerst keine eigene Bibliothek. Kein Institut verfügt auch nur über ein einziges Buch. Professoren und Studenten sind auf die Königliche Bibliothek angewiesen. Diese befindet sich schräg gegenüber in der von den Berlinern so getauften „Kommode", dem 1775 bis 1780 von Georg Friedrich Boumann d. J. errichteten Bau, dessen süddeutscher Barock deutlich vom „preußischen" der Oper und des Prinzenpalais absticht.

Widerwillig genehmigt König Friedrich Wilhelm III am 21. Februar 1831 durch Kabinettsordre eine eigene Universitätsbibliothek, untergebracht im Duplettenzimmer der Königlichen Bibliothek. Bei Eröffnung besitzt sie 1.668 Bände. Von den jährlich bewilligten 500 Talern, sind nur 250 für Beschaffung und Einband verfügbar. Bis 1869 steigt der Etat nur auf 720 Taler, während der Königlichen Bibliothek schon um 1839 jährlich immerhin 8.000 Taler zur Verfügung stehen. Durch Austausch der Universitätsschriften und durch den Bezug der Pflichtexemplare von den Verlegern aus Berlin und Brandenburg wächst der

Bestand bis zum Jahre 1842 auf 15.000 Bände, von denen nur 15 Prozent angekauft sind. Bis 1848 sind es dann bereits 30.000 Bände.

Schon vorher, ab April 1839 bezieht die Universitätsbibliothek eigene Räume im sogenannten Adlerschen Saal Unter den Linden 76. Von dort wandert sie 1854 weiter in das ehemalige Gebäude der Hauptverwaltung der Staatsschulden in der Taubenstraße 29, wo sie 20 Jahre bleibt.[8] So bringt es die Bibliothek allein im ersten Halbjahrhundert des Bestehens der Universität auf nicht weniger als drei Standorte, verbleibt dabei aber immer im akademischen Stadtviertel.

Die „Zweite Geburtshülfliche Klinik" im Palais der ehemaligen russischen Gesandtschaft, Dorotheenstraße 5. Später erste Heimstatt des Germanistischen Seminars

Zu Auslagerungen von Instituten aus dem ehemaligen Prinzenpalais kommt es in den ersten 50 Existenzjahren der Universität trotz zunehmender Platznot nur in drei Fällen. Zwei von ihnen betreffen das theologische und das philologische Seminar. Beide verbleiben jedoch im „Viertel", vermutlich in der Dorotheen- oder Friedrichstraße. Der dritte Umzug führt nicht nur aus dem Palais, sondern auch aus dem Viertel heraus. Er betrifft die Poliklinik der Universität, die ihren

---

[8] vgl. Adolf Rüger u.a., Humboldt-Universität zu Berlin. Überblick 1810-1985, Berlin 1985, S. 36

Sitz in die Nr. 6 der Ziegelstraße, der ersten nördlichen Parallelstraße zur Spree rechts der Friedrichstraße, verlagert.

Auch eine andere Ortsverlagerung im medizinischen Bereich geht über das zugeteilte Studentenviertel hinaus. Für 30.000 Taler erwirbt die Universität das Grundstück Hinter der Garnisonkirche 1, gelegen im Osten, jenseits beider Spreearme, zwischen nördlichem Ende der Spandauer Straße und Hackeschem Markt. Hier richtet die Universität in der ehemaligen, aus dem 18. Jahrhundert stammenden Garnisonschule mit geringstem Aufwand - die Zwischenwände der Klassenzimmer werden entfernt und Holztische aufgestellt - einen Seziersaal ein. Mit dem eigenen „anatomischen Institut" auf materiell primitivster Grundlage finden die permanenten studentischen Auseinandersetzungen mit den künftigen Militärärzten an der Akademie der Wissenschaften ein Ende.

Das Graefesche Klinikum in der Ziegelstraße. Um 1820. Aquarell von F. A. Calau

Bereits im Jahre 1817 war in der Oranienburger Straße 29 behelfsmäßig eine „Geburtshülfliche Klinik" der Universität eingerichtet worden. Schon 14 Jahre später kann Professor Heinrich Wilhelm Busch mit seiner Entbindungsanstalt in die Dorotheenstraße 5, in das für 52.000 Taler erworbene ehemalige russische Gesandtschaftspalais umziehen, das dann später, zwischen 1887 und 1902, zur ersten Heimstatt des Germanistischen Seminars wird. Das Gebäude steht direkt hinter der Universität, ungefähr dort, wo sich heute unter der veränderten Nummerierung 20-22 das Seminargebäude am Hegelplatz befindet (und wo zwischen 1906 und Kriegszerstörung der Neubau eines Lehrgebäudes war).

Diese „II. Geburtshülfliche Klinik" ist ab den dreißiger Jahren des 19. Jahrhunderts, nach der „Auslagerung" des anatomischen Theaters, das einzige medizinische Institut, das sich im zugeteilten Viertel, also südlich der Spree, befindet. Während die Studierenden der drei anderen Fakultäten – der philosophischen, juristischen und der theologischen – ihre Lehrinstitutionen komplett im „Revier" vorfinden, halten sich die zukünftigen Ärzte bei Vorlesungen und Übungen hauptsächlich an Orten auf, die nördlich und östlich der Spree liegen – ein wichtiger Impuls, sich in dieser Gegend auch einzumieten.

Neue Nahrung erhält dieser Impuls ab 1818, als es dem Chirurgen Graefe nach sechs Kündigungsandrohungen gelingt, das Mietshaus in der Friedrichstraße zu verlassen. Wegen der dort herrschenden unerträglichen Enge und infolge der Beschwerden von Anwohnern über Geruchsbelästigung und Schmerzensschreie der Operierten entschließt sich der „Minister der geistlichen, Unterrichts- und Medizinal-Angelegenheiten", Freiherr von Altenstein zu einer Lösung. Diese besteht in der Zuweisung einer ehemaligen Bleizucker- und Stärkefabrik in der Ziegelstraße, wo sich nebenan bereits die Poliklinik der Universität befindet. Das Gebäude ist zur Nutzung durch beide Kliniken vorgesehen, wobei die medizinische bereits einige Jahre danach in die Charité verlegt wird. Trotz Umbau und Errichtung eines in Richtung Spreeufer verlaufenden Seitenflügels bleibt die frühere Produktionsstätte „ ... ein schauderhafter Kasten, in dem auch nicht die allergeringste hygienische Fürsorge eingerichtet werden konnte." [9] Hier wirkt Graefe, ein großer Operateur und Augenarzt, bis zu seinem Tode im Jahre 1840 als unermüdlicher Lehrer seiner Studenten.

Im Jahre 1829 kommt es endlich, nach zehnjährigem Widerstand der Militärverwaltung, zur Überführung der Charitéverwaltung vom Kriegs- in das Kultusministerium. In einem Erlass Altensteins an die Medizinische Fakultät vom 18. November werden die einzelnen Heilstätten der Charité aufgeführt, nämlich eine medizinische Klinik zum praktischen Studium für promovierende Ärzte in lateinischer Sprache, eine medizinische Klinik zum praktischen Studium in deutscher Sprache für nicht promovierende Ärzte und Wundärzte sowie Kliniken für Chirurgie, Augenheilkunde, Syphilis- und Geburtshilfe für beide Gruppen von Ärzten. Zugleich hat die Medizinische Fakultät dafür zu sorgen,

---

9   Isidor Kastan, Berlin wie es war, Berlin 1919, S. 161

„ ... dass die obengedachten, in dem hiesigen Charitékrankenhause befindlichen klinischen Anstalten als zur hiesigen Königlichen Universität mitgehörig von jetzt an in dem halbjährigen lateinischen und deutschen Lektionen-Verzeichnisse aufgeführt werden." [10]

Die Veränderungen an der Charité ziehen Studenten an – auch räumlich. Letzteres umso mehr, als sich die private Klinik des Augenarztes Albrecht von Graefe, Sohn des vormals in der Ziegelstraße lehrenden Chirurgen, dicht bei der Charité befindet. Das Gebäude steht auf dem dreieckigen Grundstück Karl-(Reinhardt-) Straße Ecke Unterbaumstraße. Hier hält Graefe seine Vorlesungen und leitet Operationen an.

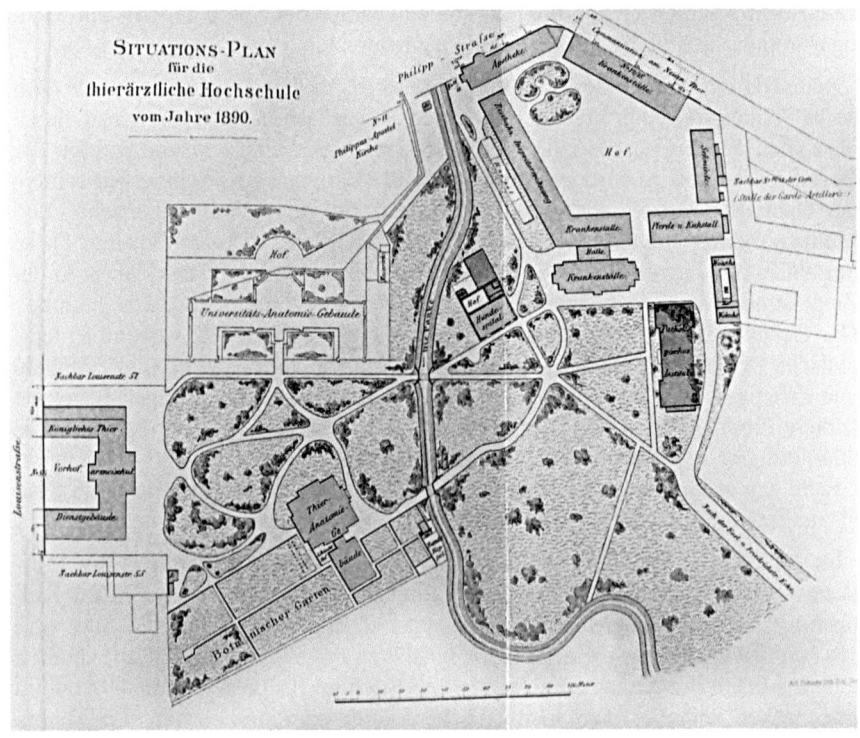

Die Tierärztliche Hochschule. Situationsplan 1890

Der schlanke Mann mit leidendem Christuskopf gilt als Mensch von unermesslicher Güte. Vor ihm verstummt selbst der gleichermaßen geltungssüchtige wie sarkastische Organisator der Arbeiterbewegung Ferdinand Lassalle. In einer Ge-

---

10   Universitäts-Archiv der Humboldt-Universität, Nr. 214, Bl.1

sellschaft soll er dem Arzt zugerufen haben: „Graefe! Sie sind kein Mensch! Sie sind ein Heiliger, und mit Heiligen streite ich nicht." [11]

Der Arzt arbeitet mit dem 1850 von Helmholtz erfundenen Augenspiegel, der die Kenntnis über das Auge wie die Diagnose revolutioniert. Die Privatklinik entwickelt sich schnell zur wohl weltweit bedeutendsten Forschungsstätte auf diesem Fachgebiet; sie lockt Patienten und Studenten aus allen Himmelsrichtungen an.

Das Anatomische Theater der Tierarzneischule. Erbaut 1790 von C. G. Langhans d. Ä. Heute das älteste Hochschullehrgebäude Berlins

Erst 1857 erhält Albrecht von Graefe eine Professur in der Charité. Der alte Hörsaal der Privatklinik verwandelt sich später in eine – Schnapsstube.

Es sind indes nicht nur die Humanmediziner, deren wissenschaftliches Zentrum nördlich der Spree liegt. Jenseits von Charité und Luisenstraße befindet sich mit Haupteingang an der Ecke der Karl- zur Friedrichstraße die Tierarzneischule. Sie wird bereits im Jahre 1787 von Oberstallmeister Graf von Lindenau auf Anweisung von König Friedrich Wilhelm II, dem Soldatenkönig, gegründet,

---

11 Felix Philippi, Alt-Berlin, Erinnerungen aus der Jugendzeit. Erste Folge, Berlin 1926, S. 8

"... weil der Schaden, der aus Mangel an guten Ross- und Viehärzten entstanden, für das Land und die Cavallerie von den allertraurigsten Folgen sei." [12]

Inmitten des parkähnlichen Geländes – ehemals auf dem höchsten Punkt des Areals, heute infolge Randaufschüttungen in einer Senke gelegen - erhebt sich das anatomische Theater, eine Schöpfung von Carl Gotthard Langhans d. Ä. aus dem Jahre 1790. Heute ist dies das älteste Hochschulgebäude Berlins. Auch der große klassizistische Bau mit Front zur Luisenstraße, der unter Ludwig Ferdinand Hesse im Jahre 1840 fertiggestellt wird, ist architektonisch sehenswert. Die Tierarzneischule erhält später, mit Kabinettsordre vom 20.Juni 1887 den Namen „Königliche Tierärztliche Hochschule". Sie bleibt aber selbständig und wird erst in den dreißiger Jahren des 20. Jahrhunderts – übrigens genau wie die Landwirtschaftliche Hochschule – in die Berliner Universität eingegliedert. Die Vorlesungen jeder dieser drei Hochschulen dürfen allerdings von Anfang an immatrikulierte Studenten auch der jeweils beiden anderen Bildungsstätten besuchen. Bald kommt es auch zu einer Regelung, die die Ferienzeiten aller drei Lehrstätten angleicht.

Lehrgebäude der Tierarzneischule, Luisenstraße 56

---

12 Prof. Dr. Schütz, Die Tierärztliche Hochschule zu Berlin 1790-1890, Berlin 1890, S. 3

Lehrstätten der Friedrich-Wilhelms-Universität. Stand 1860

Südlich der Spree

1. Das Universitätsgebäude, Unter den Linden 6

    Christlich-Archäologische Kunstsammlung, Archäologischer Apparat, Anatomisch-zootomische Sammlung, Physiologischer Apparat und physiologisches Laboratorium, Zoologisches Museum, Physikalische Apparatesammlung, Mineralogisches Museum, Pharmakologische Sammlung, Herbarium, Universitätsgarten

2. In der Königlichen Bibliothek am Platz am Opernhaus

    Kartographisches Institut

3. Taubenstraße 29

    Universitätsbibliothek

4. Dorotheenstraße 5

    Klinisches Institut für Geburtshilfe

5. Ohne Adressangabe (Dorotheen- oder Friedrichstraße)

    Theologisches Seminar, Philologisches Seminar

6. Französische Kirche am Gendarmenmarkt

    Universitätsgottesdienst

Nördlich und nordöstlich der Spree

7. Ziegelstraße 5

    Klinisches Institut für Chirurgie und Augenheilkunde, Chirurgisch-geburtshilfliche Instrumenten- und Bandagensammlung

8. Ziegelstraße 6

    Poliklinik der Universität

9. Schumannstraße 20-21, Charité

    Medizinische Klinik, Propädeutische Klinik, Chirurgische Klinik, Augenärztliche Klinik, Gynäkologische Klinik, Geburtshilfliche Klinik, Klinik für syphilitische und Hautkrankheiten, Klinik für Kinderkrankheiten, Klinik für psychologische Krankheiten, Institut für pathologische Anatomie, Praktische Unterrichtsanstalt für Staatsarzneikunde

10. Hinter der Garnisonkirche 1

    Anatomisches Theater

Quelle: Amtliches Verzeichnis des Personals und der Studierenden der Königlichen Friedrich-Wilhelms-Universität zu Berlin. Auf das Winterhalbjahr 1859/1860, Berlin 1860

Die Häufung der ärztlichen Wissenschaft nördlich (und nordöstlich) der Spree stellt die Existenzberechtigung des zugewiesenen „Reviers" frühzeitig in Frage.

Die jungen Mediziner sind die Ersten, die sich anders als vorgesehen orientieren. Allenfalls während der ersten zwei, maximal drei Jahrzehnte nach Universitätsgründung geht die Rechnung der Behörden auf, die Studierenden im Umkreis des alten Prinzenpalais zu konzentrieren. Danach verliert das Viertel an Bedeutung, und im Norden entsteht ein neues – diesmal spontan.

Schon ein halbes Jahrhundert nach Gründung der Universität ist das Viertel, das die „Linden" umgibt, längst nicht mehr das einzige, ja, nicht einmal mehr das größte Studentenquartier. Selbst hinsichtlich der Anzahl der Lehrstätten bzw. der dort ansässigen Institutionen hat die Gegend, obwohl sich dort das zentrale Universitätsgebäude befindet, ihr eindeutiges Übergewicht verloren, wie obige Aufstellung zeigt.

Im Jahre 1860 verfügt die Friedrich-Wilhelms-Universität über insgesamt 31 Institutionen, die sich auf zehn Adressen verteilen. Davon entfallen 16 Institutionen an sechs Standorten auf die Gegend südlich und 15 Institutionen mit vier Adressen auf das Areal nördlich der Spree - immerhin noch eine annähernd gleichgewichtige Verteilung zwischen Süd und Nord.

Landwirtschaftliche Hochschule, Invalidenstraße 42

Anders bei den studentischen Unterkünften. Generell ist zunächst festzustellen, dass ein Student, der im Jahre 1860 nach Berlin kommt, in der Stadt ein deutlich größeres Angebot möblierter Zimmer vorfindet als seine Vorgänger in den zurückliegenden Jahrzehnten. In den Jahren vor 1820 müssen knapp 1.000 Studenten noch in den Haushalten der 200.000 Einwohner Berlins unterkommen. Um 1860 hingegen rekrutieren sich nach dieser formalen Rechnung die Anbieter von Wohnraum aus einer halben Million Berliner - für 1.600 Nachfragende.

Trotz des breiteren Angebots bleibt bei der „Budensuche" die Nähe zu den Lehrstätten ein wichtiges Auswahlkriterium. Die Auszählung der Adressen in den amtlichen Verzeichnissen der Universität (und der Tierarzneischule) ergibt, dass sich für den kurzen Weg zur Vorlesung von den insgesamt 1.759 Studierenden des Wintersemesters 1860/61 immerhin 977 Kommilitonen, also mehr als die Hälfte (55,5 Prozent) entscheiden. Von diesen nimmt aber nur noch ein Drittel - 327 Studierende – das seinerzeit zugewiesene Revier in Anspruch. Die anderen 650 Vertreter des akademischen Nachwuchses logieren im Norden, unter ihnen 121 von insgesamt 139 Veterinärmedizinern. Allerdings ist einem Großteil der letzteren die freie Wahl des Wohnorts versagt; 102 von ihnen sind uniformierte Militäreleven, die kaserniert auf dem Gelände der Tierarzneischule untergebracht sind. Von diesen uniformierten Zöglingen abgesehen, formen die beiderseits der nördlichen Friedrichstraße, im Umkreis von Charité, Universitätskliniken und weiteren Bildungsstätten Wohnenden ein selbstgewähltes, spontan entstandenes Studentenviertel, das in der Rückschau als das eigentliche, langjährig bestehende Berliner „Quartier latin" anzusehen ist.

Das zugeteilte Studentenviertel. 1910.
Ohne südliche Straßenzüge (Jäger-, Tauben-, Mohren-, Kronen- und Leipziger Straße)

2. Ein selbstgewähltes Studentenviertel

Für einen historisch nur kurzen, der Universitätsgründung 1810 folgenden Zeitraum wohnt die Mehrzahl der Studenten in den ihnen zugedachten Straßen beiderseits der „Linden". Bald schon beginnt sich die Gegend zu entleeren – zunächst allmählich, im letzten Viertel des 19. Jahrhunderts mit Riesenschritten.

Die Auflösung des ersten Berliner akademischen Quartiers hat eine simple Ursache: Der Funktionswandel des Stadtzentrums geht stark zu Lasten von Wohnungen, und die verbleibenden Mietzimmer sind für die Masse der Studierenden nicht mehr bezahlbar. Originellerweise leistet die Universität selbst im Maße ihrer räumlichen Expansion einen – wenn auch vergleichsweise geringen – Beitrag zur Vertreibung der Studenten aus dem angestammten „Revier".

Den großen Umschwung in der Entwicklung der Universität – und schließlich auch in den studentischen Wohngewohnheiten - bringen die Jahre, die der nationalen Einigung 1871 folgen, die Jahre Berlins als neuer Hauptstadt des Deutschen Reiches. Die Anzahl der Studenten - zum Zeitpunkt der Universitätsgründung im Oktober 1810 sind es 256 - erreicht einen Scheitelpunkt von 2.000 bereits im Jahre 1833; er wird erst 1863 überschritten. Auch im Wintersemester 1870/71 werden noch immer nur 2.150 Immatrikulierte gezählt. Dann jedoch folgen Steigerungen, die sich von Jahrzehnt zu Jahrzehnt im vierstelligen Bereich bewegen, auf 4.100 im Wintersemester 1880/81 über gut 5.300 im WS 1890/91 und 6.300 im WS 1900/01 auf schließlich 7.900 im Wintersemester 1909/10.

Der Lehrkörper, im Oktober 1810 aus 58 Dozenten bestehend, überschreitet 1834 die Grenze von 150 Ordinarien, Extraordinarien und Privatdozenten, aber 37 Jahre später, im Wintersemester 1870/71 sind es noch immer erst 170. Dann folgen auch hier die großen Sprünge: 1880/81: 217, 1890/91: 312, 1900/01: 399, 1910/11: 491. Diese Entwicklung verläuft prozentual zwar etwas langsamer als bei den Studenten, aber doch so, dass auch zuletzt ein Lehrer für nur 17 Lernende zur Verfügung steht (zum Vergleich: heute beträgt an der Humboldt-Universität dieses Verhältnis 1 zu 80!).

In den achtziger Jahren setzt eine Entwicklung ein, in deren Verlauf sich die „Friderico-Guilelmia" in eine Weltuniversität verwandelt. Maßgeblichen Anteil daran hat Friedrich Althoff, seit 1882 Universitätsreferent und danach Ministerialdirektor im preußischen Kultusministerium. In seiner bis zum Jahre 1907 währenden Amtszeit entstehen 43 neue Institute und Seminare, vor allem im medizinischen und im naturwissenschaftlichen Bereich. Unter seiner Verantwortung erreicht der Etat der Hochschule im Jahre 1900 eine Summe von 4.300.000

Mark, das Fünfeinhalbfache des Standes von 1870 mit 773.750 Mark. Das Jahresgehalt eines Ordentlichen Professors erhöht sich in diesen dreißig Jahren von 4.873 auf 6.921 Mark.

Max Lenz, Ordinarius für Geschichte und Verfasser einer auf archivalischer Quellenforschung beruhenden mehrbändigen Geschichte der Friedrich-Wilhelms-Universität, schreibt zur damaligen Situation:

> „Kaum einer der Neuberufenen kam noch nach Berlin, ohne ein Institut für sich zu fordern und es sogleich oder ein wenig später zu erhalten. Ganze Straßenviertel sind heute (1918 – H. Z.) mit Neubauten dieser größten aller Lehranstalten bedeckt. In den Straßen rundum sind Häuser oder Etagen gekauft oder gemietet worden, die, kaum bezogen, wieder zu eng wurden." [1]

Innerhalb des alten, seinerzeit zugeteilten Studentenreviers expandiert die Universität besonders in der Dorotheenstadt und dort wiederum in der gleichnamigen Straße. Dabei wird der größte Neubau, der das trapezförmige Gelände Dorotheenstraße - Neue Wilhelmstraße - Reichstagsufer – Bunsenstraße einnimmt, auf dem Gelände einer Artilleriewerkstatt errichtet; ihm fallen also keine studentischen Unterkünfte zum Opfer. Der ausgedehnte, in den Jahren 1873 bis 1883 entstehende und 1907 bis 1908 aufgestockte Komplex zur Unterbringung naturwissenschaftlicher, medizinischer und technischer Institute geht auf die Initiative des Physikers Hermann von Helmholtz zurück. Sein Physikalisches Institut, verbunden mit Namen wie Hertz, Wien, Lebedew, Michelson, Planck und Franck, nimmt den Trakt am Reichstagsufer Ecke Neue Wilhelmstraße ein; heute befindet sich dort der Neubau des Hauptstadtstudios der ARD.

In den Bauteil an der Dorotheenstraße zieht Emil Du Bois-Reymond mit seinem Physiologischen Institut ein (das später in die Hessische Straße wandert und dem Hygienischen Institut Platz macht). Auch das Pharmakologische Institut ist von dieser Straße aus zugänglich. Über die Bunsenstraße gelangt man in das Physikalisch-Chemische und in das Technologische Institut. Der große Hörsaal des Komplexes ist jener Ort, wo Robert Koch im Jahre 1882 seinen Vortrag über die Entdeckung des Tuberkelbazillus hält.

Die anderen Universitätsadressen in der Dorotheenstraße stehen überwiegend für geisteswissenschaftliche Institute oder Seminare: theologische, sprachwissenschaftliche, juristische, philosophische und andere. Allein in dieser Straße finden sich im Jahre 1910 nicht weniger als acht Gebäude die insgesamt 16 Institutionen beherbergen (vgl. den Überblick über die Lehrstätten). Die beiden größten mit jeweils fünf Einrichtungen liegen in nur geringer Entfernung zum

---

[1] Max Lenz, Geschichte der Königlichen Friedrich-Wilhelms-Universität zu Berlin, 2. Band, Zweite Hälfte, Halle 1918, S. 371

Universitätsgebäude. Es sind dies ein 1906 errichtetes Lehrgebäude am Ort der ebenfalls bereits universitär genutzten ehemaligen russischen Botschaft und – unmittelbar an der Ecke zur Charlottenstraße gelegen – der ebenfalls im Krieg zerstörte Bau auf dem Grundstück mit der damaligen Nummer 95-96.

Das Physikalische Institut am Reichstagsufer

Schräg hinter dem ehemaligen Prinz-Heinrich-Palais, in der Dorotheenstraße 9-10 (heute 28) entsteht zwischen 1871 und 1874 das Gebäude der neuen Universitätsbibliothek – nach drei vorangegangenen Provisorien der erste eigene Zweckbau. Er erfüllt seine Aufgabe immerhin über vier Jahrzehnte hindurch und ist groß genug, um einen Buchbestand unterzubringen, der zwischen 1872 und 1913 von 120.000 auf 278.000 Bänden und 258.000 Hochschulschriften anwächst. In dieser Zeit entfernt man sich einen weiteren Schritt von der traditionell schülerhaften Behandlung der Studenten. Diese müssen übrigens ab 1890 bei der Buchausleihe keine Bürgschaft eines Professors mehr vorlegen.

Das nächste Domizil der Universitätsbibliothek befindet sich auf der gegenüberliegenden Straßenseite. Ab 1914 belegt sie den rückwärtigen Teil der soeben fertiggestellten neuen Königlichen, danach Preußischen, heute Deutschen Staatsbibliothek, der die alten Gebäude der Akademien der Wissenschaften und der Künste weichen mussten. Wieder ist die Universitätsbibliothek zu Gast und diesmal fast für ein Jahrhundert, bis sie mit ihren Hauptbeständen im Jahre 2009 in den eigenen Neubau des nahegelegenen Jacob-und Wilhelm-Grimm-Zentrums übersiedeln kann.

Die bisherige Königliche Bibliothek erhält die Universität im Jahre 1910 vom preußischen Kultusministerium als Geschenk. Bis zur Kriegszerstörung des Gebäudes befindet sich die repräsentative Aula der Friedrich-Wilhelms-Universität nunmehr hier in der sogenannten Kommode. Die Einweihung findet am 11.Oktober 1910 zugleich mit der 100-Jahrfeier der Alma Mater statt.

Lehrstätten der Friedrich-Wilhelms-Universität. Stand 1910

Südlich der Spree

1. Das Universitätsgebäude, Unter den Linden 6

    Juristisches Seminar, Seminar für Deutsches Recht, Philologisches Seminar, Indogermanisches Seminar, Mathematisches Seminar, Institut für theoretische Physik, Archäologischer Apparat, Apparat für neuere Kunstgeschichte, Universitätsgarten, Akademische Auskunftsstelle

2. Dorotheenstraße 95-96

    Theologisches Seminar, Praktisch-Theologisches Seminar, Psychologisches Institut, Staatswissenschaftlich-Statistisches Seminar, Germanistisches Seminar

3. Dorotheenstraße 5

    Christliche Archäologische Sammlung, Institut für Altertumskunde, Seminar für Romanische Philologie, Seminar für Englische Philologie, Botanisches Institut

4. Dorotheenstraße 6

    Seminar für Orientalische Sprachen

5. Dorotheenstraße 34A

    Pharmakologisches Institut

6. Dorotheenstraße 35

    Hygienisches Institut

7. Dorotheenstraße 40

    Zahnärztliches Institut

8. Dorotheenstraße 9-10

    Universitätsbibliothek

9. Dorotheenstraße 61

    Handbibliothek des Juristischen Seminars

10. Georgenstraße 34

    Institut und Museum für Meereskunde

11. Georgenstraße 34-36

    Geographisches Institut

12. Bunsenstraße 1

    Physikalisch-Chemisches Institut, Technologisches Institut

13. Reichstagsufer 7-8

    Physikalisches Institut

14. Behrenstraße 70

    Philosophisches Seminar, Seminar für Historische Geographie, Seminar für Osteuropäische Geschichte und Landeskunde

15. Schinkelplatz 6

    Historisches Seminar, Musikhistorisches Seminar, Meteorologisches Zentralinstitut

16. Wilhelmstraße 92-93

    Mechano-Therapeutische Anstalt

17. Lindenstraße 91

    Astronomisches Recheninstitut, Seminar zur Ausbildung von Studierenden im wissenschaftlichen Rechnen

Nördlich der Spree

18. Ziegelstraße 5-9

    Vereinigte Universitätskliniken

19. Ziegelstraße 18-19

    Hydrotherapeutische Anstalt, Poliklinisches Institut für innere Medizin, Zahnärztliches Institut (wie Dorotheenstraße 40)

20. Artillerie(Tucholsky)straße 18

    Klinisches Institut für Frauenkrankheiten und Geburtshilfe

21. Schumannstraße 20-21, Luisenstraße 2 und 13, Charité

    Erste medizinische Klinik, Zweite medizinische Klinik, Institut für Krebsforschung, Chirurgische Klinik, Chirurgische Poliklinik, Frauenklinik, Klinik für Haut- und Geschlechtskrankheiten, Poliklinik für Haut- und Geschlechtskrankheiten, Klinik für Kinderkrankheiten, Klinik für psychologische Nervenkrankheiten, Poliklinik für Nervenkrankheiten, Klinik für Hals- und Nasenkranke, Klinik und Poliklinik für Ohrenkrankheiten, Augenklinik, Pathologisches Institut

22. Luisenstraße 3

    Poliklinik für orthopädische Chirurgie, Institut für Untersuchungen mit Röntgenstrahlen

23. Luisenstraße 8

    Poliklinik für Lungenleidende

24. Luisenstraße 13A

    Poliklinik für Hals- und Nasenkranke

25. Luisenstraße 56, im Garten der Tierärzlichen Hochschule
    Anatomisches Institut, Anatomisch-Biologisches Institut
26. Luisen (Robert-Koch-)platz
    Staatliche Sammlung ärztlicher Lehrmittel
27. Hannoversche Straße 6
    Praktische Unterrichtsanstalt für Staatsarzneikunde (Leichenschauhaus)
28. Hessische Straße 3-4
    Physiologisches Institut, Chemisches Institut
29. Invalidenstraße 43, im Gebäude des Museums für Naturkunde
    Mineralogisch-Petrographisches Institut und Museum, Geologisch-Paläontologisches Institut und Museum, Zoologisches Institut und Museum
30. Invalidenstraße 42, im Gebäude der Königlichen Landwirtschaftlichen Hochschule
    Pflanzenpsychologisches Institut

Außerhalb der Universitätsviertel

31. Magdeburger Straße 16: Neuro-Biologisches Universitäts-Laboratorium. 32. Kantstraße: Kriminalistisches Seminar. 33. Enckeplatz 3A: Sternwarte. 34. Dahlem: Botanischer Garten, Botanisches Museum, Pharmazeutisches Institut. 35. Telegraphenberg Potsdam: Meteorologisches - Magnetisches Observatorium

Quelle: Amtliches Verzeichnis des Personals und der Studierenden der Königlichen Friedrich-Wilhelms-Universität zu Berlin. Auf das Winterhalbjahr vom 16. Oktober 1910 bis 15. März 1911, Berlin 1911

Neben denjenigen in der Dorotheenstraße finden sich 1910 im ehemals zugewiesenen Studentenviertel weitere sechs Adressen mit universitären Einrichtungen.

Zu ihnen gehören die ehemalige Schinkelsche Bauakademie am Schinkelplatz 6, die zwei Seminare beherbergt, das Haus Behrenstraße 70, nahe Ecke Wilhelmstraße mit drei Seminaren und die Adresse Georgenstraße 34, nur wenige Schritte östlich von der Friedrichstraße entfernt.

Das zuletzt genannte Gebäude ist ursprünglich das alte Chemische Laboratorium der Universität. Es wird auf Anregung des Justus-von-Liebig-Schülers August Wilhelm von Hofmann erbaut und 1869 eröffnet. Für seine Zeit ist es eines der größten Institute dieser Art. Nachdem im Jahre 1900 das neue chemische Institut in der Hessischen Straße bezogen worden ist, dient das Haus bis zu seiner Zerstörung im Krieg als Museum und Institut für Meereskunde; es nutzt ab 1914 auch die freigewordenen Räume der Universitätsbibliothek.

Im Universitätsgebäude, dem ehemaligen Prinz-Heinrich-Palais wird die räumliche Enge im Verlauf der siebziger Jahre unerträglich. Um zumindest dem Mangel an großen Auditorien abzuhelfen, entsteht daher im Jahre 1878 ein provisorisches Bauwerk auf dem Grasplatz hinter dem Gebäude, das „Barackenauditorium." Ab 1885 ist hier die Akademische Lesehalle untergebracht. Sie ist für Literatur- und Zeitungsstudium gedacht, wird darüber hinaus aber bald zum Namenssymbol für Reformbewegungen, die sich gegen die studentischen Korporationen und andere Traditionen richten. Bis zu ihrem Abriss im Jahre 1916 bleibt sie ein Ort politischer Richtungskämpfe.

Die akademische Lesehalle

Kurzzeitig entspannt sich in den achtziger Jahren im Palais die Raumnot. Die Eröffnung des Pharmakologischen Instituts in dem bereits erwähnten neuen Komplex zwischen Dorotheenstraße und Reichstagsufer ermöglicht die Übersiedlung der fachwissenschaftlichen Sammlung vom Westflügel des Hauptgebäudes. Auch das Physikalische Labor von Magnus, das 1871 ins Universitätsgebäude gekommen war, kann 1878 zum Reichstagsufer umziehen. Dienstwohnungen von Dozenten gibt es im Haus bereits seit 1873, dem Todesjahr von Professor Wilhelm Peters, nicht mehr.

Aber der umfassenden Räumung folgt die neue Belegung auf dem Fuß, und mit Stand von 1910 ist im Palais neben der Aula, den anderen offiziellen und Vorlesungs-Räumen sowie der Akademischen Auskunftsstelle erneut eine stattliche Anzahl von Lehrinstitutionen versammelt: der Archäologische Apparat und der Apparat für neuere Kunstgeschichte, das Institut für theoretische Physik, das Seminar für Deutsches Recht, das Juristische, das Philologische, das Indogermanische und das bereits 1861 von Ernst Kummer und Karl Weierstraß gegründete Mathematische Seminar.

Der große Um- und Erweiterungsbau des alten Prinz-Heinrich-Palais erfolgt in den Jahren 1913 bis 1920. Aus Respekt vor der Geschichte und mit Rücksicht auf die Umgebung übernimmt Stadtbaurat Ludwig Hoffmann die friderizianische Palastarchitektur für den Neubau in einer Weise, die dem Unkundigen den Eindruck vermittelt, das Gebäude in seiner heutigen Gestalt mit den hundert Meter langen Seitenflügeln sei in barocker Zeit aus einem Guss entstanden.

Auf der Vorderseite ergänzt Hoffmann die beiden Innenhofflügel um seitliche Anbauten. Die Rückseite der Mittelbaus erhält zwei lange Seitenflügel, die zur Dorotheenstraße mit Kopfbauten enden. Im Inneren entstehen in allen Geschossen Verbindungen zwischen alten und neuen Teilen, was zu umfassenden Veränderungen im barocken Kerngebäude führt. Die beiden folgenden Bilder zeigen das Palais im alten, historischen Zustand und die Anbauten (schwarz ausgeführte Teile auf nebenstehender Karte).

Seit den zwanziger Jahren kann damit die Ausbildungskapazität an den drei nichtmedizinischen Fakultäten (Juristische, Theologische und Philosophische) bedeutend vergrößert werden. Es entsteht Raum für neue oder erweiterte Seminare, beispielsweise in der Ausbildung für orientalische Sprachen. Auch die Akademischen Lesehalle kommt 1926 im Erdgeschoss des neuen Westflügels, dem Saal der späteren Hauptmensa, unter.

Diese Veränderungen am und im Hauptgebäude finden indes zu einem Zeitpunkt statt, an dem das historisch erste, zugeteilte „Revier" bereits weitgehend studentisch entvölkert ist. Die Inanspruchnahme von (potentiellem) Wohnraum durch die Universität in der Dorotheenstraße und deren Umgebung ist dabei die geringste Ursache. Ganz anders ins Gewicht fällt der Bau der Stadtbahn mit dem Bahnhof Friedrichstraße in den Jahren 1876 bis 1882. Die wie ein Viadukt durch die Innenstadt von Ost nach West gezogene Eisenbahntrasse beansprucht in der Dorotheenstadt den Baugrund der gesamten Nordseite der Georgenstraße.

Die Vertreibung der dortigen Bewohner mit ihren studentischen Untermietern nimmt sich indes immer noch als Detail aus im Vergleich zu dem, was in der Gegend ohnehin bereits im Gange ist und nunmehr enorm beschleunigt abläuft. Im Umfeld des Bahnhofs entstehen massenhaft Tanzpaläste, Bierhallen, Varietés, Theater und alles andere, was Amüsierwillige suchen. Die Station Friedrichstraße wird zu einem der wichtigsten Reiseendziele Vergnügungssüchtiger aus den Provinzen, insbesondere aus den östlichen. Viele von ihnen wollen bequemerweise vor Ort auch übernachten. Hotels für jeden Geldbeutel entstehen – vom direkt am Bahnhof gelegenen „Central" mit dem legendären Wintergarten und dem Lokal Heidelberger, dem „Continental" an der Neustädtischen Kirchstraße und den Hotels „Monopol" sowie „Savoy", Friedrichstraße 100 bzw. 103 bis zu einer großen Anzahl mittlerer und kleiner Unterkünfte, die nicht selten aus umgebauten oder umfunktionierten Miethäusern hervorgehen. Insgesamt steigt in der Dorotheenstadt die Zahl der Hotels von 18 im Jahre 1870 auf 76 im Jahre 1914.

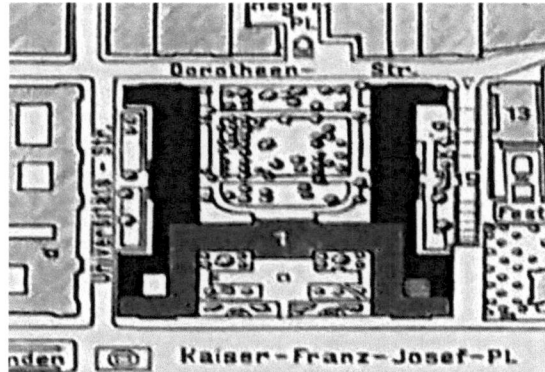

Allein in der Dorotheenstraße werden zwanzig derartige Adressen gezählt, das ist in dieser Straße jedes fünfte, in der Mittelstraße mit siebzehn Hotels sogar jedes vierte Haus. [2] Das Glück für Fontanes Hugo Großmann beginnt genau genommen nicht erst dann, als er Mathilde Möhring kennenlernt, sondern bereits damit, dass er 1889 in dieser Gegend – Georgenstraße 19, dicht an der Friedrichstraße – überhaupt noch ein Zimmer findet.

Die Dorotheenstadt ist zum Hotelviertel geworden. Auch als Universitätsviertel hat sie sich weiter profiliert. Ein Studentenviertel ist sie hingegen nicht mehr. Vom einstige Milieu künden nur noch einzelne Lokale, wo die Studenten die Herren sind, allen voran die Akademischen Bierhallen von Theodor Müller am Hegelplatz direkt hinter dem Universitätsgebäude. Aber auch Müller, zugleich Präsident des deutschen Gastwirtsverbands, muss im Jahre 1899 wegen Abriss

---

2 Hermann Zech, Die Dorotheenstadt in Berlin-Mitte, Berlin 2000, 5-6

des Hauses aufgeben und eröffnet neu am Charlottenburger Knie. Vorbei ist es auch mit dem Café „New York" oder der „Hopfenblüte" Unter den Linden.

Andere Höhepunkte fröhlichen und geselligen Studentenlebens sind zum Zeitpunkt der Jahrhundertwende schon seit langem vergangen und existieren nur noch in der Erinnerung Ältester Herren, so Eiselen´s Turn- und Fechtsaal in der Dorotheenstraße, die Kneipabende bei Steinberg in der Mittelstraße 46, die Mensuren bei Berger in der Mittelstraße 32 oder die Mittwochsbälle am Monatsbeginn beim „Onkel" in der Dorotheenstraße, die schon im Jahre 1840 wegen „Sittenlosigkeit" untersagt werden.

Die Dorotheenstadt ist weitgehend unbewohnbar geworden – nicht nur für Studierende. Wer als Student den billigen und zeitsparenden Fußweg zur Lehrstätte bevorzugt, sucht sich unmittelbar jenseits der Spree ein Unterkommen. Andere nutzen die verbesserte Verkehrsanbindung der Universität durch die Stadtbahn und wohnen im bürgerlichen Charlottenburg bzw. im bayrischen Viertel, im proletarischen Friedrichshain – oder auch zu Hause in Potsdam.

Im großen Maßstab vertrieben werden im letzten Viertel des 19. Jahrhunderts die Studierenden mit vielen ständigen Bewohnern auch aus jenem Teil des alten „Reviers", der sich südlich an die Straße Unter den Linden anschließt. Die Friedrichstraße samt unmittelbarer Umgebung ist hier – bis zur Leipziger Straße – mehr noch Amüsiermeile als weiter nördlich. Die „Passage", Pschorrbräu und Tucherbräu, der „Grobe Gottlieb" in der Jägerstraße, das feine Borchardt in der Französischen Straße, das Metropoltheater in der Behrenstraße oder das Palais de Danse direkt daneben stehen für manch weiteres Etablissement.

Während hier die Betriebsamkeit nachts ihren Höhepunkt erreicht, mangelt es tagsüber nicht an Geschäftigkeit ganz anderer Art. Viele Grundstücke in der Behrenstraße und im Raum bis zur Kronenstraße sind von Banken belegt, die hier ein eigenes Cityviertel bilden und deren leitende Vertreter in der Nachbarschaft ihre speziellen Lokale zur Pflege geschäftlich-geselliger Kontakte beanspruchen.

Östlich vom Areal der Banken ist um den Hausvogteiplatz herum das Konfektionsviertel gewachsen, Standort eines der damals größten Wirtschaftszweige der Stadt. Wie den Hotels, den Vergnügungsstätten und den Banken müssen den Bekleidungshäusern viele der alten Wohnhäuser weichen – und mit ihnen so manche Studentenbude.

Nördlich der Spree finden die Studenten nicht nur billige Unterkünfte, sondern auch ein Lehrangebot, das bis zu Beginn des 20. Jahrhunderts immer breiter und vielfältiger wird und schließlich sogar neu gegründete Hochschulen umfasst.

Was die östlich der Friedrichstraße liegenden Universitätskliniken angeht, so entsteht nach mancherlei Ersatz-, Erweiterungs- und Neubauten ein ganzer Komplex medizinischer Einrichtungen, der das gesamte Uferbild von der Weidendammer Brücke bis zur Monbijoubrücke am Zusammenfluss der beiden Spreearme prägt.

Neue, größtenteils heute noch vorhandene Gebäude für die Chirurgische Klinik, deren Poliklinik sowie für die Augen- und Ohrenklinik errichtet man in den Jahren 1878 bis 1883 in der Ziegelstraße 5-9 und für einen Erweiterungsbau im Jahre 1891 auf dem Grundstück 10/11 der gleichen Straße. Im Rahmen der Bauvorbereitung wird unter anderem die Spree kanalisiert.

An der östlichen Ziegelstraße, der Ecke zur Artillerie-(Tucholsky-)straße eröffnet 1882 ein neuer Bau der Universitäts-Frauenklinik mit einem attraktiven Eingangsbereich in der Tucholskystraße 18. Geburtshilfe und Gynäkologie sind hier erstmalig vereinigt. Erweiterungen, die zuletzt bis zur Monbijoustraße reichen, folgen 1887 und dann vor allem in den Jahren 1927 bis 1933. Die alte „Geburtshülfliche Klinik" in der Dorotheenstraße 5 wird daraufhin nach 51 Jahren geschlossen.

Nicht minder gravierend ist der äußerliche Wandel westlich der Friedrichstraße, im anderen regionalen Zentrum der Medizinischen Fakultät. In der Charité, jenem Geviert zwischen Luisenstraße, Schumannstraße, Stadtbahntrasse, Alexanderufer und Invalidenstraße, werden zwischen 1896 und 1917 fast alle älteren Gebäude abgerissen und durch die heute das Bild bestimmenden Bauten mit ihren roten und gelbbraunen Backsteinfassaden, den großen Bogenfenstern und loggienartigen offenen Hallen ersetzt. Eines der wenigen Gebäude, die erhalten bleiben (und noch heute ihren Dienst versehen), ist das alte Pockenhaus vom Jahre 1837, das bis 1924 als Entbindungsanstalt dient.

Im Jahre 1910 sind auf dem Charitégelände insgesamt zehn Kliniken untergebracht, zwei medizinische, eine chirurgische, je eine für Frauen und Kinder, die Nerven- und die Klinik für Haut- und Geschlechtskrankheiten, außerdem die drei Heilstätten für Augen-, Ohren- sowie Hals- und Nasenkranke. Hinzu kommen sieben Polikliniken - ebenfalls auf diesem Terrain oder in unmittelbarer

Nachbarschaft gelegen – und acht weitere Forschungs- bzw. Lehrinstitutionen in nächster Umgebung. Zusammen ergibt dies westlich der Friedrichstraße 25 medizinische Einrichtungen; im Jahre 1860 waren es noch zehn - acht Kliniken und zwei sonstige Institution (vgl. die Aufstellungen über die Lehrstätten für beide Jahre und den Situationsplan für das Jahr 1917 auf S. 41).

Die Universitäts-Frauenklinik in der Artilleriestraße, heute Tucholskystraße

Besonders zu nennen unter den Forschungs- und Lehreinrichtungen sind das mit dem Namen Virchow untrennbar verbundene Pathologische Institut sowie das Institut für Krebsforschung, beide auf den Gelände der Charité, das Physiologische Institut in der Hessischen Straße, die Praktische Unterrichtsanstalt für Staatsarzneikunde (Leichenschauhaus) in der Hannoverschen Straße und das Anatomische Institut im Garten der Tierärztlichen Hochschule. Letzteres wird im Jahre 1868 eingerichtet und löst ein Jahrzehnte altes Provisorium ab, das sich in einem Gebäude hinter der Garnisonkirche befindet. Die neue Anatomie wird mehrfach durch An- und Umbauten verändert. Den Eingang schmückt heute der Spruch: „Hic locus ubi mors gaudet succerrere vitae" (Hier ist der Ort, wo sich der Tod freut, dem Leben zu helfen). Die Versorgung mit Leichen, für die die Universität übrigens um 1910 jährlich 2.100 Mark entrichten muss, erfolgt über einen separaten Zugang von der Phillipstraße her.

Abgerundet wird die Konzentration der medizinischen Wissenschaft auf die Gegend beiderseits der nördlichen Friedrichstraße dadurch, dass sich hier auch mehrere Privatkliniken ansiedeln, so um das Jahr 1900 in der Johannisstraße 11 diejenige von Professor Ernst von Bergmann, der „nebenan" in der Ziegelstraße der Chirurgischen Universitätsklinik vorsteht, die Frauen- und Geburtenklinik von Professor Ferdinand Straßmann, 1908/09 in der Schumannstraße 18 oder die Augen-Heilanstalt von Professor Julius Hirschberg seit 1873 auf dem Grundstück Nr. 34 der heutigen Reinhardstraße.

Seit den neunziger Jahren des 19. Jahrhunderts sind es indes nicht mehr nur die Studenten von der Medizinischen Fakultät, die nördlich der Spree ihre Lehrstätten – und nicht selten auch ihre Unterkünfte – haben. Auch einige bedeutsame Fachrichtungen der Philosophischen Fakultät etablieren sich hier – mit entsprechenden Konsequenzen für die „Budenwahl." An dieser Stelle ist anzumerken, dass die Friedrich-Wilhelms-Universität auch nach hundert Jahren aus nur vier Fakultäten besteht, den beiden genannten sowie der Theologischen und der Juristischen. Alles, was an neuen wissenschaftlichen Disziplinen aufkommt, wird der Philosophischen Fakultät zugeordnet, die sich später immerhin Philosophisch-Mathematische F. nennt. Bald mausert sie sich zur weitaus größten der

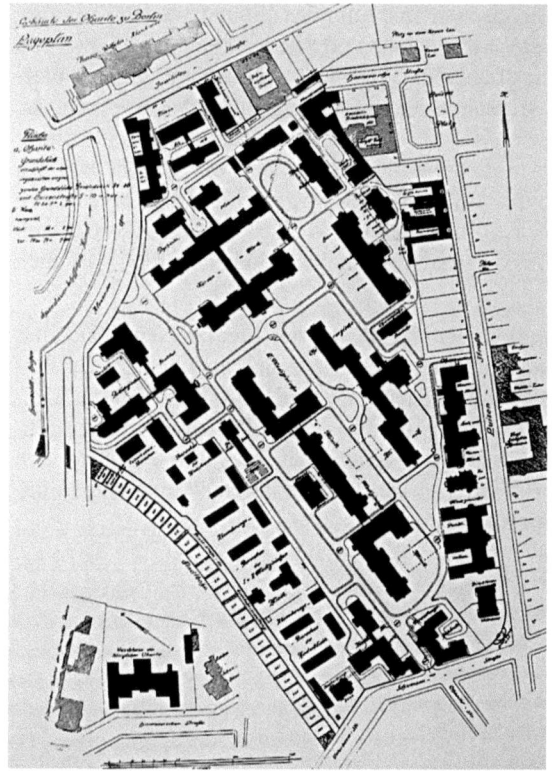

Vier. Zu ihr gehören: Alte und neue Philosophie und Geschichte, Mathematik und Naturwissenschaften, Chemie, Cameralia und Landwirtschaft, Pharmazie, Zahnheilkunde und andere. In Zahlen ausgedrückt sind dies von 7.902 Immatrikulierten des Wintersemesters 1909/10 insgesamt 4.375 Kommilitonen; es folgen die Juristen mit 1.858, die Mediziner mit 1.386 und die Theologen mit 283 Studenten. (Demgegenüber fanden sich im Jahre 1860 zwischen den vier Fakultäten noch ausgewogene Verhältnisse. Von den damals insgesamt 1.620 Studenten entfielen auf die Fakultäten: Philosophie 514, Justiz 436, Theologie 359, Medizin 311).

Mehr als jeder zweite Student gehört 1910 der Philosophischen Fakultät an, die fast schon eine eigene Universität darstellt. Ihr überproportionales Wachstum verursachen hauptsächlich die Chemie und andere praktische Fächer. Erst 1936 kommt es zur Teilung in eine Mathematisch-Naturwissenschaftliche und eine Philosophische Fakultät. Gleichzeitig erweitert sich die Juristische zur Staats- und Rechtswissenschaftlichen Fakultät, in die die staatswissenschaftlichen Ordinarien der alten Philosophischen Fakultät übernommen werden.

Der erste große Impuls aus dem Norden kommt für die „Philosophen" von den Einrichtungen des Museums für Naturkunde in der Invalidenstraße 43, das Ende 1889 eingeweiht wird. Es vereinigt drei bisher getrennt untergebrachte Sammlungen: die geologisch-paläontologische, die mineralogisch-petrographische und die zoologische. Drei wichtige Funktionen fließen an diesem Ort zusammen: neben der Ausbildung von Studierenden sind dies die Forschung sowie die anschauliche Vermittlung von Bildung für die Öffentlichkeit.

Ein weiterer Meilenstein in der Nordwanderung nichtmedizinischer Einrichtungen ist der Neubau des Chemischen Instituts, das binnen weniger als drei Jahren in der Hessischen Straße 3-4 entsteht und seine Arbeit im März 1900 aufnehmen kann. Das neue Haus beherbergt drei Hörsäle und vier große Unterrichtsräume; es übertrifft an Arbeitsplätzen für Unterricht und Forschung das alte Institutsgebäude in der Georgenstraße um das Dreifache. Angesichts dieser Kapazitäten konstatiert der Institutsdirektor Emil Fischer, ein Großer auf den Gebieten der organischen Chemie und deren Grenzgebiet zur Biologie, einen „Vorrang vor fast allen chemischen Instituten der Welt."[3] Von nun ab studieren die Chemiestudenten im „Medizinerviertel" – ein zusätzlicher Anreiz, dort auch Quartier zu nehmen.

Trotz der örtlichen und institutionellen Expansion der Medizinischen Fakultät beiderseits der nördlichen Friedrichstraße und obwohl sich Fachgebiete der Philosophischen Fakultät im Norden angesiedelt haben, bleibt dieser Teil des Universitätsviertels – was Standorte und Institutionen betrifft - hinter dem südlichen zurück. Wie die Aufstellung zeigt, befinden sich im Jahre 1910 von den insgesamt 74 Einrichtungen des Viertels 40 an 17 Standorten südlich und 34 unter 13 Adressen nördlich der Spree.

		Insgesamt	Südlich d. Spree	Nördlich d. Spree
Standorte	1860	10	6	4
	1910	30	17	13
Institutionen	1860	31	16	15
	1910	74	40	34

Aber schon im Jahre 1860 hatte die damals noch annähernd gleichmäßige Verteilung der Einrichtungen bzw. Institutionen keineswegs die Streuung der studentischen Unterkünfte widergespiegelt. Nur waren es damals lediglich 1.620

---

3 Zit. n.: Adolf Rüger u.a., Humboldt-Universität zu Berlin. Überblick 1810-1985, Berlin 1985, S. 55

Immatrikulierte, die eine „Bude" suchten. Jetzt – im Jahre 1910 - sind es 7.900 junge Menschen, unter ihnen übrigens die stattliche Anzahl von 1.210 Ausländern aus Russland (415), Österreich-Ungarn (231), Rumänien (66), der Schweiz (47), Großbritannien und Irland (42) und anderen europäischen sowie außereuropäischen Ländern (214). Zu den Nachfragenden gehören seit 1895 auch Frauen, im Jahre 1910 immerhin bereits 626 an der Zahl. Wer unter diesen jungen Akademikern im oder dicht beim Universitätsviertel wohnen will, hat - durchschnittliche Einkommensverhältnisse unterstellt – nicht mehr die Wahl zwischen Nord und Süd. Nur noch beiderseits der nördlichen Friedrichstraße und beiderseits der Chausseestraße, die sich an die Friedrichstraße anschließt, bestehen Möglichkeiten, preiswert unterzukommen.

Zusätzliche Anziehungskraft für die studentische Jugend erhält der Norden dadurch, dass hier neben Einrichtungen der Friedrich-Wilhelms-Universität weitere, komplette Hochschulen bestehen.

Die alte Tierarzneischule wird mit Königlicher Kabinettsordre vom 20. Juni 1887 zur *Königlichen Tierärztlichen Hochschule* erhoben. Zugänglich unter Karlstraße 23A, Luisenstraße 56 und Phillipstraße 13 (alte Nummerierungen) befinden sich im Jahre 1910 auf dem Gelände neben der Tierarzneischule selbst eine Medizinische Klinik, eine Chirurgische Klinik, die Klinik für kleine Haustiere und die Poliklinik für große Haustiere, außerdem ein Chemisches, ein Hygienisches, ein Pharmakologisches sowie ein Pathologisches Institut. Hinzu kommt die im Eigentum des Militärfiskus befindliche Militärische Lehrakademie und eine militärische Lehrschmiede. Weitere zivile und militärische Einrichtungen folgen in den nächsten Jahrzehnten. Eines der Lehrmittel ist übrigens noch weit bis ins 20 Jahrhundert hinein des Gerippe von Condé, des Lieblingspferds König Friedrichs II.

Im Jahre 1910 lernen an der Königlichen Tierärztlichen Hochschule insgesamt 374 Personen, davon 254 „Studierende", wie die Zivilen ab 1882 offiziell bezeichnet werden. Die 120 Militär-Eleven mit ihren blauen Oberröcken, schwarzen, rot eingefassten Krägen, gelben Knöpfen und blauen Mützen nennen sich von nun ab „Militair-Rossarzt-Eleven."

Die Gründung der *Königlichen Landwirtschaftlichen Hochschule* wird per Kabinettsordre vom 14. Februar 1881 verfügt. Die Bildungsstätte geht aus der Vereinigung des Landwirtschaftlichen Lehrinstituts und des Landwirtschaftlichen Museums zu Berlin hervor.

Schon im Jahre 1819 entsteht im 60 Kilometer östlich von Berlin entfernten Möglin die „Königlich Preußische Akademie des Landbaus." Sie wird Anfang der sechziger Jahre zugunsten von Berlin aufgegeben. Albrecht Thaer, Enkel des Gründers von Möglin, Professor Albrecht Daniel Thaer, siedelt in die preußische

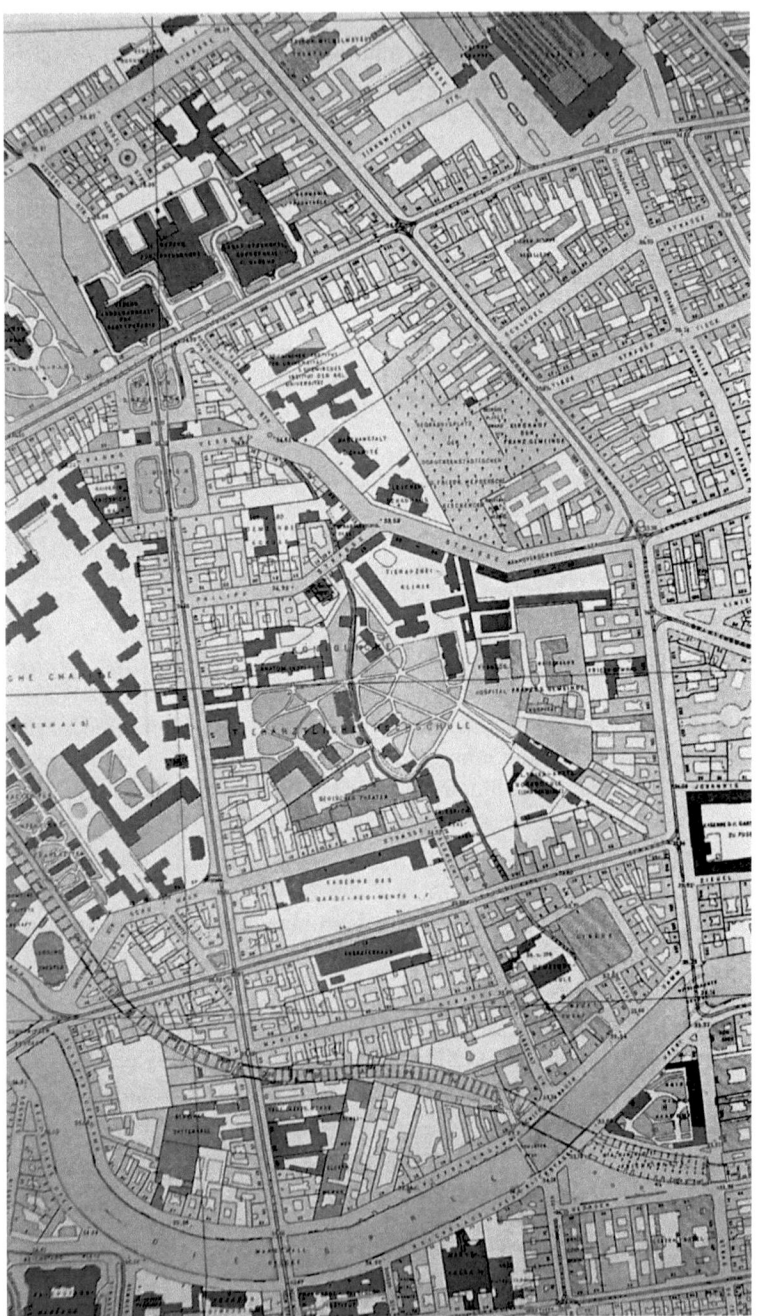

Das Viertel West. 1910.
Im Nordosten das Viertel östlich der Chaussee- und nördlich der Elsässer Straße

Das Viertel Ost.1910.
Die drei breiten Querstraßen von Süd nach Nord: Oranienburger, Elsässser und Invalidenstraße

Hauptstad über und eröffnete im Wintersemester 1862/63 an der Universität landwirtschaftliche Fachvorlesungen. Es kommt zur Gründung des Landwirtschaftlichen Lehrinstituts in loser Anknüpfung an die Universität, ohne ordentliche Professur. Die Lehrstätte befindet sich zunächst im ersten Stock eines Privathauses der Behrenstrasse 28, ab Wintersemester 1873/74 in der Dorotheenstraße 38/39.

Im Jahre 1867 folgt die Gründung des landwirtschaftlichen Museums, das dann zusammen mit dem Lehrinstitut in das 1880 fertiggestellte Gebäude in der Invalidenstraße 42, nahe der Charité, einzieht. Es befindet sich übrigens – wie das unmittelbar benachbarte Naturkundemuseum - auf altem staatlichen Grund und Boden, dem Grundstück der ehemaligen Königlichen Eisengießerei. Die museale Sammlung findet ihren Platz im Erdgeschoss der Hochschule, rings um den zentralen Lichthof. In letzterem stehen bis zur Eröffnung einer neuen Halle in der Seestraße landwirtschaftliche Maschinen zur Ansicht.

Die Hochschule besitzt drei Institute in Dahlem (südwestlich vom damaligen Berlin, inzwischen längst Ortsteil der Stadt) und in der Seestraße 4-8 (Berlin-Wedding), Versuchsanstalten bzw. Institute für Getreideverarbeitung, für Gärungsgewerbe und Stärkefabrikation sowie für Rübenzuckerverarbeitung, die die betreffenden Wirtschaftsvereine unterhalten.

Ordentliche Hörer der landwirtschaftlichen Abteilung der Hochschule müssen mindestens denjenigen Bildungsgrad aufweisen, der zum einjährig freiwilligen Dienst in der deutschen Armee berechtigt, d.h. das Wissen, welches zur Reife für die Obersekunda einer neunjährigen Lehranstalt gefordert wird.

Das Interesse an den Ausbildungsgängen der Hochschule – und ggfls. an nahegelegenen Wohnunterkünften - ist groß. Innerhalb von knapp drei Jahrzehnten steigt die Zahl der eingeschriebenen Hörer von 87 im Wintersemester 1881/82 über 349 (1890/91) auf 912 Studierende im gleichen Semester 1909/10. Von letzteren belegen je ein gutes Drittel die Fächer Landwirtschaft sowie Geodäsie und Kulturtechnik, der Rest hauptsächlich landwirtschaftlich-technische Richtungen. Ganz überwiegend kommen die Studierenden aus Preußen (673) und dem übrigen Deutschland (130); die 109 Ausländer stammen vor allem aus Russland, Österreich-Ungarn und Schweden.

Wie im Falle der Tierärztlichen wird auch bei der Landwirtschaftlichen Hochschule eine Vereinigung mit der Universität genauso oft diskutiert wie verworfen (und tatsächlich erst in den dreißiger Jahren des vorigen Jahrhunderts vollzogen). Allerdings ist in Berlin damals jeder immatrikulierte Student berechtigt, Vorlesungen einer anderen staatlichen Hochschule zu belegen. Davon wird reger Gebrauch gemacht. Im Wintersemester 1910/11 kommen zu den Vorlesungen der Universität 314 Kommilitonen von der Tierärztlichen, 444 von der Landwirtschaftlichen und 1.914 Hörer der Technischen Hochschule, Charlottenburg.

Die dritte Bildungsstätte, in unmittelbarer Nachbarschaft des Studentenviertels, ist die *Handelshochschule Berlin.* Sie wird am 27. Oktober 1906 in Anwesenheit des Kronprinzen feierlich durch den Präsidenten der Ältesten der Kaufmannschaft von Berlin, Kaempf, eröffnet. Fünfzig Jahre später wird der Präsident der Industrie-und Handelskammer Berlin, Friedrich Spennrat dieses Gründungsdatum als einen „Markstein in der Entwicklung der betriebswirtschaftlichen Forschung und Ausbildung in Deutschland" bezeichnen.[4]

Der dreigeschossige Bau steht nordöstlich der Spree, in der Spandauer Straße 1, nur wenige Schritte von jenem Ort entfernt, an dem sich einst das erste anatomische Institut der Universität befunden hatte. Die Architekten vom Büro Cremer & Wolffenstein integrieren in das Gebäude die aus dem 13. Jahrhundert stammende Heilige-Geist-Kapelle, den letzten Rest des gleichnamigen, 1818 bis 1825 abgerissenen mittelalterlichen Hospitals. Nach Kriegszerstörungen wiederhergestellt, beherbergt das Gebäude seit 1946 die Wirtschaftswissenschaftliche Fakultät der Humboldt-Universität. Die von der Berliner Kaufmannschaft gegründete Hochschule war im Jahre 1920 von der Industrie- und Handelskammer Berlin übernommen, 1926 in eine Anstalt öffentlichen Rechts verwandelt und 1935 in Wirtschaftshochschule umbenannt worden.

Die Handelshochschule unterscheidet sich insofern von der Universität und den beiden anderen Hochschulen, als sie vorwiegend junge Menschen ausbildet, die bereits über berufspraktische Erfahrungen verfügen. Von den insgesamt 447 Immatrikulierten des Wintersemesters 1910/11, darunter übrigens 16 Frauen und 135 Ausländer insbesondere aus Österreich-Ungarn, Russland, Rumänien und Bulgarien, besitzt fast die Hälfte (198) ein Zeugnis über beendete kaufmännische Lehrzeit und das Einjährigen-Freiwilligen-Zeugnis, 55 Personen treten ihr Studium mit dem Reifezeugnis und 29 mit dem Lehrerzeugnis an.

Es ist somit davon auszugehen, dass sich die Studierenden der Handelshochschule im allgemeinen finanziell besser stehen als ihre Kommilitonen der drei anderen Bildungsstätten. Dennoch pflegen die künftigen Betriebswirtschaftler – das wird weiter unten zu zeigen sein – grundsätzlich die gleichen Lebensgewohnheiten wie die Mediziner und Tierärzte, die Juristen und Chemiker, die Theologen und Landwirte. Einige von ihnen nehmen überdies Quartier in den benachbarten, billigen Gefilden – allein vier Studenten im Haus Neue Promenade 7 - und verdichten damit den Rand das Studentenviertels um den nahegelegenen Hackeschen Markt.

---

[4] Zit. n.: Frank Zschaler, Vom Heilig-Geist-Spital zur Wirtschaftswissenschaftlichen Fakultät, Berlin 1997, S. 29

Letzterer ist so etwas wie der südöstliche Eckpunkt der selbstgewählten akademischen Ansiedlung. In Uhrzeigerrichtung verläuft von dort aus die Grenze entlang der Spree bis zum Humboldthafen und weiter nach Norden am Berlin-Spandauer-Schifffahrtskanal zum Nordhafen, dem nordwestlichen Eckpunkt des Quartiers. Eine gedachte Linie führt von hier aus ostwärts bis an das – inzwischen in einen Park umgewandelte - Hinterland des damaligen Stettiner Bahnhofs, dann am Rande dieser Trasse nach Süden zur Invalidenstraße. Letztere ist von hier ab die Nordgrenze des Viertels bis zu ihrem Ende, also jenem Eckpunkt, den sie mit der Brunnenstraße bildet. Danach geht es Richtung Süden über den Rosenthaler Platz und die gleichnamige Straße wieder zum Hackeschen Markt. Die Länge dieser rund um das Studentenviertel führenden Wegstrecke liegt bei acht Kilometern.

Die zentrale Straße des Studentenviertels, die über fünfhundert Meter von der Weidendammer Brücke bis zum Oranienburger Tor verlaufende Friedrichstraße und deren Verlängerung, die Chausseestraße, teilt das Areal in ein „Viertel West" und ein „Viertel Ost." Beide sind in historischer Sicht Vorstädte. Sie lagen außerhalb der Festungsanlagen, die von den Untertanen des Großen Kurfürsten zwischen 1658 und 1683 errichtet und in den dreißiger und vierziger Jahren des folgenden Jahrhunderts unter den Königen Friedrich Wilhelm I und Friedrich II geschleift wurden.

Das Gebiet links der Friedrichstraße, also das Viertel West mit der Charité und der Tierärztlichen Hochschule ist die jüngste aller Festungs-Vorstädte. Sie wird 1825 abgesteckt, drei Jahre später nach König Friedrich Wilhelm III benannt. Zu diesem Zeitpunkt existieren hier zwar längst die Charité und die Tierarzneischule, auch einige Werften an der Spree, aber kaum Wohnungen. Erst von den dreißiger Jahren des 19. Jahrhunderts an finden Studenten hier Logis.

Zentrale Achsen der Friedrich-Wilhelm-Stadt sind die Karl-, heute Reinhardstraße und die rechtwinklig zu ihr verlaufende Luisenstraße. Den Charakter ausgeprägter Wohnstraßen tragen außerdem die Marien- und die Albrechtstraße. Auch die Schumann- und die heute weitgehend verschwundene Philippstraße bergen zur damaligen Zeit so manche Studentenbude. Am Schiffbauerdamm verschwinden nach dem Bau der Stadtbahn und des Bahnhofs Friedrichstraße im Jahre 1882 viele Manufakturen und Gewerbebetriebe zugunsten einer weiteren ruhigen Wohnstraße.

Der nördliche, links von der Chausseestraße liegende Teil des Viertels West, wird gelegentlich als äußere Friedrich-Wilhelm-Stadt bezeichnet. Hier befinden sich die Landwirtschaftliche Hochschule, das Naturkundemuseum und das Chemische Institut. Hauptverkehrsverbindung ist die quer verlaufende westliche Invalidenstraße, die zugleich viele Wohngelegenheiten bietet. Zahlreiche studentische Wohnadressen weisen auch die Kesselstraße (heute Habersaathstraße) sowie die Scharnhorst- und die heute nur noch rudimentär vorhandene Kieler Straße aus.

Rechts der Friedrichstraße erstreckt sich die Spandauer Vorstadt, oft auch als Spandauer Viertel bezeichnet. Sie reicht nach Osten weit über die Rosenthaler Straße, den Rand des Studentenviertels, hinaus und endet am Ort der heutigen Volksbühne im damaligen Scheunenviertel. Die Spandauer Vorstadt beherbergt die Universitätskliniken; die Handelshochschule liegt dagegen schon innerhalb des gedachten Festungswalls, im alten Berlin. Bedeutende Wohnstraßen in diesem Teil des Viertels Ost sind die Oranienburger, die August-, die Linienstraße und die Elsässer Straße. (Letztere hieß bis 1873 Torstraße, wurde ab 1951 zur Wilhelm-Pieck-Straße und kehrte 1994 zum politisch unverfänglichen ursprünglichen Namen zurück). Als kleinere, ebenfalls dichtbesiedelte Straßen sind u.a. zu nennen: die Große und Kleine Hamburger, die Artillerie-(Tucholsky-)straße, die Joachim-, Sophien- und Krausnickstraße sowie die Johannis-, Ziegel- und Monbijoustraße.

Jenseits der Elsässer Straße und rechts der Chausseestraße erstreckt sich der nördliche Teil des Viertels Ost. Er trug die heute kaum noch gebräuchliche Bezeichnung Oranienburger Vorstadt. Hier, wie bei der äußeren Friedrich-Wilhelm-Stadt links der Chausseestraße handelt es sich um Vorstädte aus der Sicht einer neuen, hinausgeschobenen Stadtgrenze, der Akzisemauer. Letztere entsteht zwischen 1705 und 1735 weit außerhalb der Festungswälle und zuletzt zeitgleich mit deren Beseitigung. An den Toren dieser Mauer werden eingeführte Waren mit einer Verbrauchssteuer (Akzise) belegt. Außerdem findet hier die Kontrolle Einreisender statt; Studenten aus Hamburg oder Mecklenburg und allen anderen fremden Staaten werden hier die Pässe abgenommen. Der durstige, in der Friedrich-Wilhelm-Stadt ansässige Student muss auf dem Weg zum außerhalb der Stadt liegenden billigen, weil akzisefreien Ausschank durch das Neue Tor am Luisenplatz gehen. Oder er hält sich entlang der Stadtmauer auf der heutigen Hannoverschen Straße und passierte an deren Ende das Oranienburger Tor zwischen Friedrich- und Chausseestraße. Weitere Ausgänge auf der Torstraße sind das Hamburger Tor von der Kleinen Hamburger zur Gartenstraße und das Rosenthaler Tor am gleichnamigen Platz. [5]

Im Jahre 1868, zu einem Zeitpunkt, als hier schon reges studentisches Leben herrscht, werden auf der Torstraße Mauer und Tore abgerissen. Aber es dauert noch einmal gut zwanzig Jahre, bevor die Oranienburger Vorstadt als Wohngegend zur Verfügung steht. Denn noch befindet sich hier das sogenannte Feuerland, eine Ansammlung von Maschinenbaufabriken, die die meisten Grundstücke der östlichen Chausseestraße beanspruchen. Erst im Jahre 1887 verschwinden die Industrieanlagen. Die Magdeburger Bau- und Creditbank kauft das Gelände

---

5   Vgl. Helmut Zschocke, Die Berliner Akzisemauer, Berlin 2012

und errichtet zwischen Elsässer und Invalidenstraße Mietshäuser, in die sofort massenhaft studentische Untermieter drängen. Die teilweise neu angelegten Straßen tragen die Namen deutscher Romantiker: die Tieckstraße, wo sich Heinrich Manns ängstlicher „Untertan" Diederich Heßling wegen des kurzen, leicht zu findenden Wegs zum Universitätsgebäude einmietet, weiter die Schlegel-, Eichendorff und die Novalisstraße. Nur die Borsigstraße erinnert an den wohl bekanntesten Unternehmer des Feuerlands, den Lokomotivkönig August Borsig, dessen Etablissement die Adresse Chausseestraße 1 trug.

Drei weitere Pioniere des Maschinenbaus, Schwartzkopff, Wöhlert und Pflug dienen als Namensgeber für Straßen im äußersten Norden der Oranienburger Vorstadt. Diese kleine, zwischen Chausseestraße und Bahnkörper, Industriegelände und einem Friedhof eingeklemmte Enklave befindet sich schon bald nach ihrer Wohnbebauung fest in der Hand studentischer Untermieter, besonders solcher aus der Landwirtschaftlichen Hochschule, die dafür südlich der Elsässer Straße unterrepräsentiert sind. Von hier aus gelangt man schnell zur Vorlesung in die Invalidenstraße, und die Entfernung zu den Instituten in der Seestraße ist zumindest geringer als von jedem anderen Punkt des Viertels.

Tabelle 1

Im Studentenviertel wohnende Akademiker nach Hochschulen

Wintersemester 1910/11

	Studierende insgesamt	im Studentenviertel	v.H.
Friedrich-Wilhelms-Universität	7902	1431	18,1
Männer	7276	1382	19,0
Frauen	626	49	7,8
Kgl. Landwirtschaftliche Hochschule	912	399	43,8
Kgl. Tierärztliche Hochschule	374	317	84,8
Zivile	254	197	77,6
Militär	120	120	100,0
Handelshochschule	447	60	13,4
Alle Hochschulen	*9640*	*2207*	*22,9*

Ausgezählt und errechnet nach den Daten der Semesterberichte der Hochschulen

Weniger dicht von Studenten belegt, weil stark von sozialen Unterschichten durchsetzt, sind die Straßen im ehemaligen Voigtland. Diese Bezeichnung kommt von den Erstbewohnern, Maurern und Zimmerleuten aus Sachsen, die König Friedrich II hier angesiedelt hatte. Das Gebiet folgt in östlicher Richtung auf das Feuerland und umfasst die Gartenstraße, die Berg- und die Ackerstraße sowie die - später angelegte und stark nachgefragte - Schröderstraße. Keine „schöne" Gegend, aber immer noch vergleichsweise günstig gelegen, selbst wenn man zu Lehrstätten jenseits der Spree, etwa zum Hauptgebäude Unter den Linden laufen muss.

Ein kurzer Fußweg zur Lehrstätte – das ist eines der wichtigsten Kriterien für die Entscheidung, sich im akademischen Viertel niederzulassen. So gesehen, lassen sich die Wohnschichten, die die Studentenbuden rings um die Lehrstätten bilden, nicht unbegrenzt vermehren. Der Jurastudent aus der Kieler Straße, im nordwestlichen Zipfel des Viertels gelegen, ist zu Fuß kaum schneller im Hauptgebäude Unter den Linden als sein Friedrichshainer Kommilitone auf der Stadtbahn. Und die Auswahl, andernorts zu logieren, ist inzwischen groß. Berlin hat im Jahre 1910 gut zwei Millionen Einwohner, doppelt so viele wie 1877 und viermal so viele wie im Jahre 1860. Das Netz des innerstädtischen Verkehrs wird von Jahr zu Jahr enger, zumal mit seiner in den achtziger Jahren einsetzenden Elektrifizierung.

Vor diesem Hintergrund ist der rapide Anstieg der Zahl der Viertelbewohner bemerkenswert. Hatten im Jahre 1860 noch rund 980 Studierende der Universität und der Tierarzneischule im damals noch beiderseits der Spree liegenden Viertel gewohnt, so sind es im Jahre 1910 sogar ca. 2.210 junge Akademiker, unter ihnen rund 1.430 an der Universität und fast 780 an den drei anderen Hochschulen immatrikulierte. Wie Tabelle 1 zeigt, wohnt fast jeder fünfte Kommilitone, aber bemerkenswerterweise nur jede dreizehnte Kommilitonin der Universität im Viertel. Die Landwirte sind sehr ortstreu, von ihnen priorisiert fast jeder Zweite die Nähe zur Lehrstätte. Bei den zivilen Tierärzten sind es gar 78 Prozent. Die Randlage der Handelshochschule, vielleicht auch die bessere finanzielle Ausstattung der dort Studierenden bedingen dagegen, dass sich nur jeder Achte für die nördliche Umgebung seiner Bildungsstätte entscheidet.[6]

---

6 Zwangsweise im Studentenviertel wohnen und teilweise ihr eigenes Leben führen die Studierenden der Kaiser–Wilhelms-Akademie für das militärische Bildungswesen (KWA), die dem Kriegsministerium untersteht. Die 410 „Pfeifhähne" (1910) sind in einem Internat untergebracht, das sich auf dem Grundstück der KWA Scharnhorststraße 36-37 / Invalidenstraße 48-49 (heute Bundeswirtschaftsministerium) befindet. Das Gebäude wird zwischen 1905 und 1910 erbaut. Die Studenten bekommen Bücher und Instrumente gratis und erhalten in den Universitätskliniken bei Demonstrationen die vorderen Plätze. Das Institut gewährt einen monatlichen Zuschuss von sechs Talern. Dafür müssen die Studierenden nach dem Staatsexamen für jedes der gewöhnlich acht Semester ein Jahr als Kompaniechirurg dienen. Der Arzt Virchow und der Physiker Helmholtz beschreiten diese Laufbahn. Letzterer wird wie andere Tüchtige bald von der Ableistung der restlichen Militärjahre befreit. Die KWA war im Jahre 1795 als chirurgische Pépinière gegründet worden, trug dann später den Namen Medizinisch-

Erwartungsgemäß fällt die Steigerung bei der Gesamtzahl der Studenten deutlich höher aus als bei der Anzahl der im Viertel Wohnenden. Mit 9.640 Eingeschriebenen aller vier Hochschulen ist im Jahre 1910 die Grenze von zehntausend Berliner Studenten (ohne Charlottenburg) fast erreicht; 1860 waren es noch rund 1.760 (zwei Bildungsstätten) gewesen. Infolgedessen wohnt aber eben im Jahre 1910 „nur" noch knapp jeder vierte Student (22,9 Prozent) in Fußnähe zu den Lehrstätten; im Jahre 1860 war es noch einer von zweien (55,5 Prozent).

Tabelle 2
Im Studentenviertel wohnende Akademiker nach Quartieren

	Viertel West	Viertel Ost	Altes „Revier"	Gesamt
Wintersemester 1910/11				
Friedrich-Wilhelms-Universität	472	892	67	1431
Landwirtschaftliche Hochschule	142	248	9	399
Tierärztliche Hochschule	180	137	-	317
Handelshochschule	-	60	-	60
Zusammen	*794*	*1337*	*76*	*2207*
v. H.	35,9	60,5	3,6	100,0
Wintersemester 1860/61				
Friedrich-Wilhelms-Universität	349	180	327	856
Tierarzneischule	112	9	-	121
Zusammen	*461*	*189*	*327*	*977*
v. H.	47,2	19,3	33,5	100,0

Ausgezählt und errechnet nach den Daten der Semesterberichte der Hochschulen

Diese 2.210 jungen Leute sind fast ausschließlich im selbstgewählten Viertel nördlich der Spree zu Hause. Es verbleiben 1910 noch ganze 67 Personen, die im alten, ehemals zugewiesenen „Revier" wohnen. Es sind dies nicht selten Luxusstudenten aus den USA, Schweden und aus anderen Ländern, oft bereits mit akademischem Grad ausgestattet, die bei der Immatrikulation als Adresse beispielsweise das Hotel Bristol Unter den Linden angeben.[7] Im Jahre 1860 hatte

---

Chirurgisches Friedrich-Wilhelms-Institut mit Sitz in der Friedrichstraße 139-141 (ab 1824). – Zwischen der KWA und der Landwirtschaftlichen Hochschule, im Gebäude Invalidenstraße 44 befindet sich übrigens die Bergakademie mit relativ wenigen, zahlenmäßig einen zweistelligen Bereich umfassenden Studierenden.

[7] Ein Student hat das Privileg, keine Wohnung angeben zu müssen. Die Universitäts-Semesterverzeichnisse um 1910, sonst zweispaltig und streng alphabetisch nach den

immerhin noch jeder dritte Viertelbewohner seine Unterkunft in der Dorotheenstadt oder südlich davon. Etwa mit Beginn des neuen Jahrhunderts liegt jedoch das Berliner Studentenviertel nur noch nördlich der Spree.

Die Berliner Zeitgenossen halten für dieses Viertel die unterschiedlichsten Bezeichnungen bereit: Studentenviertel, akademisches Viertel, Berliner Quartier latin (in Anlehnung an das Wohnquartier der Pariser Sorbonne-Studenten), Medizinerviertel, Charitéviertel und andere. Fast alle verstehen darunter eingeschränkt die Friedrich-Wilhelm-Stadt, das in diesem Buch so genannte Viertel West. So bezeichnet beispielsweise Artur Eloesser, an sich ein Kenner des alten Berlin, das Viertel Ost der neunziger Jahre als „besonders hässliche Übergangszone, die zwischen dem Scheunenviertel und dem Akademischen Viertel vermittelt, und die ihre wirtschaftliche Physionomie durch die enge Nachbarschaft der Pfandleiher betont." [8] Eine hohe Konzentration der Pfandleiher und überhaupt solcher Vertreter sozialer Schichten, die von der Ärmlichkeit der Gegend zeugen, ist für das Spandauer Viertel fraglos kennzeichnend. Aber warum übersieht Eloesser vor lauter Pfandleihern die Studenten, deren Anzahl hier deutlich größer ist als jenseits der Friedrichstraße?

Sicher war es in den ersten Jahrzehnten der Auszehrung des beiderseits der „Linden" bestehenden alten „Reviers" noch berechtigt, das akademische Viertel ausschließlich links der nördlichen Friedrichstraße zu suchen. Die in Tabelle 2 vorgenommene Aufteilung der Viertelbewohner nach Quartieren zeigt, dass 1860 fast jeder zweite Student (47,2 Prozent) im Viertel West und nur knapp jeder fünfte (19,3 Prozent) im Viertel Ost logierte.

Fünfzig Jahre später zeigt sich indes – scheinbar weitgehend unbemerkt - ein völlig anderes Bild. Zwar ist die Anzahl der akademischen Untermieter im Viertel West weiter gestiegen, von 460 auf 790 Personen. Das aber ist wenig im Vergleich zum Viertel Ost, wo eine explosionsartige Veränderung von 190 auf 1.340 Personen stattgefunden hat. Im Jahre 1910 leben gut 60 Prozent aller Viertelbewohner rechts von Friedrich- und Chausseestraße und nur noch 36 Prozent links davon. Spätestens seit den achtziger Jahren, als sich Feuerland in Wohnland verwandelt, ist die quantitative Dominanz des Ostteils hergestellt.

Irgendwann in der zweiten Hälfte des 19. Jahrhunderts muss überdies die Vermietungskapazität des Viertels West an ihre (relativen) Grenzen gestoßen sein. Letztere lassen sich umso weniger hinausschieben, als es hier von Anfang an eng zugeht. Im Süden und Westen stellen sich der Ausdehnung in Form der

---

Familiennamen der Studierenden geordnet, überraschen auf der ersten Seite mit dem in großen Lettern, sich über die gesamte Breite des Blattes erstreckenden Eintrag: „Seine Königliche Hoheit Prinz August Wilhelm von Preußen, Dr. rer. pol., Studierender der Rechtswissenschaft". Keine Angabe der Wohnadresse.

[8] Artur Eloesser, Die Straße meiner Jugend, Berlin 1987, S. 22

beiden Wasserstraßen absolute Grenzen. Und innerhalb des Viertels beanspruchen Flächen, die nicht mit Wohnhäusern bebaut sind, viel Platz: die Charité, die Tierklinik, die Friedhöfe an der Chausseestraße, das Invalidenhaus, der Invalidenpark, das Augusta-Hospital und der Grützmacher. Letzterer ist ein großer Exerzier-und Kasernenplatz (heute Sitz des Bundesnachrichtendienstes) zwischen Chaussee-, Kessel(Habersaath-) und Scharnhorststraße.

Tabelle 3

Im Studentenviertel wohnende Akademiker nach Fachrichtungen und Quartieren

Wintersemester 1910/11

	Viertel West	Viertel Ost	Altes „Revier"	Gesamt
Medizin, Zahntechnik, Psychologie, Pharmazie	222	264	10	496
Mathematik, Naturwissenschaft, Physik, Chemie, Geologie	63	98	15	176
Staatswissenschaft, Nationalökonomie, Finanzwissenschaft	18	28	3	49
Philosophie, Geschichte, Philologie Germanistik, Deutsch, Kunstgeschichte	69	240	19	328
Rechte	81	182	18	281
Theologie	15	56	1	72
Orientalistik, Semitische Sprachen, Sonstige	4	24	1	29
Landwirtschaft	142	248	9	399
Tiermedizin	180	137	-	317
Betriebswirtschaft	-	60	-	60
Alle Fachrichtungen	*794*	*1337*	*76*	*2207*

Ausgezählt und berechnet nach den Daten der Semesterberichte der Hochschule

Um 1910 ist die Friedrich-Wilhelm-Stadt von Untermietern überbelegt. Zum 1. Dezember dieses Jahres ermittelt das Statistische Amt Berlin für diesen Stadtteil 861 Wohnungen mit „Zimmerabmietern und deren Kinder, aber ohne sogenannte Schlafleute". In diesen Wohnungen leben insgesamt 4.395 Personen, von denen 2.065 Personen Untermieter sind. Fast jeder zweite Nutzer dieser Wohnungen (47,0 Prozent) ist also „Zimmerabmieter", worunter in der übervölkerten Zwei-Millionen-Stadt auch ganze Familien zu verstehen sind. Mit diesem Prozentsatz steht die Friedrich-Wilhelm-Stadt deutlich an der Spitze aller 31 Stadtteile und weit über dem Berliner Durchschnitt in Höhe von 36.2 %.[9] Studenten stellen in der Friedrich-Wilhelm-Stadt zwei von fünf Untermietern, was deren Zahl in Höhen treibt, die für Berlin einmalig sind.

Handelshochschule Berlin, Spandauer Straße 1

Als ein weiteres Klischee erweist sich die Kennzeichnung der Friedrich-Wilhelm-Stadt als Medizinerviertel. Sicher stellen Studenten dieser Fakultät historisch zunächst das größte Kontingent vor Ort. Später ist indes von dieser Dominanz nur noch wenig zu spüren. Selbst wenn die Medizin, wie in Tabelle 3 geschehen, mit verwandten Richtungen zusammengefasst wird – Zahntechnik, Psychologie und Pharmazie – stellen die Vertreter dieser vier Fächer im Jahre 1910 mit 222 Studierenden zwar die größte Fraktion des Viertels West, bleiben aber zahlenmäßig hinter ihren 264 Fachkommilitonen jenseits von Friedrich- und Chausseestraße zurück. Von den insgesamt 197 in der Umgebung wohnenden zivilen Tierärzten entfallenen sogar nur 60 auf den Westteil, aber 137 auf das Viertel Ost. Auch alle anderen Fachrichtungen sind rechts der Friedrichstra-

---

9   Errechnet nach: Statistisches Amt der Stadt Berlin, Statistisches Jahrbuch der Stadt Berlin 1908-1911, Berlin 1913, S. 970-971

ße deutlich stärker vertreten als auf der linken Seite dieser Trennlinie. Immerhin ist die Gruppe der Mediziner und verwandte Fachbereiche diejenige, die einer gleichgewichtigen Verteilung noch am nächsten kommt.

Die quantitativen Vergleiche zwischen den beiden Wohngebieten verdecken qualitative Unterschiede, die dem „Szeneviertel" zusätzlich ein spezifisches Gepräge verleihen. Von ihnen soll weiter unten die Rede sein – nach einem Abstecher an die Universität.

3. An der Universität

Die Immatrikulation an einer Universität ist für den künftigen Akademiker ein feierliches und aufregendes Ereignis. Theodor Brugsch, ab 1898 Student an der Friedrich-Wilhelms-Universität und neunundfünfzig Jahre später als Ordinarius für innere Medizin an der Charité emeritiert, ist sich beim erstmaligen Betreten der Alma Mater noch völlig unschlüssig, mit welchem Fach er sich in das Matrikel-Album eintragen will. Die Entscheidung fällt dann auch eher zufällig:

„Zur bestellten Zeit war ich in dem großen Saal, der in der ersten Etage der Universität die Front zu den Linden beziehungsweise zum Opernhaus bildet. Ein Katheder war für den Rektor aufgebaut, an vier Säulen standen Tische, an jedem Tisch saß ein Professor, und daneben stand ein Pedell. Über den Professoren war ein weißes Pappschild angebracht, auf dem mit schwarzen Lettern geschrieben stand: Philosophisch - Mathematische Fakultät, Juristische, Theologische, Medizinische Fakultät. Vor dem großen Rektoratskatheder stand ein Tisch, an dem der Rektor saß, vor sich ein großes Immatrikulationsbuch. Neben ihm saß der Sekretär ... Es dauerte einige Zeit, bis ich in die Matrikel eingeschrieben wurde. Dann sah ich mich um und bemerkte die Schilder. Wohin soll ich gehen? fragte ich mich. Da erblickte ich einen kleinen freundlichen Herrn unter dem Schild ‚Medizin'. Es war Professor Heubner, der Kinderarzt. Er zog mich an seinen Tisch, und ich wurde in die Medizinische Fakultät eingeschrieben. Jetzt war es geschehen. Nunmehr kam der Segen seiner Magnifizenz, eine Rede, die mir schrecklich lang erschien und die immer wieder von den Pflichten der Studenten, von dem notwendigen Ernst beim Studium, von der Tradition der Universität und von der Pflicht gegen König und Vaterland handelte. ... Die Immatrikulation hat immerhin fünfzig bis sechzig Mark gekostet, eine Einnahme für den Rektor, die sich bei etwa zweitausend Studenten im Jahr annähernd auf hunderttausend Goldmark belief. Man kann sich vorstellen, welch hohe Gunst es damals gewesen ist, Rektor zu werden, nicht allein wegen der hohen Würde, sondern vor allem wegen der mit dem Rektorat verbundenen großen Einnahmen, die in Berlin ein Vermögen bedeuteten." [1]

Brugsch beginnt seine Laufbahn zu einem Zeitpunkt, als das Leben an der Universität bereits von mancher Fessel befreit ist. Ein anderes Bild bietet sich zu Zeiten der Gründung dieser Hochschule und in den Jahrzehnten danach. Fürsorglich und kontrollierend – so konnte man die Rolle der preußischen Behörden charakterisieren, wenn es damals darum ging, den designierten Akademiker bei der Wohnungssuche und der Lösung anderer praktischer Fragen zu begleiten. Anders bei Einreise und Immatrikulation des Studenten, seiner Bewegungsfreiheit an der Universität und bei einer eventuellen politischen Betätigung.

Hier stehen Kontrolle und Überwachung im Vordergrund. Bei der Einreise muss laut Johann Christian Gädicke, dem bereits zitierten Autoren der „Nachrichten für Studirende", folgendes beachtet werden:

„Nach der Polizeiordnung muß jeder hier eintreffende Fremde mit einem Passe versehen seyn. Wer hier eine Zeitlang bleiben will, muß sich im Fremden-Bureau eine Sicherheitskarte lösen, wovon aber jeder Student dispensirt ist. Dieser legitimirt sich bei seinem Wirthe oder bei Anfragen nach ihm, mit seiner Matricul und mit seiner gestempelten Karte, welche ihm beim Immatriculiren ertheilt wird, und worauf er seinen Namen selbst schreiben muß. Jeder ankommende Student bringe also einen guten Paß mit, welcher ihm beim Einpassiren im Thore abgenommen wird, und versehe sich dann in den ersten drei Tagen seine Hierseyns mit der Matricul und der dazu gehörigen Karte. Dem Wirthe, bei welchem er eine Wohnung nimmt, gebe er Vor- und Zunamen und Vaterland genau an, denn dieser hat die Verpflichtung auf sich, jeden Miethsmann dem Polizei-Commissair des Reviers sogleich zu melden. Ohne einen neuen Paß, welcher gegen ein Attestat des Rectors ertheilt wird, kann keiner wieder von hier abreisen, und derselbe muß beim Einschreiben auf der Post oder bei Bestellung von Extrapostpferden vorgezeigt werden." [2]

Bei der Immatrikulation werden die beiden genannten Dokumente, außerdem die „Gesetze der Studierenden" ausgehändigt. Die Matrikel kostet den angehenden Studenten fünf Reichstaler, den von einer anderen Universität Übergewechselten zwei Reichstaler, zwölf Groschen. Außerdem werden für das „Signum Facultatis", also die Inskription in die gewählte Fakultät, ein Reichsthaler bzw. zwölf Groschen erhoben. Der Rektor kann diese Gebühren bei nachgewiesener Armut des jungen Mannes erlassen.

Außer Geld wird dem angehenden Akademiker noch etwas anderes abverlangt: Er muss dem Rektor an Eides statt in die Hand geloben, sich an die allgemeine und die universitäre Rechtsordnung zu halten.

Mit diesem mündlichen Gelöbnis gibt man sich indes bald nicht mehr zufrieden. Die Studenten gehören in diesen Zeiten des politischen Umbruchs zu den

---

[1] Theodor Brugsch, Arzt seit fünf Jahrzenten, Berlin 1957. Zit. n.: Ruth Glatzer (Hrsg.), Berliner Leben 1870-1900, Berlin 1963, S. 265-266
[2] Johann Christian Gädicke, a. a. O., S. 1-2

tragenden Kräften im Kampf um die Herstellung der nationalen Einheit und um demokratische Veränderungen. Das rückt sie in den Blickpunkt der Herrschenden, die argwöhnisch und repressiv reagieren.

Jede Eigenmächtigkeit des studentischen Geistes, sei sie auch ohne jeden politischen Hintergrund, stösst auf das Unverständnis von Militär, Polizei und der Welt des Hofes. König Friedrich Wilhelm III selbst ist viel zu sehr an die Strenge des preußischen Militärdienstes gewöhnt, um Ausschreitungen des akademischen Geistes zu dulden. Als die Studenten ihm, dem Stifter ihrer Hochschule, im November 1810 ein Vivat ausbringen wollten, verbietet er sich diese Huldigung. Auch die landsmannschaftlichen Kokarden an den Studentenhüten will er beseitigt wissen. Allenfalls das preußische Nationalabzeichen soll erlaubt werden. „Ohne Rücksicht auf die Disziplinar-Juristiktion der Universität" würden Minister, Polizei und Justiz für Ordnung sorgen, falls die Herren Professoren und besonders der Dekan den studentischen Unfug nicht steuern wollten. [3]

Eduard Gaertner, Das Portal der Universität. Um 1829

---

3   Max Lenz, Geschichte der Königlichen Friedrich-Wilhelms-Universität zu Berlin, Er ster Band, Halle 1910, S. 337

Im Jahre 1968 wird ein Alter Herr des Corps Normannia Berlin voller Stolz beschreiben, wie er zu den fünf Studenten gehörte, die am 13. Oktober 1910 am kaiserlichen Hof zum hundertjährigen Jubiläum der alten Friderico-Guilelmia geladen waren, wie sich Kaiser Wilhelm II zwölf Minuten mit den jungen Männern unterhielt und u. a. erwähnte, dass er seinerzeit persönlich im Corps Borussia Bonn den studierfeindlichen Frühschoppen abgeschafft habe. [4]

Mit gemischten Gefühlen registrieren die Behörden auch, dass sich die Mehrzahl der Studenten und auch einige Professoren bei den Befreiungskriegen in die vorderste Front der Kämpfer gegen Napoleon einreihen. Schon ab Herbst 1810, also zeitgleich mit der Gründung der Universität, organisieren Professor Friedrich Ludwig Jahn und Karl Friedrich Friesen die körperliche Ertüchtigung der akademischen Jugend zur Vorbereitung auf den nationalen Unabhängigkeitskrieg. Am 9. Februar 1813 versammeln sich die jungen Patrioten im Fechtsaal der Universität und ab 4. März tragen sich viele von ihnen in die Liste der Freiwilligen ein. Kurz danach gibt der Senat diesen Saal, der sich übrigens im Erdgeschoss an der Nordostecke des Mitteltraktes befindet, zur Musterung der Landwehr frei. Studenten sind kaum noch anwesend; es gehört zu den rühmlichen Zeichen dieser Zeit, dass wegen der vielen Freiwilligen im Sommersemester 1813 und im Wintersemester 1813/14 nur 28 bzw. 29 Studierende am regelmäßigen Universitätsleben teilnehmen.

Nach dem Sieg über Napoleon und im Ergebnis des Wiener Kongresses von 1815 herrscht in deutschen Landen allgemeine Enttäuschung darüber, dass die Fürsten keine Anstalten machen, den Forderungen nach bürgerlichen Freiheiten nachzukommen. Über 450 Studenten aus den Staaten des Deutschen Bundes, unter ihnen 30 Berliner mit ihrem Sprecher Hans Ferdinand Maßmann, nehmen daher das 300. Jubiläum der Reformation am 18. Oktober 1817 zum Anlass, um bei einem Treffen auf der Wartburg zu zeigen, dass sie sich nach dem äußeren nun auch dem inneren Feind stellen werden. Wie seinerzeit Martin Luther die päpstliche Bulle, verbrennen sie unter glühenden Reden verhasste Symbole: Zopf, Korporalstock und Schnürleib, auch als reaktionär angesehene Schriften.

Ausgehend von Jena und Gießen bildet sich an verschiedenen deutschen Universitäten eine Studentenbewegung, die Burschenschaften. Ihre Initiatoren sind meist die Freiwilligen der Freikorps. Sie tragen wesentlich die oppositionelle Bewegung gegen die Reaktion. Ihre Gegnerschaft gilt auch den Landsmannschaften, jenen bereits an den mittelalterlichen Universitäten entstandenen solidarischen Zusammenschlüssen von Studenten der gleichen Herkunftsregion. Im Oktober 1818 wird als Dachorganisation die Allgemeine Deutsche Burschen-

---

4   Zit. n.: Ulrich Dëus-von Homeyer, 1810-2010, 200 Jahre Berliner Universität. 200 Jahre Berliner Corps, Berlin 2010, S. 53-57

schaft gegründet; die Geschäftsführung übernehmen die Berliner Kommilitonen. Die Forderungen der Burschenschaften: bürgerliche Umgestaltung des Universitätsbetriebs, nationale Einheit, bürgerliche Freiheiten.

Am 23. März 1819 ermordet der Jenaer Theologiestudent und Burschenschafter Karl Ludwig Sand den Schriftsteller August von Kotzebue, der als Spitzel der Reaktion bekannt ist - ein willkommener Anlass für Verfolgungen. Schon im August des gleichen Jahres tagt eine allgemeine Ministerkonferenz des Deutschen Bundes in Karlsbad. Sie beschließt, die Burschenschaften und Turnvereine aufzulösen. Die freie schriftliche Meinungsäußerung ist nun verboten, und die Universitäten stehen unter Polizeiaufsicht. Auch einige Professoren wie Friedrich Ludwig Jahn oder Ernst Moritz Arndt bekommen im Rahmen der sogenannten Demagogenverfolgung den reaktionären Druck zu spüren.

In den Monaten vor den Karlsbader Beschlüssen agieren die Häupter der Burschenschaftsbewegung zumeist von Berlin aus. Es handelt sich teils um Studenten, teils um Examinierte, die Anstellung haben bzw. suchen. Ungeachtet aller politischer Anspannung herrscht in der Berliner Studentenschaft jedoch eine ungezwungene, gesunde Stimmung. Als Beleg mag die Frühlingsfeier auf dem Pichelsberg an der Havel am 2. Mai 1819 gelten, wo 86 Studenten bei Sport und Spiel mit den Dozenten Schleiermacher, De Wette und Hegel bei 175 Flaschen Rheinwein feiern.

Nach dem Verbot organisieren sich Anhänger der Berliner Burschenschaften im Juli 1820 unter dem gesamtdeutschen Namen „Arminia" oder „Bund der Herminen" neu. Im Jahre 1822 kommt es gegen 85 Mitglieder zu Ermittlungen; es werden 46 Karzerstrafen, Verwarnungen und Verweise verhängt.

Anfang der zwanziger Jahre kommen die Landsmannschaften wieder hoch; sie hatten unter dem Einfluss der Burschenschaften an Bedeutung verloren. Viele von ihnen nennen sich jetzt Corps (Corporationen) und rekrutieren sich zwar mit ihren alten regionalen, inzwischen latinisierten Namen - Marchia, Neomarchia, Pommerania, Thuringia usw. – aber dennoch unabhängig von der provinziellen Herkunft der Mitglieder. Obwohl in Berlin nur ca. 40 Mitglieder stark, sind sie bestrebt, ihre Bräuche (Comment) zu verbreiten. Während beispielsweise die Burschenschaften interne Zwistigkeiten vor Ehrengerichten austragen, halten die Corps Duelle für den einzig angemessenen Weg. Obwohl vergleichsweise unpolitisch bzw. konservativ, sind zu dieser Zeit selbst die Corps nicht frei von behördlicher Beobachtung und Verfolgung.

Ab Mitte der zwanziger Jahre ist in Berlin der Geist der Burschenschaften unter dem Druck der Reaktion erloschen - im Unterschied etwa zur Universität Halle. Ein Brief Ludwig Feuerbachs, des damaligen Studenten und späteren Philosophen, bezeugt:

„Schon im Jahre 1825 bemerkte man kaum noch den altdeutschen Rock. (Der Corpsstudent trägt Schnürleib und Stiefel; s. Bildausschnitt auf dieser Seite. – H. Z.). Das Ideal Altensteins, die Atomisierung der Studentenschaft, war erreicht; der Senat aber unterstützte den Minister mit allem Nachdruck." [5]

Vom Jahre 1834 an ist es bei den Immatrikulationsfeiern mit dem mündlichen Gelöbnis und dem Rektor-Handschlag vorbei. Statt dessen muss der Student eine Verpflichtungserklärung unterschreiben. Dieser liegt eine Gesetzgebung zugrunde, die ihm (und den Professoren) all jene akademischen Freiheiten nimmt, die den preußischen Reformern vorschwebten. Mitgliedschaft in den verbotenen Burschenschaften wird nun wesentlich härter bestraft. Keine andere Universität darf einen derart Gemaßregelten aufnehmen. Viele Tätigkeiten und Laufbahnen – kirchliche oder schulische Ämter, die akademische Würde, eine Advokatur oder eine ärztliche Praxis - bleiben ihm dauerhaft verschlossen. All dies überlagert die universitätsinternen Strafgesetze, die Verstöße gegen die geltenden Umgangsformen mit Karzer- und anderen Strafen ahnden und stellt die Unabhängigkeit der akademischen Gerichte entschieden in Frage. Die Statuten der Universität, wie sie am 31. Oktober 1816 vom König abgesegnet wurden, bleiben dabei mit nur geringen, das studentische Leben kaum berührenden Än-

---

5   Zit. n.: Max Lenz, Geschichte der Königlichen Friedrich-Wilhelms-Universität zu Berlin, Zweiter Band, Erste Hälfte, Halle 1810, S. 183

derungen mindestens bis zum 1.Weltkrieg unverändert. Die Eingriffe schlagen sich außerhalb der Statuten nieder.

Gleichzeitig unterliegen die Studierenden, wie alle zeitweilig in der Stadt Wohnenden einem System von Überwachung und Bespitzelung, die ggfls. rücksichtslose Wohnungsdurchsuchung oder Verhaftung einschließt. Anders als es Gädicke noch für die ersten Jahre nach Universitätsgründung beschrieben hatte, entfallen zwar – im Gegensatz zu den steuerlichen - die polizeilichen Kontrollen Fremder an den Stadttoren. Dafür muss der Student am Ort seiner Wohnung und an der Universität ständiger Beobachtung gewärtig sein. Die Repressalien werden in den fünfziger Jahren noch einmal verstärkt, nachdem die Revolution vom März 1848 den Herrschenden gehörig in die Knochen gefahren ist.

Erwartungsgemäß zeigt sich bei dieser Revolution unter der studentischen Jugend in Geist und Handlungen längst nicht mehr die gleiche Geschlossenheit wie während der Befreiungskriege. Schon in den Jahren zuvor ist die Berliner Universität wie kaum eine andere zum Zentrum geistiger Auseinandersetzungen geworden, was sich dann auch in der Haltung zu revolutionären Veränderungen spiegelt.[6]

Ein Aushang im Universitätsgebäude fordert die Studenten am 9. März 1848 auf, sich an den Volksversammlungen vor dem Brandenburger Tor und an einer für den 10. März festgesetzten Studenten-Zusammenkunft zu beteiligen. In dem Aushang verlangt man außerdem: „Nieder mit Eichhorn (dem preußischen Kulturminister – H. Z.), Lehr- und Lernfreiheit, Wegfall der Honorare und Promotionsgebühren, freie Erziehung". Rektor Johannes Müller lässt daraufhin das Auditorium Maximum schließen. Die in einen Hörsaal verlegte Versammlung wird von Mitgliedern der christlich-konservativen Studentenverbindung Wingolf gesprengt.

In den folgenden Tagen kommt es ständig zu Versammlungen mit heftigen politischen Diskussionen, an denen sich immerhin ein Drittel der immatrikulierten Studenten – also ca. 600 Personen – beteiligt. Zwei politische Richtungen kristallisieren sich heraus, eine revolutionär-demokratische Gruppe, für die Namen wie Salis-Seewis, Schlöffel und Monecke stehen; letzterer wird später in der Hausvogtei gefangengehalten. Sie befürwortet die Revolution und eine Beteiligung an ihr zusammen mit Arbeitern und Demokraten. Die gemäßigte Gruppe (Ägidi und andere) ist königstreu und strebt Veränderungen im Rahmen des Gesetzes an. Mit ihm sympathisiert der größte Teil der Studenten und Dozenten.

---

6   Die folgende faktische Darstellung nach: Karl Obermann, Die Berliner Universität am Vorabend und während der Revolution von 1848/49. In: Festschrift zur 150-Jahr-Feier der Humboldt-Universität zu Berlin 1810 – 1960, Bd.1, Berlin 1960, S. 165ff

Gefangene Studenten in der alten Berliner Hausvogtei

Am 18. März stürmen Studenten den Universitätsfechtboden, rüsten sich mit Schlägern und anderen Waffen aus und beteiligen sich am Barrikadenbau. An den Kämpfen nehmen etwa einhundert Studenten teil. Sie gehören mit den Maschinenbau-Arbeitern vom Oranienburger Tor zu den zähesten und am längsten auf den Barrikaden ausharrenden Kämpfern. Vier Tote und viele Verletzte sind unter den Universitätsangehörigen zu beklagen.

Als das Militär abgezogen ist, entsteht im Rahmen der Bürgerwehr das unter Leitung des Rektors stehende Studentencorps mit ca. 300 Beteiligten. Gemäß der burschenschaftlichen Sportbewegung ist es in Riegen von 120 bis 150 Mitgliedern eingeteilt, die sich aus Rotten zu 20 bis 30 Personen zusammensetzen. Jeder kann sich nach seinen Wünschen einer Rotte anschließen. Es bilden sich eine Rotte aus Mitgliedern der Wingolf-Verbindung und anderen Konservativen, eine Rotte der Theologiestudenten, eine Rotte der Gemäßigten und eine revolutionäre Rotte, letztere bestehend aus ca. 30 gutbewaffneten Studenten, deren äußeres Kennzeichen der Heckerhut, ein schwarzer Kalabreser mit roter Feder ist.

Das Corps muss u. a. das Palais des geflüchteten Kronprinzen bewachen. Die radikaldemokratischen Studenten übernehmen später den Schutz des neugegründeten „Politischen Klubs", der sich bald in „Demokratischer Klub" umbenennt. Er ist bestrebt, die Früchte der Revolution zu sichern.

Die letzte große Aktion der Berliner revolutionär-demokratischen Studentenbewegung ist die Initiierung des Erinnerungsfestes für die Märzgefallenen am 4. Juni 1848, an dem 50.000 Menschen teilnehmen.

Im Zuge der deutschen Einigungsbestrebungen ab 1860 baut sich allmählich das Misstrauen der Obrigkeit gegen die Studenten ab. Die Ideale der alten Burschenschaften erwachen wieder. Im Sommer 1860 gründet sich eine bereits bestehende Verbindung, die Brandenburgia, in eine Burschenschaft um. Sie darf im Festzug des Universitätsjubiläums die burschenschaftlichen Farben Schwarz-Rot-Gold tragen. Gleichzeitig entsteht der Akademische Turnverein A.T.V., der sich auf Jahns Gedanken beruft und ebenfalls die Farben des nationalen Einheitstraums aufnimmt. Auch wissenschaftliche Vereine dürfen sich jetzt gründen. Die Erinnerung an die sozialen Forderungen während der Revolution von 1848 verblasst, der Gedanke der deutschen Einheit dominiert. Die 50 Bismarcktürme, die später überall im Reich emporwachsen, gehen auf eine Anregung der Burschenschaften zurück.

Festsaal der Universität, auch als Senatssaal genutzt

Gleichzeitig löst sich seit den sechziger Jahren und verstärkt nach 1871 allmählich der alte Gegensatz zwischen der demokratisch-republikanischen Burschenschaftsgesinnung und der feudalistisch-konservativen Corpshaltung auf. Die Burschenschaften werden zunehmend apolitisch, auch wenn sie die aufkommende Sozialdemokratie 1881 in einer Erklärung des Eisenacher Burschentages zum neuen inneren Feind erklären. Zahlenmäßig fallen die Farbentragenden aller Couleur innerhalb der Studentenschaft bis in die sechziger Jahre kaum ins Gewicht; im Bild der großen Stadt gehen sie völlig unter.

Die organisierte Studentenschaft wird vom umstürzlerischen Element zur Stütze der Gesellschaft. Um 1850 hatte der junge Theodor Fontane noch unter der Überschrift „Die Faust in der Tasche" voller Sympathie für seine von ständigen Verdächtigungen heimgesuchten akademischen Altersgenossen gereimt:

> „Ja, in meinem Hause wohnen zwei von der Studentenschaft, die sich –wie man sagt – *Kanonen* größter Sorte angeschafft."

Jahrzehnte später, Mitte der achtziger Jahre, verspottet er unter dem Titel „Wie man's machen muss" den nur noch auf Fecht (Pauk-) „Schmisse" bedachten Karrieristen:

> „Zwei- oder dreimal mußt er vors Messer, dann war er durch und ein Durchschnittsassesser. ... Jüngstens empfing er den siebenten Orden, ist aber drum nicht schöner geworden." [7]

Die Verselbständigung des Formalen, Äußerlichen bei den Corps – in der Lyrik Ludwig Thomas fallen drastische Worte:

> „Sie schlagen sich Schmisse ins Gesicht, denn auf dem Hintern sieht man's nicht." [8]

In den achtziger Jahren ist die Erstarrung bei den Berliner Corps weit vorangeschritten. Friedrich Meinecke, späterhin Mitbegründer der Burschenschaftlichen Historischen Kommission, schreibt:

> „Ich kam nach Ort und Zeit in eine der Niederungen hinein, die das Couleurleben erfahren hat. In Bonn hatte es damals noch ... einen frischeren und lebendigeren Zug. In Berlin überwog eine starre Konvention. Die freiwillige Eingewöhnung in feste Formen und Sitten und das Fortleben des ritterlichen Ideals, diese spezifisch erzieherischen Werte des deutschen Couleurstudentums, wirkten jetzt mehr auf den äußeren als auf den inneren Menschen. Das Geltungsbedürfnis, das korporative wie das persönliche, dominierte. Stattliche Repräsentation stand besonders hoch im Kurse. Gut angezogen, womöglich mit dem nach hinten durchgezogenen Pomadenscheitel – S.-C.-Scheitel (Senioren-Convent – H. Z.) oder Lauseschaussee genannt - geschmückt, traten die Couleuren jeden Dienstag und Freitag um 11 Uhr im Vorhof der Universität zum sogenannten Antanze an. ... Dann zog alles um ¼ 12 in die Weißbierstube von Kortwich in der Friedrichstraße zum Frühschoppen ab, wo jede Verbindung ihren Stammtisch hatte." [9]

Zu den Äußerlichkeiten gehören der Stock statt des Regenschirms und der Kneifer statt der Brille. In der Straßenbahn hat man auf der hinteren Plattform des Triebwagens zu stehen. In Farben dürfen nur „couleurfähige" Lokale betreten werden, ohne diese dagegen jede Kaschemme.

---

7   Theodor Fontane, Hundert Gedichte, Berlin 2002, S. 19, 93
8   Zit. n.: Magister und Skolaren. Professoren und Studenten, Leipzig, Jena, Berlin 1981, S. 58
9   Friedrich Meinecke, Erlebtes 1862 – 1901, Leipzig 1941. Zit. n.: Ruth Glatzer (Hrsg.), Berliner Leben 1870 – 1900, Berlin 1963, S. 266-267

In der späteren deutschen Prosaliteratur ist der ehemalige Korpsstudent, erkennbar an Haltung und Gesichtsnarben, aus dem Kreis der handelnden Personen nicht mehr wegzudenken:

Alte Herren in der Kaiserzeit. Karikatur von C. Breuer

„Da war unser Deutschlehrer, ein noch jüngerer, mit sehr viel Schmissen gezeichneter Herr, der eine gewisse Vorliebe für mich hatte." (Hans Fallada, Damals bei uns daheim)

„Es war ein geschniegelter junger Mann, mit bartlosem, doch herausforderndem Gesicht, breitschultrig, beleibt und von der Haltung eines Korpsstudenten." (Heinrich Mann, Schlaraffenland)

„Unter der Tür des zweiten Salons, in den Andreas zurückkehrte, holte ihn Dietrich Klempner ein, der ihm eine formelle Korpsstudentenverbeugung machte." (ebenda)

„Klempners kleine Augen zwinkerten ein wenig hinter dem schwarzumrandeten Klemmer, und der Schmiß auf seiner linken Wange färbte sich dunkler." (ebenda)

„‚Ruhe Angeklagter!' donnerte der Mann mit den Basedowaugen und den Schmucknarben aus einer flotten Burschenzeit noch her." (Georg Hermann, Rosenemil)

Ebenfalls im „Rosenemil" überlegt die Brillantenberta in Abwägung potenzieller Freier: „Und mehr Schmiß, wie die blöden Drohnen da, hat er schon, der kleine Alfons". Der „Schmiß" geht in die sinnbildliche Sprache ein.

In diese Reihe passt auch der Bericht über das folgende Ereignis: Ein Arzt und ehemaliger Corpsstudent flickt in zweistündiger Arbeit einen jungen Mann zusammen, der bei einer Wirtshauskeilerei arg zugerichtet wurde. Als er fertig ist, fragt die Mutter besorgt: „Wird mein Sohn wieder ein richtiges Gesicht bekommen, Herr Doktor, oder bleibt es so wie das Ihrige?"[10]

Für Heinrich Mann tragen die Corps – neben Elternhaus, Schule und Militär – die Hauptverantwortung für die Ausprägung des preußischen Untertanengeistes. Dem willens- und entscheidungsschwachen Diederich Heßling ist seine Rolle als Konkneipant in der hochfeinen Berliner Korporation Neuteutonia auf den Leib geschneidert:

> „Und für diesen Posten fühlte er sich bestimmt. Er sah sich in einen großen Kreis von Menschen versetzt, deren keiner ihm etwas tat oder etwas anderes von ihm verlangte, als dass er trinke. ... Das Trinken und Nichttrinken, das Sitzen, Stehen, Sprechen oder Singen hing meistens nicht von ihm selbst ab. Alles ward laut kommandiert, und wenn man es richtig befolgte, lebte man mit sich und der Welt im Frieden."[11]

Die Corps, die sich als eine Art Elite der Universität empfinden, rücken sich mehr und mehr in den Vordergrund. Politisch wahren sie weitgehend Neutralität; das erklärt, dass sich fast gleichzeitig Bismarck, der spätere Erzbischof von Ketteler und der nachmalige sozialdemokratische Arbeiterführer Wilhelm Liebknecht in ihren Reihen finden und dass später ehemalige Korpsstudenten sowohl Parteifunktionäre der NSDAP als auch Widerstandskämpfer stellen.

Auf der Basis ihrer Abstinenz gegenüber – ohnehin an der Universität verbotenen – politischen Aktivitäten machen die Corps die Uninteressiertheit für jegliche über das rein studentische Wesen hinausgehende Tendenzen zu ihrem Prinzip. Schon im Jahre 1855 schaffen sie sich im „Kösener Senioren-Convents-Verband" (KSCV) eine nationale Dachorganisation. War einst die Wartburg Symbol der burschenschaftlichen Studentenbewegung, so ist nun die Ruine der Rudelsburg Sinnbild eines korporativen Geistes in Teilen der Studentenschaft. Für die Zeit ab den sechziger Jahren gilt:

> „Die Verbindungen ... bildeten sich sämtlich straffer aus, suchten in Kartellen und Verbänden Fühlung mit gleichgearteten oder verwandten Korporationen und fingen an, in den Altherrenverbänden Organisationen zu entwickeln, welche ihre aktiven und inaktiven Mitglieder zusammenhielten und mit der Zeit zu einer sozial höchst wirksamen Macht herangewachsen sind."[12]

Um die Jahrhundertwende ist an den deutschen Universitäten die Vielfalt der Verbindungen kaum noch zu überblicken. Einige von ihnen bezeichnen sich unverändert als Landsmannschaften. Bei den Corps, die sich gegenüber den Burschenschaften und erst recht im Vergleich zu den Landsmannschaften als die

---

10 Alfred Anton Noder, Erinnerungen eines Arztes und Dichters, Leipzig 1930. Zit. n.: Kurt U. Bertrams (Hrsg.), Cameliana. Bekannte Persönlichkeiten schreiben, wa rum sie nicht korporiert waren, Hilden 2003, S. 151
11 Heinrich Mann, Der Untertan, Leipzig 1986, S. 23
12 Max Lenz, Geschichte der Königlichen Friedrich-Wilhelms-Universität zu Berlin, Zweiter Band, Zweite Hälfte, Halle 1918, S. 347

Vornehmsten empfinden, gibt es schlagende und nichtschlagende, farbentragende und nichtfarbentragende, weltliche und konfessionelle (christliche, evangelische, katholische, paritätische und jüdische), solche mit dem Grundsatz unbedingter Satisfaktion, andere schlagen sogenannte Bestimmungsmensuren. Die den Corps immer mehr ähnelnden Burschenschaften unterscheiden sich nach pflichtschlagend und fakultativ schlagend.

Außerdem entstehen ab 1881 die national und sozial, aber auch antisemitisch orientierten Vereine Deutscher Studenten (VDS), die sich zum Kyffhäuserverband der Vereine Deutscher Studenten (KVDS) zusammenschließen. Andere, hauptsächlich dem Mittel- und Kleinbürgertum entstammende und politisch den Liberalen bzw. den Sozialdemokraten zuneigende Teile der Nichtkorporierten organisieren sich in der Finkenschaft (Schwarze). Sie werden von den Farbentragenden als Konkurrenz empfunden. So bricht an der Berliner Universität im Juli 1899 erst ein Machtwort von Rektor Waldeyer den Widerstand der Corps gegen die Teilnahme der Schwarzen an einem Festzug zu Ehren Goethes. Von den Auseinandersetzungen zeugt auch, dass die Finkenschaft im Jahre 1910 zum 100. Jubiläum der Hochschule eine Gegenveranstaltung organisiert.

Zur Verwirklichung gemeinsamer Interessen, „die trotz allem sich geltend machen", entsteht im Sommer 1869 ein erster Ausschuss der Berliner Studentenschaft. Schon ein Jahr später wird er vom Senat verboten, weil er zu selbständig auftritt und sich „illegalerweise" als „ständig" bezeichnet.

„Die Entwicklung der deutschen Studentenschaft entspricht der des Reichsgedankens selbst: Nicht der strikten Einheitspartei gehörte die Zukunft, sondern den partikularen Einheiten, den Korporationen, und nur in einem Bundesrat, einem Ausschuss aus Verbindungen, mit denen sich dann die freibleibenden Schwarzen, die ‚Finken' ... auseinandersetzen mussten, hat die Gemeinsamkeit der Interessen, die trotz allem sich geltend machte, zum Ausdruck kommen können. Seit Mitte der sechziger Jahre, in eben der Zeit, als das neue Deutschland die Formen, die Bismarck ihm geben wollte, anzunehmen begann, war dieser Prozess sichtbar." [13]

---

13 ebenda, S. 347-348

Landwirtschaftliche Hochschule. Gebrauchsfähige Maschinen, Geräte und größere Modelle

Ansonsten sind es die Corps, die die Studentenschaft vertreten – sowohl gegenüber den Universitäts- als auch den staatlichen Behörden. Das ist insofern anmaßend, als ihnen zumindest an den Universitäten der großen Städte, die viele andere Zerstreuungen bieten, nur ein Bruchteil der Studentenschaft angehört, so selbst zu ihrem Höhepunkt im Wintersemester 1930/31 in Dresden 16 Prozent, in Leipzig, Köln und Frankfurt am Main je 19, in Münster/Westfalen 28, Göttingen 29 sowie in Bonn und Breslau je 30 Prozent. Extrem hohe Anteile haben solche traditionsreichen Universitäten wie Hohenheim (73%), Marburg (63%) und Tübingen (62%). In Berlin ist mit 19 Prozent kaum jeder fünfte Kommilitone Mitglied einer Verbindung.[14]

Besonders bei festlichen Anlässen in der Öffentlichkeit, bei denen sie „im vollen Wichs" erscheinen, werden die farbentragenden Verbindungen oft als Repräsentanten der Studentenschaft schlechthin wahrgenommen. Das sind dann übrigens auch die Momente, in denen die Aussage von Professor Erich Schmidt, Germanist, Wiederentdecker des Urfaust und Rektor zum Zeitpunkt der Jahrhundertfeier: „Berlin hat eine Universität, aber es ist keine Universitätsstadt" relativiert wird.

„Das nüchterne Weltstadtbild erhält dann eine malerische Bereicherung voll fröhlichster Reize. Mitten in dem lärmenden prosaischen Geschäftsgetriebe Berlins erstrahlt der Glanz

---

14 Paulgerhard Gladen, Gaudeamus igitur. Die studentischen Verbindungen einst und jetzt, Köln 2001, S. 43.

und die Poesie der alten Burschenherrlichkeit und setzt die kalten Weltstädter in Erstaunen, dass es so etwas in Berlin noch gibt." [15]

Der Alleinvertretungsanspruch der Verbindungen missfällt neben vielen nichtkorporierten Studenten auch dem Senat; letzterer unterhält zudem aus anderen Gründen ein unterkühltes Verhältnis zu den Corps. Diese stellen das gesellige Prinzip allzusehr über das Studium, und die geringe Zahl ihrer Mitglieder steht in keinem Verhältnis zu der Häufigkeit, mit der sie aus disziplinarischen Gründen vor das Universitätsgericht zitiert werden. Schon Johann Gottlieb Fichte, nach Schmaltz und vor Savigny zweiter Dekan der Universität, hatte bei seiner Antrittsrede am 19. Oktober 1811 die Landsmannschaften als das wichtigste Hindernis bei der Entfaltung der vollen Freiheit und Unbefangenheit des Geistes bezeichnet. Die Verbindungen würden mit dem Zwang des Trinkkomments und des Duellwesens eine unerhörte Tyrannei über Lehrer und Schüler aufrichten wollen und damit den eigentlichen Beruf des Studierenden, das Studium selbst, zerstören. [16] Fichte sprach damals hypothetisch aus seinen Jenaer Erfahrungen. Die Befürchtungen erwiesen sich indes bezogen auf die Berliner Universität, solange diese noch in den Kinderschuhen steckte, als gegenstandslos.

Ganz anders gegen Ende des Jahrhunderts. Beschwörend appelliert etwa Professor Heinrich Brunner bei seiner Antrittsrede als Dekan am 15. Oktober 1896 an die Studenten:

„Die sich Studenten nennen, zerfallen von alters her in zwei ungleiche Hälften, solche, die studieren und solche, die nicht studieren. ... Verlernen Sie während Ihrer Studienzeit die ehrliche geistige Arbeit nicht. ... Wer es in der Studienzeit verlernt hat zu arbeiten, findet nachmals nicht leicht das seelische Gleichgewicht wieder, in dem er dazu tauglich wird. Das Studium ist für Sie, theure Commilitonen, nicht nur Pflicht gegen Sie selbst, sondern auch gegen Volk und Staat, dem Sie angehören." [17]

Kein Wunder, dass die Berliner Kaufmannschaft als Trägerin der neugegründeten Handelshochschule, bestrebt ist, das studentische Korporationswesen gar nicht erst aufkommen zu lassen. Im Bericht über das Studienjahr 1909/10 – es ist das vierte an der jungen Bildungsstätte – heißt es:

„Die Haltung der Hochschule zu farbentragenden Verbindungen ist dieselbe geblieben wie bisher, indem solche nicht anerkannt werden. Es entspricht das ... der einfachen Erwägung, dass die Vertretung einer Couleur bekanntermaßen viel Arbeitskraft konsumiert und eine besondere Hingabe erfordert, und dass hierzu im Rahmen eines nur auf zwei Jahre berechneten Handels-Hochschulstudiums keine Zeit vorhanden ist. Es fehlt ferner die historische

---

15 Henry F. Urban, Aus dem Berliner Studentenleben. In: Berliner Bilder. Spreeathener, Berlin 1914, S. 54-55
16 Max Lenz, a. a. O., S. 403
17 Heinrich Brunner, Der Antheil des deutschen Rechtes an der Entwicklung der Universitäten. Rede zum Antritt des Rektorats an der Königlichen Friedrich-Wilhelms- Universität zu Berlin, 15. Oktober 1896, Berlin 1896. In: Universität zu Berlin, Reden 1887-1896, S. 18-19

Bilder vom Tage

Nummer 41. Seite 1729.

Zur Jubelfeier der Berliner Universität:
Rector magnificus der Friederica Wilhelma Erich Schmidt.

Aus der Zeitschrift „Die Woche". 1910

Berechtigung für bunte Mützen, Schläger und Bänder, umso mehr, als diese in der Großstadt kaum zur Geltung kommen. Darum soll der Studierende der Handels-Hochschule Berlin seinen Stolz darin suchen, zu bleiben und zu scheinen, was er ist: Kaufmann." [18]

Im Sommersemester 1907 hatten sich zwei Vereine gebildet, der „Berliner Akademische Diskussions-Klub" und der „Akademische Verein Lloyd". Beide nennen als Ziele wissenschaftliche Vorträge und Diskussionen, Pflege des kaufmännischen Geistes, Freundschaft und Geselligkeit. Ihnen wird vom Rektor die

Handelshochschule Berlin, Aula mit Blick in den Vorsaal

Benutzung des Schwarzen Bretts zur Verbreitung von Nachrichten bewilligt. Im gleichen Jahr stößt der Antrag auf Gründung eines farbentragenden Vereins auf Ablehnung.

Im Dezember 1907 entsteht als dritter Klub der „Sportverein an der Handels-Hochschule Berlin". Er hat 73 Mitglieder und untergliedert sich in Gruppen für Fechten, Reiten, Tennis und Rudern. Diese Gründung wird vom Dozentenkollegium ausdrücklich begrüßt, „ ... da sie geeignet ist, dem Irrtum entgegenzutreten, als ob eine Hochschule, die keine farbentragenden Verbindungen kennt, darum der Pflege körperlicher Übungen abhold sein müsse." [19]

---

18 Korporation der Kaufmannschaft von Berlin, Die Handelshochschule Berlin. Bericht über das Studienjahr 1909/10, Berlin 1911, S. 21
19 a. a. o. 1907/08, S. 24-25

Einem weiteren akademischen Verein namens „Hansea" entzieht der Rektor 1913 das Schwarze Brett wegen Verstoßes gegen das Couleurverbot, was auch „bis auf weiteres" den Entzug der Anerkennung des Klubs bedeutet.

Handelshochschule Berlin. Zum Hörsaal ausgebaute Heilige-Geist-Kapelle

Nach dem Ersten Weltkrieg zeigt sich an der Handelshochschule ein völlig anderes Bild, wie die Erinnerungen von Georg Speer, schlesischer Student an dieser Lehrstätte in den zwanziger Jahren, belegen.

> „Gesellschaftliche Ereignisse besonderer Art waren die alljährlichen Feiern zur Erinnerung an die Reichsgründung am 18. Januar 1871. Zu ihnen erschienen das gesamte Dozentenkollegium im Talar und die Chargen der an der Hochschule ‚angeschlagenen', d.h. zugelassenen Koporationen im feierlichen ‚Wichs'". [20]

Schon in den Jahren vor dem Ersten Weltkrieg werden einzelne Bräuche des Corpscomments zunehmend in Frage gestellt. Dies gilt insbesondere für den Trinkzwang, der das gesellige Leben vieler Corps lange Zeit uneingeschränkt beherrscht. In einem Bericht aus dem Jahre 1914 heißt es dazu:

> „Im Jahre 1908 wurde 782 studentischen Korporationen die Frage vorgelegt, wie sie der Abstinenzfrage gegenüberständen. Es antwortete etwa die Hälfte der Korporationen, und zwar erklärten 251 Korporationen, dass sie auch Abstinenten aufnähmen, 82 verwarfen Trinkzwang, 28 lehnten Abstinenzler ab. Das zeigt deutlich, wie sehr sich in studentischen Kreisen die Anschauungen über diese Frage geändert haben. So bietet sich heute bereits das ungewöhnliche Bild, dass unter den bierfröhlichen Studenten der Kommilitone zu finden ist,

---

20 Georg Speer, Student im Berlin der zwanziger Jahre, Bonn 1971, S. 10

der andächtig und mit Lust an seinem Strohhalm im Limonadenglas saugt. Er muss gelegentlich die Neckereien seiner ‚alkoholhaltigen' Kameraden über sich ergehen lassen, aber er lässt sich nicht beirren und nimmt das Recht für sich in Anspruch, zu trinken, was ihm behagt."[21]

Im Übrigen ist es nicht allein der Trinkzwang, der Studenten davon abhält, „aktiv" zu werden und sie als „Kamel" durchs Studium gehen lässt. Zu nennen sind außerdem weltanschauliche und religiöse Gründe, ein eigener Unabhängigkeitsdrang, elterliche Verbote und – nicht zuletzt – der Geldmangel.

Mehr und mehr breitet sich überdies der Gedanke aus, zum Besten von Körper und Geist den übermäßigen Aufenthalt in Stube und Kneipe zu meiden.

Zwar ist der studentische Drang, Sonne und Licht zu genießen, nicht neu. Hier der schon fast romantisch anmutende Bericht der Agathe Nalli-Rutenberg aus den fünfziger Jahren, geschrieben 1912: Ihr Bruder tritt mit 17 Jahren in die Universität ein. Sie bedauert, dass Frauen nicht studieren dürfen und nimmt lebhaft Anteil am Verbindungsleben ihres Bruders. Viele studentische Freunde besuchen zum geselligen Verkehr die Familie der N.-R. Im Sommer arrangiert sie Ausflüge, an denen neben ihren Freundinnen auch der Bruder und einige seiner Studiengenossen teilnehmen. Ziel ist Stralau, wo zunächst ein gemütliches Kaffeestündchen abgehalten wird.

„Nach demselben wurde in der Regel eine Wasserpartie gemacht. Gar malerisch nahmen sich die Studenten mit ihren Mützen im Boote aus; und wir Mädchen trugen stolz als Beweis, dass wir zu ihnen gehörten, dieselben Farben wie sie, schwarz, blau, silber in den Schleifen und Bändern, die uns schmückten! Nach der Rückkehr vom Wasser wurde öfter im Saale oben noch ein wenig getanzt (da wir wohl noch nicht genug Bewegung gehabt hatten) und Heimweg angetreten. Singend zogen wir zu Fuß, paarweise die Landstraße dahin; denn die Studenten sangen immer, und wir Mädchen wussten wie sie alle Lieder auswendig. Frisch, frei und fröhlich war unser Sinn; harmlos unser Verkehr mit den jungen Männern und ideal unser Sinnen und Denken. Wie verschieden war jene patriarchalische Zeit von der jetzigen, die mit ihren vielen Genüssen erdrückend wird, die Nerven aufreibt und die Menschen früh blasiert macht."[22]

Nun, zum Ende des 19. Jahrhunderts bleibt es nicht mehr bei gemütlichen „Wasserpartien". Es entstehen die als besonders „couleurfähig" angesehenen akademische Ruder- und Vereine in vielen anderen Disziplinen, die sich untereinander messen, bis hin zu Korporationsmehrkämpfen. Analog zu den Pfadfindern und Wandervögeln organisiert man sich zwecks sportlicher Betätigung - außerhalb des traditionellen, meist in geschlossenen Räumen stattfindenden Fechtens und neben dem längst existierenden Akademischen Turnverein A.T.V. Man beteiligt sich beim Tennis, beim Fußball oder sogar im Akademischen Alpen-Verein. Für geistige Erholung sorgen Schachklubs oder Möglichkeiten musikalischer Betäti-

---

21   Henry F. Urban, Aus dem Berliner Studentenleben. In: Berliner Bilder. Spreeathener, Berlin 1914, S. 55-56
22   Agathe Nalli-Rutenberg, Das alte Berlin, Berlin 1912, S.94

gung. Und unter akademisch-wissenschaftlichen Vereinen besteht bald eine große Auswahl. Es wird unter den Berliner Studenten keineswegs nur getrunken und gesungen, wie der bereits oft zitierte Luc Gersal beobachtet haben will.

Sieger der Junior-Achter von Grünau. 1904

Mitglieder von Verbindungen erweisen sich in der Regel nicht als „Sauf- und Raufstudenten", die verbummeln oder mit Ach und Krach durch das Examen rutschen. Diese Fälle gibt es, und mancher Bund stösst Schwankende feige aus. Weit häufiger bringt man Haltlose auf den rechten Weg, und sei es auch nur deswegen, um das eigene Ansehen zu wahren und um Alte Herren in Lebensstellung zu bekommen.

Indem sie sich außerhalb von Universität, Kneipe und Studentenbude bewegen, kommen die Studierenden auch häufiger mit der vor- bzw. nichtakademischen Jugend in Kontakt. Hans Fallada erzählt in „Damals bei uns daheim", wie seine Berliner Wandervogel-Gruppe von einem Studenten geleitet wird, der dieser sanften Form des Protestes „gegen die fetten Bürger" huldigt. Bei ihrer Wanderung durch Holland verdienen sie sich ihr Brot durch das Vortragen von Liedern - nicht zuletzt von Studentenliedern.

Auch nach dem Ersten Weltkrieg wird das studentische Brauchtum in den Korporationen weiter gepflegt. Aber teilweise ist eine Umorientierung der Prinzipien zu beobachten. Unter dem Einfluss ehemaliger Kriegsteilnehmer werden Ehrenhändel nicht mehr zwangsläufig über das Duell ausgetragen, sondern unter bestimmten Bedingungen an Ehrengerichte verwiesen. Bei Neugründungen von Korporationen gewinnt das Prinzip der religiösen Toleranz wieder stärker an

Bedeutung. Zugleich zeigt sich bei manchen Korporationen eine Tendenz zu politischer Rechtsorientierung mit nationalem Freiheitsbegriff. Die Schuld für Prestigeverlust und sozialem Abstieg schrieben sie dem „Systemstaat" zu.

Reiterstaffel der Tierärztlichen Hochschule. Um 1930

Trotz unübersehbarer Veränderungen in Geist und Haltung der Studentenverbindungen gilt die Aussage einer kürzlich veröffentlichten Untersuchung:

> „Kaum eine Spielart der Studentengeschichte wird so leidenschaftlich diskutiert, wie Sinn oder Unsinn der Korporationen an deutschen Hochschulen. Ob Corps, Burschen- oder Landsmannschaften, kein Thema ist so gespickt mit Vorurteilen und geprägt von Schwarz-Weiß-Zeichnungen wie das deutsche Verbindungsstudententum. Die Allgemeinplätze gleichen der launigen Federzeichnung des Simplicissimus, und so spukt seit Jahr und Tag ein Couleur tragender, schmissverzierter Spießbürger schweinsäugig durch das öffentliche Bewusstsein. Sein Name: Diederich Heßling, Neuteutone aus Berlin." [23]

Besonders unter dem Einfluss der Bewegung der Achtundsechziger haben studentische Verbindungen an den Universitäten der damaligen Bundesrepublik einen schweren Stand, was einen Alten Herren im Jahre 1971 zu folgender Stellungnahme veranlasst:

> „Aus heutiger Sicht sollte man trotz aller Verächtlichmachung des Korporationswesens auch seine positiven Seiten bedenken und nicht immer auf die längst abgeschnittenen ‚alten Zöpfe' verweisen. Die akademischen Verbindungen, die in bewährter Tradition wurzeln und

---

23 Sven Waskönig, Der Alltag der Berliner Verbindungsstudenten im Dritten Reich am Beispiel der Kösener Corps an der Friedrich-Wilhelm-Universität. In: Rüdiger vom Bruch, Christoph Jahr, Rebecca Scharschmidt (Hrsg.), Die Berliner Universität in der NS-Zeit, Berlin 2005, S. 159

sich den gesellschaftspolitischen Gegenwartsproblemen nicht verschließen, haben als persönlichkeitsbildende Institutionen heute noch ihre Existenzberechtigung." [24]

Inzwischen ist das Verbindungsstudententum an den Universitäten des vereinigten Deutschland wieder präsent, wenngleich in wesentlich geringeren Dimensionen als in den Jahren vor 1933. Hinsichtlich der Anzahl von Verbindungen liegt Berlin hinter München an zweiter Stelle. Als lebensfähig haben sich solche Korporationen erwiesen, die in ihrem Ideengut bewährtes Traditionelles mit Zeitgemäßem zu verquicken verstanden. Besonders anfällig waren Corps mit stark überholter Tradition, wie solche feudalen Corps, die nur Adlige aufnahmen oder auch extrempolitische Verbindungen. Von der politischen Linken wird das Verbindungswesen schon allein deswegen bekämpft, weil es eine Tradition verkörpert. ...

Noch viele Jahrzehnte nach der Gründung der Friedrich-Wilhelms-Universität kursiert der Spruch: „Die Berliner Universität hat Studierende, aber keine Studenten." [25]

Das oben Ausgeführte zeigt hingegen, das der Berliner Studiosus keineswegs nur der Wissenschaft und seinem künftigen Beruf lebt. Zutreffend an dieser Aussage ist allerdings, dass es die Masse der Studentenschaft zu allen historischen Zeiten versteht, ihr Studium trotz vielfältiger „Ablenkungen" – von den Befreiungskriegen und Revolutionsunruhen bis zu den zeitweilig ausufernden Corpsgeselligkeiten - erfolgreich zu gestalten.

Eine besonders ausgeprägte Arbeitsatmosphäre herrscht in den ersten Jahrzehnten. Der spätere Philosoph Ludwig Feuerbach, der sich von der Universität Heidelberg kommend zu Ostern 1824 in Berlin einschreibt, berichtet seinem Vater:

> „An Trinkgelage, an Duelle, an gemeinschaftliche Fahrten usw. ist hier gar nicht zu denken; auf keiner anderen Universität herrscht wohl solch allgemeiner Fleiß, solcher Sinn für etwas höheres als bloße Studentengeschichten, solches Streben nach Wissenschaft, solche Ruhe und Stille wie hier; wahre Kneipen sind andre Universitäten gegen das hiesige Arbeitshaus." [26]

Vierzig Jahre später genießt die Berliner Universität offenbar noch immer diesen Ruf:

> „Berlin war damals keine Universität für e r s t e Semester (die andernorts traditionell verbummelt werden – H. Z.). Man kam hierher, um zu studieren. Wenigstens stand Berlin damals in dem Rufe, eine Arbeitsuniversität schlechthin zu sein. In Heidelberg, in Bonn, in

---

24 Georg Speer, a. a. O., S. 17
25 Max Mechow, Berliner Studenten 1810 – 1914, Berlin 1975, S. 5
26 Ludwig Feuerbach, Briefwechsel, Hrsg.Werner Schuffenhauer, Leipzig 1963, S. 25

Jena, in Tübingen und noch in anderen kleinen Universitätsstädten brauste das vielbeneidete und vielgeschmähte deutsche studentische Leben; hier in Berlin ‚ochste' man." [27]

Einen Studententypen wie Karl Mays „Methusalem" mit der vom Wein blaurot gefärbten und durch einen Säbelhieb gespaltenen Nase (blausamtener Schnurenrock, rote Weste, weiße Lederhosen, hohe lacklederne Stulpenstiefel mit ungeheuren Sporen, rotgoldenes Zerevis auf den lang herabwallenden dichten Locken, immer die langstielige Pfeife im Mund und auf dem täglichen Weg zwischen Wohnung und Gasthaus immer seinen bediensteten Wichsier samt Hund im Gefolge), der jede Frage nach Gegenstand und bisheriger Dauer des „Studiums" mit der Klinge beantwortet, hat es zumindest in Berlin nie gegeben.

Archäologische Sammlung griechischer Skulpturen

Wie Feuerbach besucht auch Heinrich Heine – zwischen 1821 und 1823 – die Vorlesungen von Hegel. Heine, der übrigens seinem Göttinger Corps Guestphalia im „Wintermärchen" mit den Worten „Sie fechten gut, sie trinken gut ..." ein literarisches Denkmal gesetzt hat, lobt das Palais von außen, empfindet aber dessen innere Atmosphäre bedrückend: „Fürwahr, ein herrliches Gebäude! Nur

---

27   Isidor Kastan, Berlin wie es war, Berlin 1919, S. 132

schade, die wenigsten Hörsäle sind geräumig, die meisten düster und unfreundlich ..." [28]

Auch noch Jahrzehnte später zeigen die Hörsäle in der Erinnerung eines anderen Studenten

> „... kahle, graugrünlich getünchte Wände, über dem Katheder eine schwarze Holztafel. Von der Decke herab hingen einfachste Gasarme herab, aus denen die Flammen frei in die Luft hinaus ihr rötliches Licht spendeten. Die Erwärmung wurde durch Kachelöfen bewirkt, die von dem Wandelgang aus geheizt wurden. Niedrige, unbequeme Sitzreihen füllten die Räume, die jeglicher Lufterneuerungsvorrichtungen entbehrten. In einzelnen größeren Hörsälen war namentlich in den Wintersemestern der Aufenthalt unerträglich." [29]

Die Bedingungen von räumlicher, finanzieller aber auch bürokratischer Enge, unter denen Lehrende und Lernende den Ruhm dieser Lehrstätte begründen und ausbauen, kennzeichnen das Berliner Universitätsleben für viele Jahrzehnte.

Der Etat des Hauses tritt nach gründungsbedingten Aufstockungen der ersten Jahre längere Zeit auf der Stelle, geht zwischen 1819 und 1830 sogar etwas – von 109.000 auf 105.000 Taler – zurück. Bis zum Jahre 1855 ist immerhin eine Steigerung auf 166.000 Taler zu beobachten. (Im Jahre 1858 wird endlich Gasbeleuchtung installiert; auf der Straße Unter den Linden stehen bereits seit 32 Jahren Gaslaternen). Beginnend mit den siebziger Jahren kommt es dann im Finanzhaushalt der Hochschule mehrfach zu großen Sprüngen.

Unter diesen Bedingungen strengster Haushaltsführung sieht sich die Universitätsverwaltung in den ersten Jahrzehnten außerstande, naturwissenschaftliche Apparaturen zur Verfügung zu stellen. Diese müssen von den Dozenten auf eigene Kosten angeschafft werden.

Die Bestände der Universitätsbibliothek wachsen über die Jahrzehnte hinweg stetig an, dennoch können einschneidende Lücken nicht ausgefüllt werden. Die Königliche Bibliothek, die über einen reichhaltigen Fundus an Handschriften und Büchern verfügt, steht zwar neben Professoren und Dozenten grundsätzlich auch Studierenden offen. An das konkrete Buch heranzukommen, stößt aber für den gewöhnlichen studentischen Nutzer nicht selten auf Schwierigkeiten, wie der folgende Bericht aus den sechziger Jahren belegt:

> „Einen Einblick in das Bücherverzeichnis selbst zu tun, war dem Laienauge unerbittlich versagt. Nur den Bevorzugtesten unter den Sterblichen war der Eintritt in den geheiligten Raum das Katalogzimmers gestattet. Man musste zu allerhand Listen seine Zuflucht nehmen, um zum Ziele zu gelangen. Bestellte man auf dem gewöhnlichen Wege ein Buch, dann konnte man mit ziemlicher Bestimmtheit darauf rechnen, am anderen Tage an der Buchausgabestelle die Antwort zu erhalten: verliehen oder nicht vorhanden. Es ist auch zuweilen

---

28   Heinrich Heine, Briefe aus Berlin. In : Säkularausgabe. Werke, Briefwechsel, Lebenszeugnisse, Bd. 4, bearbeitet von Karl Wolfgang Becker, Berlin, Paris 1981, S. 117
29   Isidor Kastan, a. a. O., S. 133-134

vorgekommen, dass auf dem Bestellzettel der Vermerk zu lesen stand: ‚Wegen Dunkelheit nicht aufzufinden.'" [30]

Kaum zu beschreiben sind die Arbeitsbedingungen an der alten Anatomie nahe der Garnisonkirche; einer der Betroffenen, der spätere Arzt und Journalist Isidor Kastan, hat es dennoch versucht:

„Keinerlei Vorrichtung für Lufterneuerung, keinerlei Wasserspüleinrichtung, nichts. ... Es war eine Stätte des Grauens. Man sah sich in Dantes Hölle versetzt. Auf schmutzigen Tischen lagen die für die Sezierübungen bereitgehaltenen Leichen oder einzelne Stücke; Blut klebte an allen Ecken und Enden; die Wände, der Fußboden starrten von allerhand widerlichen Abfällen. Zwischen neunzig und hundert Menschen bewegten sich täglich in diesem unbeschreiblichen Raume. Einer war dem anderen im Wege. Man behalf sich eben wie es gehen mochte. ... In der Dämmerung während der kurzen Wintertage musste man beim Arbeiten an der Leiche und von diesen entsetzenerregenden Bildern umgeben schon recht standhafte Nerven haben, um nicht von dem Grauen über die Wirklichkeit überwältigt zu werden. Hatte man dann schließlich diese Stätte der Furchtbarkeit verlassen, dann schleppte man den widerlichen Verwesungsgeruch noch stundenlang mit sich, wohin man ging. In dem Seziersaal gebrach es an jeglicher Gelegenheit, die sich von Blut und anderen Abfallstoffen klebrig gewordenen Hände gründlich zu säubern. Ein paar Waschbecken und ein halbes Dutzend Handtücher, die wöchentlich gewechselt wurden, standen zur Reinigung der Hände und der Messer zur Verfügung. Keine Bitten, keine Beschwerden halfen. Die Unterrichtsverwaltung blieb ihnen gegenüber völlig taub ..." [31]

Dennoch gehen aus diesen widrigen Verhältnissen viele tüchtige Ärzte hervor, unter denen einige später sogar Weltruhm erlangen.

Zwischen Reichsgründung und Erstem Weltkrieg verändern sich die Dinge grundlegend. Nicht der wichtigste, aber ein durchaus erwähnenswerter Wandel ist der Siegeszug der Hygiene. Die künftigen Ärzte erhalten in der Luisenstraße ein neues anatomisches Institut, das diesen Namen verdient. Der Gedanke der Medizinhygiene wird zum Allgemeingut – mit Rückwirkungen auf alle Fakultäten. Spät ändern sich dabei die hygienischen Verhältnisse im Universitätsgebäude, dem alten Prinz-Heinrich-Palais. Nachdem dieses 1876 an die endlich eingerichtete Kanalisation angeschlossen ist, kann im Jahr darauf das Abortgebäude im Kastanienwäldchen abgerissen werden. Es folgen für die Dauer von dreizehn Jahren Provisorien, bis sich ab 1890 in jedem Geschoss Toiletten befinden. Bis dahin gibt es nur einen im Pfeiler der ersten Etage befindlichen, zum ausschließlichen Gebrauch der – teilweise noch im Haus wohnenden - Universitätslehrer bestimmten Nachtstuhl, der vom Pedell jeden Abend sorgfältig zu reinigen ist.

Die Alma Mater Berliniensis kann in den Jahren um ihren hundertsten Geburtstag für sich in Anspruch nehmen, als Lehr- und Forschungsstätte das Niveau der Wissenschaft in vielen Disziplinen national wie international mitzubestimmen.

---

30 ebenda, S. 148-149
31 ebenda, S. 146-147

Die Alma Mater Berliniensis kann in den Jahren um ihren hundertsten Geburtstag für sich in Anspruch nehmen, als Lehr- und Forschungsstätte das Niveau der Wissenschaft in vielen Disziplinen national wie international mitzubestimmen.

Studierende beim Verlassen der Universität. Um 1914

Hinsichtlich der Anzahl ihrer Studenten erreicht und überschreitet sie das Doppelte der nächstgrößeren Universitäten von Leipzig oder München. Wie ein Magnet wirkt der Ruhm vieler – teilweise mit Nobelpreisen geehrter - Professoren, die hier wirken. Auch von der nationalen Begeisterung profitiert die Universität der Reichshauptstadt. In Heinrich Manns „Untertan" schickt der alte Heßling seinen Sohn Diederich nicht zuletzt deswegen nach Berlin, weil er als Soldat sechsundsechzig und einundsiebzig durch das Brandenburger Tor eingezogen war. So mancher Student empfindet die Friedrich-Wilhelms-Universität zu Berlin als eine Art Pflichtstation für drei oder vier Semester auf der damals üblichen Rundreise durch Deutschlands Hochschulen.

Einer in wenigen Jahrzehnten auf mehr als das Vierfache gestiegenen Studentenzahl entsprechen großzügige Erweiterungen der Lehrstättenkapazität und des Lehrpersonals. Den statistischen Angaben zufolge kann im allgemeinen bei den Vorlesungen weder Raum- noch Personalmangel bestanden haben. Im Durchschnitt besuchen im Jahre 1909 zehn Studenten eine Vorlesung. Das ist zwar im Vergleich zu 1860 die doppelte Anzahl, zeugt aber – jedenfalls aus heutiger Sicht – unverändert von nachgerade paradiesischen Zuständen. Bei den Philosophen steigt die Zahl der Hörer in diesem Halbjahrhundert von vier auf elf, bei den Medizinern von vier auf fünf und nur bei den Juristen deutlicher von neun auf durchaus weiterhin erträgliche 29 Studenten. Die Theologen verzeichnen einen Rückgang von dreizehn auf sieben Besuchern. [32]

Für seine Vorlesung erhebt der Dozent ein von ihm festgelegtes Honorar. Dazu wendet er sich nicht – wie an anderen Universitäten - direkt an den Studenten, sondern:

> „Der Quästor empfängt die Honorare, welche die Studirenden an ihn für Rechnung der ordentlichen und außerordentlichen Professoren, bei welchen sie Kollegien hören wollen, pränumerando zu zahlen haben. Er befolgt dabei die Instruktion, welche ihm jeder Professor für seine Vorlesungen giebt, und ist verpflichtet, über die eingehenden Honorarien genaue Listen und Rechnungen zu halten und diese den Professoren, deren Einnahme darin verzeichnet ist, vorzulegen. Als Emolument hiefür ist dem Quästor der Abzug von zwei Prozent von den durch ihn eingenommenen Honorarien verstattet." [33]

Auf diesem und möglicherweise weiteren Wegen fließen dem Ordentlichen Professor jährliche Amtseinkünfte zu, die sich um 1885 – je nach Fakultät und Anzahl der Vorlesungen – zwischen 3.000 und 12.000 Mark bewegen. [34]

Der Student kann um Nachlass oder Befreiung von diesen Gebühren ersuchen, muss aber ein Zeugnis seiner Bedürftigkeit beibringen, das „von seiner Obrigkeit" ausgestellt ist.

Ludwig Ganghofer, der im Wintersemester 1878/79 drei philosophische Vorlesungen, außerdem Literatur und Völkerrecht hört, wählt einen anderen Weg der Gebührenbefreiung:

> „ ... jeder Professor ist berechtigt, von seinem Hörer das Kollegiengeld zu verlangen. Er kriegt es aber nicht immer. Und ich muss bekennen, dass ich ad hoc ein schlechtes Gewissen habe ... " [35]

Wie der Studierende die Vorlesung verarbeitet, welche Typen von Lernenden an dieser Universität anzutreffen sind und manch andere Merkwürdigkeit fällt dem dem jungen Franzosen Luc Gersal auf, der sich im Jahre 1893 in Berlin aufhält. Das aus der Distanz des Ausländers Beobachtete gibt sich teils belustigt, teils anerkennend:

---

32 Max Lenz, Geschichte der Königlichen Friedrich-Wilhelms-Universität zu Berlin, Band 3, Halle 1910, S. 509
33 Ausgewählte Zusammenstellung der für die Humboldt-Universität zu Berlin nicht mehr geltenden gesetzlichen, statuarischen und reglementarischen Bestimmungen aus dem Jahre 1885, Berlin 1985, S. 23
34 ebenda, S. 15
35 Ludwig Ganghofer, Lebenslauf eines Optimisten, Stuttgart 1920, S. 86

Festsitzung bei einer Rektoratsübergabe in der neuen Aula. Um 1930

In den „kostbaren Kollegienheften", die der Student in einer kleinen Mappe aus schwarzer Wachsleinwand transportiert, „notiert er alles, was er von den Worten des Lehrers nur irgend zu erfassen vermag ... und wenn er zwei oder drei Vorlesungen gehört hat, so ist sein Tagewerk vollbracht. ... Er packt seine Hefte zusammen und trägt sie nach Hause; bis zum nächsten Tage bleiben sie unangetastet liegen. ... Der Student ist daher viel mehr rezeptiv als produktiv. ... Wir sagen Bibliothekratten, die Deutschen sagen Bücherwurm; der Ausdruck ist bezeichnender wie der unsrige: die Ratte knuppert und kostet; der Wurm aber nagt ohne Unterscheidung."[36]

Bücherwurm – das wäre wohl das Urteil Gersals über den späteren Belziger Heimatforscher Friedrich Dorno gewesen. Dieser ist das Beispiel eines um stetige Vervollkommnung bemühten, ewig mit seiner inneren Trägheit kämpfenden und dies in seinem Tagebuch reflektierenden Studenten. Jeder „verlorene" Tag, an dem er keinen „wenn auch noch so kleinen Schritt vorwärts" getan hat, bereitet ihm ein schlechtes Gewissen. Er studiert 1910/11 in Berlin u. a. alte Sprachen und Geschichte. Am 10. Januar 1911 trägt er den Plan für den nächsten Tag ein:

„8 Uhr pünktlich aufstehen, 8.45 bis 9.45 Uhr Arbeit, 9.45 bis 12 Uhr Universität, 12 bis 1 Uhr Seminararbeit, 1 bis 3 Uhr Mittagspause, 3 bis 6 Uhr Seminararbeit, 6 bis 8 Uhr Gotisch, 10.30 Bett. Dies ist die Theorie, wie wird die Praxis?"[37]

---

36 Luc Gersal, Spree-Athen, Leipzig 1893, S. 139-140
37 Friedrich Dorno, Aus meiner Flämingheimat strömt doch all meine Kraft, Berlin 2009, S. 20

Und was hätte Gersal andererseits zum Fall Theodor Heuss gesagt, der ehrlich zugibt:

„Sie (die Berliner Universität – H. Z.) hat mir, so glanzvoll sie in ihrem Lehrkörper war, nicht viel gegeben, was nicht an ihr, sondern an mir lag." [38]

Gersal fallen „zwei Arten von Charakteren" auf, „die bei den arbeitsamen Studenten dominieren":

„ ... auf der einen Seite die Einfältigen, welche nur das lernen, was sie lernen müssen, die Vorbilder beschränkter Schulmeister; auf der anderen Seite interessante Köpfe. ... Diese letzteren bilden den Keim für die großen deutschen Gelehrten, deren Schwerfälligkeit und Unbeholfenheit wir bisweilen bespötteln, die aber uns gegenüber den Vorzug haben, niemals durch die enge Form des akademischen guten Geschmacks gepresst worden zu sein. ... Das sind interessante Charaktere, und ich bin nicht abgeneigt zu glauben, dass man ihnen in Berlin öfter als anderswo begegnet, weil die große Stadt die Geister in lebhaftere Gährung versetzt, wie das schläfrige Leben in der Provinz." [39]

Alte Aula der Friedrich-Wilhelms-Universität

---

38   Theodor Heuss, Vorspiele des Lebens, Tübingen 1954, S. 274
39   Luc Gersal, a. a. O., S. 139-141

Der große preußische Mosaik-Adler, der vor dem Eingang des Universitätsgebäudes in den Boden eingelassen ist und die teils großen nackten Säle im Innern des Hauses vermitteln, so Gersal, einen falschen Eindruck:

> „Die akademische Wissenschaft ist in Berlin sehr wenig kaserniert, und die Studenten genießen eine weit größere physische und intellektuelle Freiheit wie bei uns. Es gibt weder Präsenzhefte noch Kontrolle. Von Zeit zu Zeit kann sich ein Beamter der Universität nach der Wohnung des Studenten begeben, und wenn er durch die Wirtin erfährt, dass derselbe ohne Erlaubnis über einen Monat Urlaub genommen hat, so k a n n er ihn dem Disziplinarrat anzeigen. Man könnte wirklich kaum gutmütiger verfahren. In moralischer Beziehung herrscht die gleiche Freiheit. Die Universitätsverwaltung sieht sich nicht veranlasst, die Studenten inquisitorisch zu überwachen. Haben einzelne von ihnen einen Roman herausgegeben oder in öffentlichen Versammlungen gesprochen, so wird man darum im Examen nicht strenger mit ihnen verfahren. Beides ist sehr scharf voneinander getrennt; es herrscht weder Spionage noch Kleingeisterei." [40]

Das klingt völlig anders als die offiziellen Anordnungen. Danach haben die Pedelle „ ... die Lebensweise der Studirenden zu beobachten und alle Vergehen und Unordnungen, die sie erfahren, sofort dem Rektor anzuzeigen, bei eigener Verantwortlichkeit für alle aus deren Verschweigung entspringenden nachtheiligen Folgen." [41] Wie so oft sind Vorschriften etwas anderes als die Praxis.

Auch das schwarze Brett im Vestibül, vom Rektor zu früheren Zeiten streng überwacht, dient den Studenten, die sich hier in den Vorlesungspausen zusammenfinden, offenbar dem freien Nachrichten- und Informationsaustausch:

> „Die Annoncen sind oft sehr amüsant und werfen ein seltsames Licht auf das Leben der Studenten in der großen Stadt. Man könnte sie in drei Kategorien teilen: Privatstunden, bürgerlicher Mittagstisch und Bücherverkäufe. Die Studenten sind im allgemeinen nicht reich, und da es ihnen oft sehr schwer wäre, ihre Privatstunden zu bezahlen, so tauschen sie dieselben gegenseitig ein. Eine ganze Tafel ist bedeckt mit solchen Wechselangeboten ... und manche von ihnen sind sehr drollig. So z. B. eine, die im vergangenen Winter ganze vier Wochen lang angeschlagen war. Sie lautete: ‚Jeune demoiselle allemande désire faire la connaissance d´un Japonais pour échanger les langues.'" [42]

„Junges deutsches Fräulein wünscht einen Japaner kennenzulernen, um Sprachen auszutauschen." Das Wort „langues" kann indes auch mit „Zungen" übersetzt werden.

Zu hinterfragen ist auch, wie streng und konsequent in diesen, ihren letzten Jahrzehnten die akademische Gerichtsbarkeit gehandhabt wird. Ausgesprochen martialisch klingen die betreffenden, seit hundert Jahren unverändert gebliebenen Paragraphen 13 und 14, Abschnitt VI der Universitätsstatuten:

---

40 ebenda, S. 151-152
41 Ausgewählte Zusammenstellung der für die Humboldt-Universität zu Berlin nicht mehr geltenden gesetzlichen, statuarischen und reglementarischen Bestimmungen aus dem Jahre 1885, Berlin 1985, S. 27
42 Luc Gersal, a. a. O., S. 152-153

„Es wird von ihnen (den Studenten – H. Z.) Fleiß und Sittsamkeit, Folgsamkeit gegen ihre Vorgesetzten, Achtung gegen ihre Lehrer und ein friedliches Betragen unter sich gefordert. Wer sich des Gegentheils schuldig macht, verfällt in die von der akademischen Obrigkeit zu bestimmenden Disziplinarstrafen. ... Die Strafen sind: Verweis von dem Rektor privatim, öffentlicher Verweis vor dem Senat, Karzerstrafe, Androhung des consilii abeundi, das consilium abeundi selbst (Aufforderung zum zeitweiligen Verlassen von Universität und Stadt – H. Z.) und die Relegation."[43]

Während Verbrechen und grobe Unsittlichkeit außerhalb der Universität untersucht und unter (zeitweiliger) Aufhebung der akademischen Bürgerrechte bestraft werden, unterliegen andere Vergehen der akademischen Gerichtsbarkeit, beispielsweise Beleidigung der Lehrer der Universität, Widersetzlichkeit gegen Unterbediente, Störung und Unruhe in den Hörsälen, gewaltsam ausgetragene Zwistigkeiten zwischen Studenten, unerlaubtes Veranstalten öffentlicher Aufzüge u. v. a. m.

Die wohl häufigste, vom Studiosus nicht selten als obligatorischer Bestandteil der Studentenzeit angestrebte Strafe ist der Aufenthalt im Karzer, dem Universitätsgefängnis. Fünf dieser Zellen befinden sich bis in die vierziger Jahre in einem ausgebauten Dachraum, 1834 und/oder 1835 zeitweiliges Domizil auch von Bismarck. Später wird der Karzer wegen Unzumutbarkeit für die eingesperrten Studenten verlegt, und im Jahre 1891 entstehen während größerer Umbauten des Hauses neue Zellen im Erdgeschoss des Westflügels.

Die Karzerstrafe muss laut Statut, wenn sie den Zeitraum von acht Tagen nicht überschreitet, zusammenhängend abgesessen werden. Andernfalls kann der Rek-

---

43 Statuten der Universität zu Berlin, Berlin 1912, S. 33

tor die Haft teilweise in die großen Ferien verlegen. Die Karzerordnung vom 22. Januar 1886 schreibt vor, dass sich der Studierende zwecks Strafantritts zur festgesetzten Stunde beim Ober-Pedell zu melden hat, will er keine zwangsweise Vorführung riskieren. Der Studierende hat sich jeder Beschädigung des Karzerraums zu enthalten. „Insbesondere ist das Beschreiben oder Bemalen der Wände, Thüren, Fenster und Utensilien verboten." Der Einsitzende darf nur Bettwäsche, Kleidung, Bücher und Schreibmaterialien mitbringen. Alles Singen, Pfeifen, Schreien und Lärmen sowie Kontaktaufnahme mit anderen Verbüßenden sind untersagt. „Das Tabakrauchen im Karzer ist verboten. Desgleichen ist der Genuß von Branntwein und ähnlich spirituösen Getränken untersagt." Verpflegung besorgt der Hausdiener, jedoch nur gegen sofortige Bezahlung. Freistunden können gewährt werden, in besonders dringenden Fällen auch ein kurzer Urlaub oder ein Besuch durch Angehörige. „An Sitzgebühren hat der Studierende während der ... Wintermonate für den ersten Tag 1 Mark, für jeden folgenden Tag 60 Pfennig; während der ... Sommermonate für den ersten Tag 75 Pfennig, für jeden folgenden Tag 40 Pfennig zu entrichten." [44]

Ein Höhepunkt ganz anderer Art ist die Prüfung. Die Mehrzahl nimmt diese Hürde, souverän oder mit Hängen und Würgen. Eine Minderheit scheitert, sattelt um und läuft – bei mehrfacher Wiederholung – Gefahr zu „verbummeln."

Nur die wenigsten dieser orientierungslosen Studenten werden vom Vater beim Berliner Gläubiger wieder ausgelöst und in die Heimat zurückgeholt. Zumal dann nicht, wenn sie ihrem alten Herrn in der Ferne bei jedem Fakultätswechsel deutlich machen können, nunmehr das auf den Leib geschriebene Fach gefunden zu haben. Der bereits zitierte Georg Speer lernt einen solchen alten Hasen kennen:

> „Dem Vernehmen nach setzte dieses von den Mitmenschen verkannte Genie seine ‚akademische Laufbahn', die bisher in gescheiterten Studien der Jurisprudenz, der Staats- und Wirtschaftswissenschaften bestand, als Studiosus der Humanmedizin und schließlich, nachdem er auch hier bei den ersten Zwischenprüfungen ‚passte', der Zahnmedizin fort. Akademische Prüfungen schien er als grobe Zumutungen zu empfinden." [45]

Indes selbst für diesen Herrn hätte es Hilfe gegeben, der sich andere, zielstrebigere, dem verführerischen Berlin zeitweilig erlegene Kommilitonen bedienen:

> „Notfalls nahmen sie gegen Ende des Studiums Repetitoren in Anspruch. Diese sahen ihre vordringliche Aufgabe darin, den Examensstoff ... nach prüfungstechnischen Gesichtspunkten zu behandeln, sich hierbei auf das Wesentliche zu beschränken und auch mit allerlei Gedächtnisstützen zu operieren." [46]

---

44 Ausgewählte Zusammenstellung der für die Humboldt-Universität zu Berlin nicht mehr geltenden gesetzlichen, statuarischen und reglementarischen Bestimmungen aus dem Jahre 1885, Berlin 1985, S. 62-64
45 Georg Speer, a. a. O., S. 4
46 Ebenda, S. 12

Beim Abgang von der Universität muss der inländische rsp. kann der ausländische Student beim Rektor gebührenpflichtig ein Führungszeugnis einholen. Jeder Student ist überdies berechtigt, von seiner Fakultät gegen Gebühren ein Zeugnis über die von ihm besuchten Vorlesungen und seinen dort bewiesenen Fleiß zu verlangen.

Jeder einzelne Vorlesungsbeleg muss vom Dozenten unterzeichnet sein. Dieser Akt vollzieht sich bei Professor Jüngken, in den sechziger Jahren Leiter der chirurgischen und augenärztlichen Abteilung der Charité, folgendermaßen:

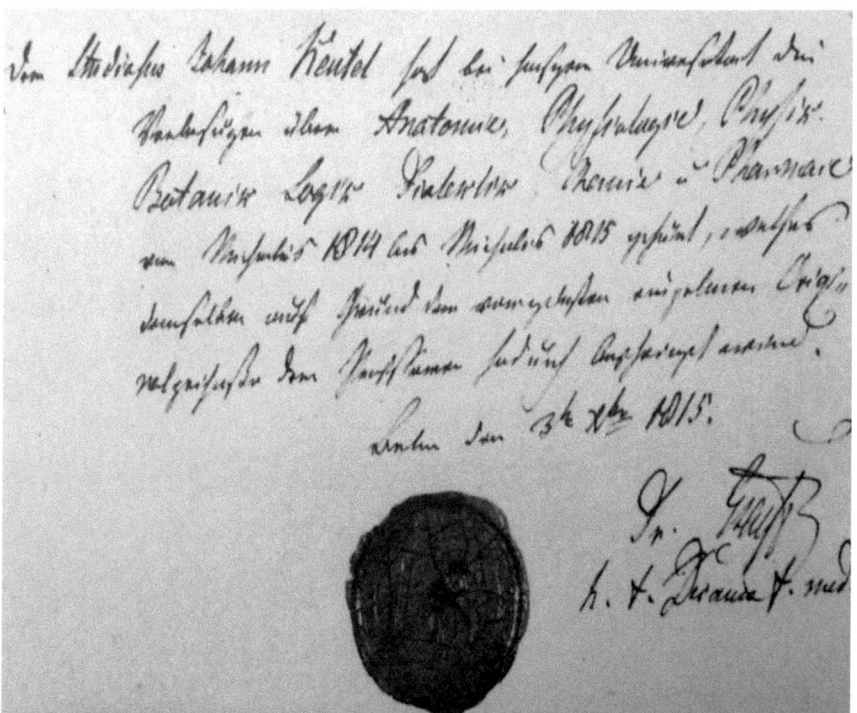

Zeugnis, ausgestellt von Professor Karl Ferdinand von Graefe. 3. Oktober 1815

„Ein steinalter Diener meldete den Studierenden an, der bei Jüngken seinen Besuch machen musste, weil er nur in seiner Behausung den Vorlesungsbogen unterzeichnete. Feierlich, besuchsmäßig, nicht salopp studentisch gekleidet, behandschuht, betrat man ein wenig verlegen den schönen großen Arbeitsraum. Jüngken, in seinem hellgrünen Seidendamastschlafrock mit hellrosa Kragen und Ärmelaufschlägen erhob sich rasch von seinem Sitze, sobald er des eingetretenen Studenten ansichtig geworden, ging auf ihn zu, geleitete ihn an den Arbeitstisch, ersuchte ihn, Platz zu nehmen und musterte dabei genau den Anzug des jungen Menschen. Der angehende Arzt muss auch äußerlich etwas auf sich halten, pflegte er zu sagen. War die Formalität der Vorlesungsbescheinigung beendet, dann gab der Alte mit aller Feierlichkeit den Kollegienbogen dem sich tief verneigenden Studiosen zurück, reichte ihm herablassend die Hand und entließ ihn mit den Worten: ‚Leben Sie wohl, libber Kollege'. Abermalige gegenseitige Verbeugung und die Szene war beendet."

Nicht ohne eine gewisse Wehmut schließt die im Jahre 1919 geschriebene Erinnerung an diese Episode:

„Das alles erschien dem Studenten in der etwas übertriebenen Förmlichkeit wohl komisch; aber es lag darin ein gewisses Gefühl für gesellschaftlichen Stil, den die Folgezeit im Gegensatze nur allzusehr vernachlässigte." [47]

---

47   Isidor Kastan, a. a. O., S. 164-165

4. Als Gast der Berliner

Die ersten der Universitätsgründung folgenden Jahre sind nicht frei von Reibungen zwischen den Berlinern und ihren neuen zeitweiligen Mitbewohnern. Die von der Viadrina in Frankfurt an der Oder und von anderen kleinstädtischen Universitäten kommenden „bemoosten Häupter" (Langzeitstudenten) versuchen zunächst, ihre über manches Semester eingeschliffene Lebensart uneingeschränkt fortzusetzen. Singend ziehen sie in ihrer bunten auffallenden Tracht, mit dem Rapier-Degen an der Seite durch die Straßen der ruhigen Residenzstadt. Auch der ungewohnte Studententon den „Philistern" gegenüber ist nicht immer nach dem Geschmack der Berliner, die mit ihrem ungebundenen Witz, gelegentlich aber auch mit den Fäusten kontern.

Die Rektoren der Universität haben in der ersten Zeit viel Vermittlungsarbeit zu leisten, zumal sich die Studenten ihrerseits über die Bürger beklagen. Diese würden den neuen Bewohnern Unordnungen anlasten, die letztere gar nicht verursacht hätten. Schließlich werden Erkennungskarten ausgegeben, die als studentischer Ausweis gegenüber der Polizei zur Klärung derartiger Konflikte beitragen sollen.

Erst allmählich gewöhnen sich beide Seiten aneinander. Das traditionell tolerante Berliner Bürgertum lernt bald, jugendlichen Übermut milder zu beurteilen, während die Studentenschaft im Laufe der Zeit ihr Leben graduell an den Charakter der Großstadt anpasst. Anders als in Jena oder Heidelberg steht man hier nicht im Mittelpunkt des öffentlichen Lebens, man trägt allenfalls zur Vielfalt des brausenden Großstadtgetriebes bei. Insofern man im Alltag auffällt, dann durch adrettes Aussehen und Benehmen. Zur ‚Straßencouleur' der Farbenstudenten gehören außer Band und Mütze auch Glacéhandschuhe und der Ziegenhainer, ein Spazierstock, wie ihn zuerst Jenenser Studenten aus dem gleichnamigen Dorf bei Jena bezogen haben. In der Öffentlichkeit werden bestimmte Regeln beim Grüßen beachtet. Es gilt auch das Verbot, farbentragend in Straßenbahn oder Bus Platz zu nehmen.

Es dauert nicht lange, und der Berliner Student ist ein anerkannter, oft genug beliebter Mitbürger und Nachbar. Über die Situation hundert Jahre nach den Reibereien der ersten Zeit sagt Georg Speer, in den neunzehnhundertzwanziger Jahren Student der Wirtschaftspädagogik an der Handelshochschule:

> „So lebte sich der junge schlesische Student allmählich in Berlin ein," nicht nur, weil er „Geborgenheit und stete Hilfe in seinem ‚Bund' (fand), nachdem er – wie auch viele andere Studienanfänger, die sich als Alleingänger im scheinbar uferlosen Berliner Stadtgetriebe nicht recht wohl fühlten – in eine Studentenverbindung eingetreten war," sondern auch als Untermieter.

Über die Berliner aus seiner Wohnumgebung direkt gegenüber der Handelshochschule, in der (inzwischen längst überbauten) Heilige-Geist-Gasse 6-9, IV. Etage, urteilt er:

> „Sie waren im Grunde ihres Herzens gutmütig und hilfsbereit, was auch die in ihren Häusern wohnenden Studenten des öfteren erfuhren. ... Im allgemeinen liebten die alteingesessenen Berliner ihre Studenten, brachten sie doch – viele mit Band und Mütze – Farbe und Abwechslung ins Straßenbild." [1]

Dieses Urteil steht einer ersten Erfahrung, die Speer als „Mulus" (noch nicht Immatrikulierter) einst machen musste, völlig entgegen. Nichtsahnend hatte er unmittelbar nach Ankunft in Berlin seine Kopfbedeckung auf einen Garderobenständer nahe der Saaltür eines Lokals am Alexanderplatz aufgehängt und musste schon im nächsten Augenblick, als er sich einem Tisch zuwandte, mit Erstaunen feststellen, dass sein repräsentativer neuer Hute einem alten Platz gemacht hatte.

Möblierte Zimmer im Angebot, Elsässer Straße. Um 1900

---

1   Georg Speer, Student im Berlin der zwanziger Jahre, Bonn 1971, S. 6-7

Gutmütige und hilfsbereite Menschen einerseits, Gauner und Unehrliche andererseits – wo immer der studentische Neuankömmling der Jahre um 1910 seine Bude im akademischen „Szene"-Viertel findet, er wird beides antreffen. Die Mischung ist indes von Ort zu Ort verschieden.

Wer nicht zu den Allerärmsten gehört, zieht das Viertel westlich von Friedrich- und Chausseestraße dem Viertel Ost vor. In ersterem, der Friedrich-Wilhelm-Stadt, ist das „chambre garnie", die Unter-Vermietung möblierter Zimmer, bezogen auf die Anzahl der selbständigen Haushalte stärker verbreitet als in irgendeiner anderen Gegend Berlins. Teilweise werden in größeren Wohnungen alle Räume, bis auf die letzte Kammer, vergeben. „Nur im Berliner Zimmer saß die Wirtin und stopfte die Strümpfe ihrer Kommilitonen." [2] Die Türen der Wohnungen sind mit den Visitenkarten der jungen Akademiker bepflastert.

Neben den Vermietern - Handwerker, kleine Händler, Witwen – treffen die Studierenden hier hauptsächlich auf ihresgleichen und auf Untermieter anderer sozialer Zugehörigkeit, nämlich auf Künster und Leute vom Zirkus, auf kleine und mittlere Angestellte aus Kontoren der Banken, Fabriken und Handelshäuser, Verkäuferinnen, Offiziere, die sich ein Quartier in den teureren Gegenden der Stadt nicht leisten können und auf alleinstehende Damen, die dem ältesten Gewerbe nachgehen. Das ergibt eine bunte Mischung, die sich in den einschlägigen Lokalen des Viertels trifft und die vergleichsweise wenig von kriminellen Elementen durchsetzt ist.

Örtlich weht durch die Gegend zwischen Spree, Berlin-Spandauer Schifffahrtskanal und nördlicher Friedrichstraße sogar ein vornehmer Hauch; nicht nur aus früheren Zeiten, als hier, in der Luisenstraße 24, solche großen Gelehrten wie Leopold von Ranke, offizieller Geschichtsschreiber des preußischen Hofes, wohnten oder als das Palais in der Luisenstraße 18 noch der Familie von Bülow gehörte. Auch um die Jahrhundertwende findet sich hier noch manches Zeugnis von „höherer" Lebensart. Nach 1871 quartieren sich Persönlichkeiten aus West- und Süddeutschland ein, die in die Reichsverwaltung aufgestiegen sind. Das Regierungsviertel selbst verästelt sich bis hierher, als Ende der achtziger Jahre in der Luisenstraße 33-34 das Kaiserliche Patentamt eingerichtet wird. Die höheren der dort tätigen Beamten – und mit ihnen manch anderer Adliger oder Bürger - finden buchstäblich auf der gegenüberliegenden Straßenseite den Ort standesgemäßer Freizeitbeschäftigung. Der zwischen 1888 und 1890 hinter den Wohnhäusern Luisenstraße 22 bis 24 errichtete Tattersall ist eine Anlage für Reitunterricht und zur Unterbringung bzw. Pflege von einhundert Pferden. Er verfügt über eine Reitbahn sowie über Remisen und Ställe für 33 Kutschen der Bewohner aus der Umgebung. Das entspricht ganz dem Bedürfnis der Zeit; ein Ausritt in den Tiergarten ist standesgemäß.

---

2 Max Mechow, Berliner Studenten 1810 – 1914, Berlin 1975, S. 104

Andere, eigentlich ganz normale Institutionen hat es in diesem vergleichsweise ruhigen Viertel nie gegeben. Einer, der die Gegend Haus für Haus kennt, zählt auf, was hier immer fehlte: Lyzeum, Katholische Kirche, Synagoge, Feuerwache und Kino [3] - durchweg Einrichtungen, die jenseits der Friedrichstraße vorhanden sind und zur spezifischen Buntheit des dortigen Viertels Ost beitragen.

Dafür steht die Friedrich-Wilhelm-Stadt – neben Kneipen, Weißbierstuben, Musik- und Nachtcafés, Theatern, Bäckern, Fleischern, Schustern, Ateliers für billige Konfektion, Pfandleihern, Rechtsanwälten, einem Wannenbad, einer Kaserne und vielem anderen, das in beiden Teilvierteln gleichermaßen (wenn auch nicht zu gleichen Proportionen) anzutreffen ist – im Zeichen der menschlichen Anatomie. Neben dem Leichenschauhaus in der Hannoverschen Straße 6 finden sich Schaufenster mit Skeletten und Schädeln, mit anatomischen Atlanten (Teilzahlung gern gestattet) und mit einer Unzahl von medizinischen Fachbüchern, neu wie antiquarisch. „In der Chausseestraße is ne Abnormitätenausstellung" - unternehmungslustig schlägt Rosenemil in Hermanns gleichnamigem Roman seiner nur mit Annaberger statt Brüsseler Spitzen herausgeputzten Polenliese einen Besuch vor. Aber sie lehnt ab: „Ick bin so jraulich."

Wohnhaus Leopold von Rankes, Luisenstraße 24. Vor 1890

---

3   Hermann Zech, Die Friedrich-Wilhelm-Stadt in Berlin-Mitte, Berlin 1997, S. 6

Andere Etablissements widmen sich ganz der menschlichen Hygiene. „Sanitas" steht in großen Lettern über einem langen Schaufenster in der Karlstraße (Reinhardstraße) nahe Friedrichstraße; Toilettenbecken, Klistierspritzen, Fieberthermometer, Pinzetten, mechanische Entbindungshilfen und manches andere sind hier ausgestellt. Ein paar Schritte weiter, unweit der kleinen Pankebrücke, besteht die für studentische Untermieter gewiss gern genutzte Möglichkeit, im „Karls-Bad" ein Wannenbad zu nehmen.

Das medizinische Flair der Gegend mag auch die folgende, aus nur einem Mann bestehende Vermittlungsagentur bewogen haben, ihre Dienste im Viertel West, in einer kleinen Konditorei der Karlstraße anzubieten:

„Hier empfing kurz nach zehn Uhr vormittags, nachdem er seinen Morgenschlummer auf einem der roten Plüschsofas beendet hatte, der ‚Sachverständige' für Kavaliersangelegenheiten seine Klienten. Es war Herr von Prillwitz, der Vertraute aller Lebemänner und Lebedamen, ehemaliger Gardeoffizier, Nachkomme aus morganatischer Ehe des Prinzen August von Preußen, lang, dünn, das Monokel im linken Auge, der nun beim Frühstück die wissbegierige Jugend belehrte. ... Herr von Prillwitz wusste Rat, falls man sich eine venerische Krankheit zugezogen hatte; er nannte hilfreich Ärzte und weise Frauen für alle schwierigen Fälle. Vor allem aber kannte er die Geldverleiher im Umkreis der gesamten Friedrichstraße, die bereit waren, bedrängten jungen Leuten die benötigte Summe in Form eines Wechsels vorzuschießen, der dann, samt allen Kosten, allerdings pünktlich eingelöst werden musste. Andernfalls wurden die Kosten noch höher – und damit auch die wenig sauberen Provisionen des Herrn von Prillwitz." [4]

An Kundschaft mangelt es offenbar nicht. Einer Veröffentlichung aus dem Jahre 1914 zufolge hat ein Dr. Blaschko herausgefunden, dass 25 Prozent der Studenten in Berlin an sexuellen Krankheiten leiden.[5] Das von einer Gesellschaft „Freunde der Universität Berlin" als Gegengewicht zu diesen Gefährdungen geplante „Studentenkasino", das als Heimstätte des körperlichen und geistigen Wohls der Studierenden gedacht ist, kommt wegen des ausbrechenden Weltkriegs nicht zustande. Viele Studenten pflegen in Bezug auf das weibliche Geschlecht eine doppelte Moral. Damen der Bekanntschaft sind Partnerinnen für „gebildete" Unterhaltung, bei Tanz, Tennis oder Schlittschuhlauf. Sein Amüsement betreibt man dagegen nicht selten in Beziehungen, die ebenso schnell aufgenommen wie abgebrochen werden.

Die unangenehmen Nebenwirkungen zwanglosen jugendlichen Treibens gehören damals offenbar genauso zum studentischen Alltag wie die Vorlesung an der Universität oder das gesellige Beisammensein. Für letzteres sind die Anreize größer denn je, da man sich im Unterschied zur alten Wohngegend, die sich beiderseits der „Linden" befand, hier auch außerhalb der Lehrstätten auf Schritt und

---

4   Franz Born, Berlin wie es isst – und trinkt, Berlin 1969, S. 89. Nach Hans Modrow, Berlin 1900
5   Henry F. Urban, Aus dem Berliner Studentenleben. In: Berliner Bilder, Spreeathener, Berlin 1914, S. 58

Tritt begegnet. Einzelne Stichproben belegen Dichte und Eigenheiten studentischer Besiedlung.

Zum Beispiel die Philippstraße des Jahres 1910. Diese kurze, heute weitgehend verschwundene Verbindung zwischen Luisen- und Hannoverscher Straße verfügt über nur 24 Hausnummern, darunter die Kirche und ein weiteres Gebäude der St. Philippus-Apostel-Gemeinde (Nr.10 und 11) sowie die Grundstücke der Tierärztlichen Hochschule (Nr. 12 und 13). In den verbleibenden 20 Häusern findet sich im Adressbuch als Tätigkeit des Mieters in 28 Fällen die Angabe „Vermieterin" und je einmal „Pensionsinhaberin", „Pensionat", „Mittagstisch" und „Gastwirt". Noch größer als die Zahl der „Vermieterinnen" ist diejenige der „Witwen", von denen sicher einige ebenfalls Unterkunft gewähren, ohne dies an die große Glocke zu hängen.

Die in der Philippstraße Wohnenden studieren hauptsächlich Medizin und Chemie, daneben Neue Sprachen und anderes. Charité einerseits bzw. Chemisches Institut andererseits sind von hier aus nach jeweils fünf Minuten Fußweg zu erreichen. Die im Semesterverzeichnis ausgewiesenen drei Chemiestudenten, die das Gebäude Hessische Straße 7 an der Ecke zur Invalidenstraße - ein Haus mit acht Mietparteien - belegen, benötigen zwei Minuten, um zum Chemischen Institut zu gelangen.

Gelegentlich steht bei der Budenwahl nicht der Weg zur Lehrveranstaltung, sondern die Pflege verwandtschaftlichen Kontakte im Vordergrund. Die Brüder(?) Zander aus der preußischen Provinz Sachsen beschließen, auch im fernen, gefahrvollen Berlin eng zusammenzubleiben. Zu Ostern 1908 bezieht zunächst der Mathematikstudent Herwarth Quartier in der Karlstraße 11, dem südwestlichen Eckhaus zur Albrechtstraße. Ihm folgt binnen Jahresfrist ins gleiche Haus, vielleicht sogar ins gleiche Zimmer, Wilhelm (Pharmazie) und Ostern 1910 schließlich noch Arthur, der sich dem Fach Naturwissenschaft verschrieben hat. Sie wohnen im vergleichsweise billigen Studentenviertel und nehmen den etwas weiteren Weg über die Weidendammer oder die Marschallbrücke in die Dorotheenstadt gern auf sich.

Wer gar aus dem Fernen Osten kommt, pflegt den landsmannschaftlichen Zusammenhalt. In der Invalidenstraße 40, zwischen Chausseestraße und Landwirtschaftlicher Hochschule wohnen zwei japanische Medizinstudenten, beide Ostern 1910 immatrikuliert: Soichiro Miura und Yukinori Nakaizumi.

Aschinger am Oranienburger Tor, Chaussee- Ecke Elsässer Straße. Um 1930

So versammelt die Friedrich-Wilhelm-Stadt in den Jahren vor dem Ersten Weltkrieg Hoffnungen, Talente und Illusionen aus der ganzen Welt; manch ein Vermieter ist sich sicher, einen künftigen Professoren zu beherbergen. Aber nur einer verschwindenden Minderheit ist es vergönnt, später zu wahrhaft überregionaler Bedeutung und Bekanntheit zu gelangen, unter ihnen etwa dem künftigen süddeutschen Schriftsteller Ludwig Ganghofer aus der Charitéstraße, dem späterhin weltbekannten finnischen Komponisten Jan Sibelius in der Marien- oder dem nachmaligen japanischen Goethe-Übersetzer Mori Ogai in der Luisenstraße (vgl. Anhang in diesem Buch).

Träume, Wünsche und Ziele sind auch den jenseits von Friedrich- und Chausseestraße wohnenden, zahlenmäßig ihren Kommilitonen aus dem Viertel West deutlich überlegenen Studierenden nicht fremd. Diese zu wahren, fällt indes unter den vergleichsweise härteren sozialen Realitäten des Viertels Ost besonders schwer.

Die Spandauer Vorstadt ist eineinhalb Jahrhunderte älter als die Friedrich-Wilhelm-Stadt. Ihre Bebauung ist längst abgeschlossen, als es westlich der Friedrichstraße nur die Charité und ein paar Werften gibt. Noch heute findet sich im weitgehend von Kriegszerstörungen verschonten Spandauer Viertel eine Bausubstanz, die vielfach ins 18. Jahrhundert zurückreicht; sie zeugt von der damals größten und am dichtesten besiedelten Berliner Vorstadt.

Dem Alter der Bauten entsprechen die Wohnverhältnisse. Noch Anfang der sechziger Jahre des 19. Jahrhunderts verfügen 50 bis 60 Prozent aller Wohnungen über lediglich einen beheizbaren Raum. In der jungen Friedrich-Wilhelm-

Stadt sind es nur 30 bis 40 Prozent.[6] Während der Folgezeit gleichen sich die Unterschiede zwar an. Aber auch noch vor hundert Jahren stellen die Studenten aus dem Viertel Ost vermutlich einen überproportionalen Anteil derjenigen Nicht-Juristen, die an kalten Wintertagen ein merkwürdig hohes Interesse an öffentlichen Gerichtsverhandlungen zeigen, die gewöhnlich in gut beheizten Sälen stattfinden.

Man kommt aus sozial bescheidenen Verhältnissen und mietet sich bei Leuten ein, die das Zimmer nicht selten aus purer Not, unter Hinnahme ärgster Einschränkungen abtreten. Besonders unter den alleinstehenden Vermieterinnen geht es vielen wie Frau Radowski in Georg Hermanns „Rosenemil". Sie „ ... brauchte den Schlummerkies. Sie musste auch beim Bäcker und beim Kaufmann noch bezahlen. Der pumpte wohl mal 'ne alte Kundin 'ne Woche, aber nicht länger." [7] Für manchen Bewohner des Spandauer Viertels – Vermieter wie „Chambregarnisten" – gehört es zum Lebensrhythmus, einzelne ihrer Habseligkeiten zu verpfänden und wieder einzulösen. Das Pfandleihgeschäft floriert, und ein über zwei Straßen reichendes, als Bauwerk heute noch vorhandenes königliches Amt soll den privaten Wucher begrenzen.[8]

Die Gegend gilt als verrufen, und sie ist es jedenfalls im Vergleich zum Viertel West, aber sie ist es bei weitem nicht im umfassenden Sinne. Hier mischt sich alles: Kleine Unternehmer, Handwerker, Händler und andere Gewerbetreibende, Armenärzte, Fabrikarbeiter und Heimarbeiterinnen, Zuhälter und Prostituierte, letztere besonders in den Kaschemmen der Eichendorff- und den anderen Straßen am Stettiner Bahnhof.

Theodor Heuss, der spätere Bundespräsident, bezieht nach ersten Semestern in München zur Fortsetzung des Studiums ab Herbst 1903 ein Zimmer „in der verwegensten Gegend das damaligen Berlin, Elsasserstraße 38, Hinterhaus, vier Treppen bei Kliemchen", sieht aber auch rückblickend keinen Grund, diese spontane Ortswahl zu bereuen.

„Später, als ich ein wenig vernünftiger und sogar lebenssicherer geworden war, habe ich mich gefragt, wie ich auf den Gedanken kam, in *diese* Gegend zu ziehen und dort wohnen zu bleiben. ... Das Zimmer war geräumig, südwärts in vierten Stock, von der Sonne freundlich behandelt. Das nächste Semester offenbarte, dass die Kneiplokale gleich zweier Studentenverbindungen an den Hof grenzten – Grund genug, die eigenen Heim- und Fremd-Termine auf die entsprechenden Abende abzustimmen. Ich habe in dieser Bude meine erste Bekanntschaft mit Wanzen gemacht und mich mit der ... Belehrung abfinden müssen und - abgefunden: das sei so in dieser Gegend. ... Der Mann war Schlosser bei Borsig, abends müde, in einer etwas brummeligen Art behaglich, sie aber großartig in ihrer mütterlichen

---

6   Johann Friedrich Geist, Klaus Kürvers, Das Berliner Mietshaus, München 1980, S. 512

7   Georg Hermann, Rosenemil, Berlin 1960, S. 42

8   Vgl. Helmut Zschocke, Die Berliner Akzisemauer, Berlin 2012, s. Kapitel über das Rosenthaler Tor

Besorgtheit, ihrem nüchternen Witz, der mir nicht ohne Selbstironie den Klatsch aus allen übrigen Stockwerken zutrug – eine füllige Person, um die sechzig herum, aus den Formen gegangen und nur an den Sonntagen adrett angezogen. ... Was ich bisher in der Literatur konsumiert hatte, Berliner Kleinbürgertum mit seinem unpathetisch-verständigen Wesen, in dem steckte ich jetzt mitten drin. ... Beim Abschied wurden Photographien getauscht, ein Briefwechsel folgte – ich habe nach Jahren noch den Weg dorthin gefunden." [9]

Wer im Berlin der Jahrhundertwende, der Vorkriegs- und auch der zwanziger Jahre eine Gegend erleben will, der das Attribut „verrufen" zusteht, muss sich in östlicher Richtung aus dem Viertel Ost hinausbegeben, d. h. die Rosenthaler Straße südlich bzw. die Brunnenstraße nördlich des Rosenthaler Platzes überqueren. Die Verlängerung der Elsässer Straße als zentraler West-Ost-Achse des Viertels Ost heißt damals jenseits des Rosenthaler Platzes Lothringer Straße, und beiderseits dieses Abschnitts der heutigen Torstraße, das Scheunenviertel am Ort der Volksbühne eingeschlossen, häufen sich die von Polizeirazzien heimgesuchten Keller"klappen" der Ganoven aller Art, die Unterkünfte der Prostituierten, die Elendsquartiere sozial Aussortierter. Zu letzteren zählt Franz Biberkopf in Döblins „Berlin Alexanderplatz". Seine Lebenswelt erstreckt sich zwischen Hackeschem Markt, Alter und Neuer Schönhauser Straße, Rosenthaler Straße und Rosenthaler Platz mit Abstechern in die Elsässer Straße.

Aber auch hier wohnen vereinzelt „Studenten." Georg Hermann beschreibt sie im „Rosenemil"; diese fiktiven Figuren des Romans treten übrigens zufällig im gleichen Jahr 1903 auf wie – wenige Straßen entfernt – der reale Theodor Heuss.

Die beiden Helden, der dicke Laubfrosch und der dünne Spitzmaus, sind seinerzeit aus der Verbindung Suevia hinausgeworfen worden und seitdem nie wieder auf die Beine gekommen. Inzwischen ist der eine im sechsunddreißigsten, der andere im fünfunddreißigsten Semester. Auf einer Bank Unter den Linden sitzend, werden sie dem Leser folgendermaßen vorgestellt:

„Wirklich, was da alles herumsaß war keine Zierde. Ein paar bartstoppelige Studenten, die zwar den Weg bis an die Universität, aber nie bis in sie hinein mehr fanden. ... Grau und schwammig oder klein, dürr und stoppelig waren sie ... je nachdem, ob sie erst beim Bier oder schon beim Fusel waren. Studenten mit verknautschten Havelocks (ein ärmelloser Herrenmantel, im weiteren Verlauf des Buches meist als Talentwindel bezeichnet – H. Z.), unter denen sie keine Jacke mehr hatten. ... Solche, die ewig einen Packen von Bibliotheksbänden unter den Arm geklemmt hatten, die sie wiederbringen mussten und in die sie nie hineingeblickt hatten." [10]

Eine feste Unterkunft besitzt nur einer der Beiden. Dessen Gastfreundschaft wird indes nicht immer geschätzt:

„Und Spitzmaus hat wirklich die letzte Nacht drüben im Humboldthafen auf einem Heukahn geschlafen. ... Heute aber würde er bei Laubfrosch schlafen in der Lothringer Straße. Das heißt in der Lottumstraße. Und das heißt, wenn er es aushielte. Denn wenn Laub-

---

9   Theodor Heuss, Vorspiele des Lebens, Tübingen 1954, S. 268-272
10 Georg Herrmann, Rosenemil, Berlin 1960, S. 9

frosch betrunken heimkam, so duldete er nicht, dass man das Fenster aufmachte, wenn er gebrochen hatte."[11]

Mehr schlecht als recht halten sich die beiden ewigen Studenten über Wasser; moralische Bedenken spielen bei der Sorge um das tägliche Quantum an Trinkbarem eine untergeordnete Rolle:

> „Laubfrosch hielt Cercle, denn er hatte zwei jüngere Studenten im Stadium der ersten Verbummelung um sich versammelt, ... denen er gestattete, das Bier zu bezahlen. Und vor denen er sich als alten Sozialisten aufspielte. ... Und der Laubfrosch erzählte gerade von den schönen Zeiten des Sozialistengesetzes, wo er direkt von der Universität weg, weil er einer verbotenen Verbindung angehört hatte und verhaftet werden sollte (nun war die Suevia wirklich nie verboten worden) sich nur durch die Flucht ... den dräuenden Gefängnisstrafen hat entziehen können." In Wahrheit „war man damals irgendwie wegen betrügerischen Schuldenmachens hinter ihm her gewesen, ... bis sein alter Herr das wieder mal gedeckt hatte. Jetzt war jener tot und das Pflichtteil längst verputzt. Nu konnte er nicht mal mehr Schulden ... machen. Wer pumpte einem Mann im Havelock ohne Jackett darunter was? Früher, als er noch mit einem Mietswagen vorgefahren kam und ein breites Coleurband über der Hemdbrust trug, hatte er viel mehr Kredit ... gehabt."[12]

Spitzmaus, der immerhin nach dreimaligem Umsatteln auf acht Semester Medizin verweisen kann, verdient sich seine Schnapsration mit Nachhilfeunterricht in der Einbrecher- und Prostituiertenkneipe von Vater Stremel, die sich in der Christinen-, nördlich der Lothringer Straße befindet:

> „Vorne gab Spitzmaus den Stremelschen Kindern Stunde in Rechtschreibung, weil sie gegen Hochdeutsch und mehr für die phonetische Schreibweise waren; aber die Schule wollte das nicht anerkennen."[13]

Besser steht sich Herr Hahn aus einem anderen Berlinroman, denn er beherrscht ein Musikinstrument. Der neue Klavierspieler in Lemkes Kneipe in der Ackerstraße quartiert sich dort ohne viel zu fragen ein. Aber Frau Lemke hat Mitleid, denn Herr Hahn hatte „Professor studieren sollen", sich dann aber wegen einer Gräfin duelliert, was ihn aus seiner zukunftsreichen Laufbahn warf.[14]

Das Studentenviertel ist Durchgangsstation. Wer sein Studium abgeschlossen hat, verlässt die Gegend. Alfred Kerr, der bekannte Feuilletonist, wohnt als Student in der äußersten Südostecke des Viertels, „ ... wo der Norden gerade anfängt anzufangen. Da wo die Nationalgalerie, die Börse und andere Kunstinstitute liegen; wo kleine Makler und Studenten wohnen und Lehrlinge, die sich in ‚Pension' gegeben haben."[15] Umgehend verlässt er seinen kleinen Turm, von dem er über die alte Stadt und ihre Brücken sah und strebt in den Westen der Stadt. Als er 1895 seine Berliner Briefe für die Breslauer Zeitung beginnt, in

---

11 ebenda, S. 31
12 ebenda, S. 167-168
13 ebenda, S. 232
14 Erdmann Graeser, Lemkes sel. Witwe, Erster Teil, Berlin, o. J., S. 80
15 Alfred Kerr, Wo liegt Berlin?, Berlin 1997, S. 91

denen der Osten der Stadt nicht vorkommt, wohnt er schon in der Kurfürstenstraße.

Wer sein Studium nicht abgeschlossen hat, aber unverändert den Drang nach Höherem in sich verspürt, verlässt nach Möglichkeit ebenfalls das Viertel. Zum Beispiel der Student Andreas Zumsee aus Heinrich Manns „Schlaraffenland," im Jahre 1893 wohnhaft in der Linienstraße. Der monatliche Wechsel vom Vater, dem Besitzer eines Weinbergs im Rheinland, „der nur noch alle sieben Jahre einmal ordentlich trug", ist völlig unzureichend und das „zukünftige Erbteil ging bei seinem Studium im Voraus darauf." Zimmermiete und Entlohnung der Wäscherin bleibt er schuldig. Andreas graut vor seiner Perspektive; als mittelloser Schulamtskandidat bliebe ihm nach Studienabschluss nur, nach Gumplach zurückzukehren und auf eine Anstellung beim dortigen Gymnasium zu warten. Er fühlt sich aber nach ersten schriftstellerischen Versuchen, die auch gedruckt wurden, zu Besserem berufen. Nun verbringt er seine Tage damit, sich in Schriftsteller- und Journalistenkreisen herumzutreiben, ohne etwas zu verdienen.

„So kam es, dass Andreas sich um die Mitte des Monats gewöhnlich in ein vegetarisches Restaurant schlich. Einige Tage später bildete dann der schwarze Kaffee sein hauptsächliches Ernährungsmittel. Das Mittagsessen musste nur zu häufig ... durch stramme Haltung ersetzt werden." [16]

Sein Leben ändert sich grundlegend, als er Geliebter von Frau Adelheid Türkheimer, Gattin des Bankiers und Börsenspekulanten wird. Er verkehrt nun in Kreisen, „wo das Geld unter den Möbeln umherrollte." Der Aufstieg schließt den Wohnungswechsel ein, zunächst in die längst dem Studentenmilieu entwachsene Dorotheenstraße.

„Dies ist wenigstens eine Gegend, wo eine Dame sich nicht gleich kompromittiert. Wenn sie schon arme Dichter glücklich machen wollen, darf man ihnen doch nicht zumuten, es in der Linienstraße zu tun." [17]

Die nächste Station ist die komplett von Adelheid eingerichtete Wohnung in der Lützowstraße, Schöneberg. Später muss die betrogene Frau erkennen, dass all ihre Diplomatie, die Verstellungskunst und der rücksichtslose Trotz, all der Aufwand, um aus dem in der Linienstraße hausenden kleinen Studenten den einflussreichen und bedeutenden Herrn in der Lützowstraße zu machen, nicht ausreichen, Andreas fest an sich zu binden.

„Bin ich nicht alles für ihn, sein Börsenglück, sein Dichterruhm, seine gesellschaftlichen Erfolge? Alles hat er nur, solange er mich hat! Oder bildet er sich ein, die Unsummen, die seit neun Monaten durch seine Hände gegangen sind, wirklich selbst verdient zu haben?" [18]

---

16   Heinrich Mann, Schlaraffenland, Berlin und Weimar 1970, S. 13
17   ebenda, S. 87
18   ebenda, S. 341-342

Mit Vorbedacht wählt Heinrich Mann die Gegend rechts der Friedrichstraße zum Ausgangspunkt der „Karriere" seines Helden. Denn von nirgendwo kann ein studentischer Aufstieg steiler ausfallen als von dort.

Dieses Viertel Ost, das einige Zeitgenossen und viele Historiker als akademisches Areal gar nicht zur Kenntnis nehmen, weist in Wirklichkeit mehr studentische Merkmale auf als die Gegend westlich der Friedrichstraße. Dies nicht nur aus quantitativen Gründen, weil es in den Jahren vor dem Ersten Weltkrieg drei von fünf akademischen Bewohnern des Gesamtviertels beherbergt. Bedeutsam sind zwei weitere Besonderheiten.

Das erste Spezifikum: Hier gibt es studentische Gemeinschaftsunterkünfte. Die ältesten von ihnen beherbergen Theologiestudenten, daher deren Übergewicht im Viertel Ost mit überproportional 56 zu 16 Bewohnern im Viertel West 1910. In der Oranienburger Straße 87A, auf einem Grundstück, das ehemals zum Garten von Schloss Monbijou gehörte, befindet sich seit 1859 das Domkandidatenstift. Unter Aufsicht und Verwaltung von F. Huhn wohnen hier im Jahre 1910 elf Studierende. Während diese Einrichtung im Krieg zerstört und in Parkgelände zurückverwandelt wird, steht das um 1900 in der Artilleriestraße 15 (heute Tucholskystraße 7) errichtete Gebäude der Stiftung Johanneum noch heute und dient weiterhin bzw. erneut dem gleichen Internatszweck. Um 1910 wohnen hier mindestens sechs evangelische Theologen, die von der Hausdame M. Meck beaufsichtigt werden. Später können sich für diese Zimmer auch Alt-Philologen bewerben.

Die zweite Besonderheit: Nahezu ausschließlich hier, östlich von Friedrich- und Chausseestraße befinden sich die Orte der studentischen Verbindungen – vom Fechtboden im vormittags nicht genutzten Ballsaal und dem Hinterzimmer eines Schanklokals über gemietete Büro- und Wohnräume bis zum eigenen Verbindungshaus. Darauf wird weiter unten ausführlicher einzugehen sein. In den Jahren vor dem Ersten Weltkrieg sind die Väter von rund 39 Prozent aller Studierenden der Friedrich-Wilhelms-Universität Groß-Kaufleute, Kaufleute, Groß-Industrielle, Industrielle, Groß-Grundbesitzer, Domänenpächter oder Rentiers. Der von ihnen ausgestellte Monatswechsel eröffnet ihren Kindern im allgemeinen hinreichend Spielraum für eine Unterkunft in Charlottenburg oder anderen „feinen" Gegenden. Im Studentenviertel stellen die Söhne und Töchter dieser größten sozialen Gruppe die Minderheit. Zu ihr gehört der sparsame „Untertan" Diederich Heßling, der einerseits sogar die Kaffeekanne von zu Hause mitbringt und sich andererseits von seinem Studien"freund" Mahlmann die letzten zehn Mark abnehmen lässt.

Die Abkömmlinge von Höheren Beamten, Geistlichen, Richtern, Anwälten, Hochschullehrern, Gymnasiallehrern, Ärzten, Apothekern, Offizieren, Architekten, Ingenieuren, Schriftstellern und Künstlern sowie die niederste Gruppe, die

die Studenten aus Familien von Mittleren und Unterbeamten, Volksschullehrern, Handwerkern und Landwirten bilden, stellen 32 bzw. 29, zusammen somit 61 Prozent aller Universitätsstudenten, aber einen weit höheren Anteil aller im Viertel Wohnenden. (Die Anzahl der Kinder von Angestellten und Arbeitern ist nicht erwähnenswert).

Blick von der Chaussee- in die Invalidenstraße. Im Hintergrund der westliche Eckturm der Vorderfront vom Stettiner Bahnhof

Bemerkenswert sind auch die Wohn-Gewohnheiten der weiblichen Studierenden. Ihre Zulassung zum Studium liegt zum Stichjahr 1910 erst eineinhalb Jahrzehnte zurück. Inzwischen tragen bereits mehr als 600 Kommilitoninnen dazu bei, das studentische Bild Berlins zu verändern – einige durch absichtlich vernachlässigte Kleidung und dem Kneifer oder der Brille im scharflinigen Gesicht, die meisten äußerlich wie innerlich durch den Reiz weiblicher Jugendfrische.

Die Anerkennung als gleichberechtigte Studierende ist jedoch noch längst nicht Allgemeingut. Noch Jahre nach Inkrafttreten dieser Zulassung weigert sich beispielsweise ein Geheimrat Herman Grimm, vor Frauen zu lesen, „weil er seine Ausdrücke nicht nach ihnen einrichten wolle." [19]

Bemitleidet, belächelt oder auch respektiert gehen die meisten von ihnen unbeirrbar ihren Weg; Anerkennung durch Leistung lautet das Zauberwort diskriminierter Minderheiten auch in diesem Falle:

---

19   Alfred Kerr, a. a. O., S. 389

„Noch jetzt, wo eine ‚Bullenhitze' im letzten Monat vor den Ferien über den Hörsälen lagert, wandeln sie mit ihren Mappen durch die Korridore und schreiben auf den Pulten nach, wie wenn sie pro Stunde bezahlt würden." [20]

Wie ihre männlichen Nachbarn im Hörsaal betonen auch die jungen Frauen durch besondere Vereinigungen ihr Studententum. Sie versammeln sich bald zu bildenden Vorträgen, bald zum gesellschaftlich-gemütlichen Austausch. Am bekanntesten ist der Deutsch-akademische Frauenbund, der über ein eigenes Heim in der Georgenstraße 46a, nahe der Universität verfügt.

Deutsch-amerikanischer Frauenbund, Georgenstraße 46a

Nur eine verschwindende Minderheit der Kommilitoninnen wohnt 1910 im Studentenviertel, mit 49 Personen ganze 3,4 Prozent der 626 Eingeschriebenen. Das eher abschreckend wirkende soziale Klima der Gegend, mehr aber noch die zumeist vergleichsweise günstige finanzielle Ausstattung der jungen Damen dürften dafür maßgeblich sein. Wer damals den für eine Frau mit vielen Unwägbarkeiten behafteten Weg einer akademischen Karriere wählt, braucht nicht nur verständnisvolle, sondern auch risikobereite und wohlhabende Eltern – oder einen durch nichts zu bremsenden Unabhängigkeitsdrang.

Bei den ausländischen Studenten verfügt die Mehrzahl nicht über diese große Wahlfreiheit bei der Quartiersuche. Über die Hälfte der gut 1.200 Personen kommt aus Russland und den Balkanstaaten. Unter ihnen sind zwar auch einige vergleichsweise gut ausgestattete Balten-Deutsche, die meisten kommen aber aus mäßig bemittelten jüdischen Familien in Russisch-oder Österreichisch-

---

20 ebenda, S. 171

Polen; wegen ihrer jiddischen Sprache bereits weitgehend des Deutschen mächtig und voller glühendem Ehrgeiz zu lernen – auch mit knurrendem Magen.

Die Gastfreundschaft der Berliner Universität ist berühmt. Für Ausländer gibt es das wenige Jahre vor dem Ersten Weltkrieg gegründete Böttinger-Studienhaus in der Oranienburger Straße 13-14, benannt nach einem Geheimen Regierungsrat gleichen Namens. Hier werden die deutsche Sprache und wichtige Aspekte der deutschen Kultur vermittelt. Vorlesungen über Sprache, Kultur, Geschichte und Einrichtungen des Gastlandes, Führungen durch Kunstsammlungen, gemeinsame Theaterbesuche und Ausflüge nach Weimar und zu anderen Kulturstätten des Reiches gehören zum Programm. Dieses im Studentenviertel liegende Studienhaus mag – neben den vergleichsweise billigen Mieten - für manchen Ausländer ein zusätzlicher Anreiz sein, sich in unmittelbarer Nachbarschaft anzusiedeln.

Der neu immatrikulierte Student des Jahres 1910 befindet sich gegenüber seinem Kommilitonen aus dem Jahre 1810 im Nachteil. Letzterer kann sich dank des bereits mehrfach zitierten Büchleins von Universitäts-Commissarius Gädikke rasch über alles Lebensnotwendige informieren. Neben der dringenden Empfehlung, sein Quartier in einem bestimmten, universitätsnahen Revier zu nehmen, erfährt er, dass er für ein „gemaltes artiges" Zimmer mit Bett, Canapee, Bureau (Schreibtisch), Spiegel, Vorhängen, Tisch, Stühlen und Aufwartung 4 oder 5 Thaler monatlich aufwenden muss. Es gäbe auch Stuben für 3 Taler und weniger, die sich allerdings in den Hintergebäuden befänden. Wer das Federbett mitbringt, erspart 16 gute Groschen bis einen Taler.

Ein Mittagessen sei bereits für 3 oder 4, zur Not sogar für 2 gute Groschen zu haben - Gädicke nennt einige im Revier befindliche Speisehäuser, die überdies das Berliner Quart Bier für 1½ bis 2 gute Groschen ausschenken. Der dankbare Jüngling erfährt weiterhin, welchen Jahresaufwand er für Heizung - Brennholz, Fuhrlohn, „Anweise- und Trankgeld", Trage- und Hackerlohn - betreiben muss, dass Lichte im Winter 7 gute Groschen 4 Pfennige kosten (wohlfeiler sei natürlich Beleuchtung mit Öl), dass die Wäscherin für ein Oberhemd 2 bis 3, für ein Paar Nanking Beinkleider 2½ bis 3 und für ein Taschentuch ½ bis 1 Groschen nimmt. Die Elle Tuch für Bekleidung könne in Berlin wohl etwas teurer sein als in Sachsen, dafür sei sie allerdings auch um ein Achtel länger. Uneingeschränkt teurer als woanders seien Schuhe oder Stiefel – nicht unter 7 bis 8 Talern zu haben. Das Reinigen von Kleidern und Schuhen verursache monatliche Kosten von 16 guten Groschen bis zu einem Taler. Natürlich wird dem Unkundigen auch der Unterschied zwischen guten und „ordinairen" Groschen erklärt.

All diese Details – mit Ausnahme des längst nicht mehr aktuellen Geldmaßstabs – muss sich der junge Mann von 1910 mühsam durch Beobachten, Befragen und Erfahrung aneignen – die historisch nächsten, inhaltlich im Vergleich zu Gädicke jedoch weit weniger informativen Studentenhandbücher kommen erst nach dem Weltkrieg auf.

Nach einiger Zeit pendeln sich die einzelnen Lebenshaltungs-Ausgaben des Studenten auf Größen ein, die in ihrer Gesamtheit das Existenzminimum eines alleinstehenden Mannes im Berlin der Vorkriegsjahre ergeben: [21]

Für die Zimmermiete ohne Morgenkaffee sind mindestens 10 Mark des monatlichen Budgets zu berücksichtigen; es sei denn, man gibt sich mit einem kahlen, nur mit einem knarrenden Kienholzbett ausgestatteten Raum zufrieden oder man teilt sich das Zimmer mit einem weiteren „Aftermieter".

Die Ernährung beansprucht 14,90 Mark. Beispielsweise kosten im Jahre 1910 ein halbes Kilogramm Butter 1,10 bis 1,50 Mark, die gleichen Mengen Speck 0,80 bis 0,95, Schinken 1,20 bis 1,40 und Schweineschmalz 0,60 bis 0,80 Mark. Ein Ei beläuft sich auf 5 bis 10 Pfennige, harter Zucker und Schwarz- bzw. Graubrot auf 45 bis 60 rsp. 20 bis 33 Pfennige je Kilogramm. Bei gebranntem Kaffee liegt das Kilogramm hingegen zwischen 2 und 4 Mark. Für die „Molle" Bier in der Kaschemme verlangt der Wirt 10 Pfennige und für die Berliner Weiße im „normalen" Lokal 20 Pfennige.

Heizung und Beleuchtung erfordern 8,10 Mark, Bekleidung 10,60 Mark und für Sonstiges sind 14,30 Mark zurückzulegen. Unter den letzteren Posten fallen u.a. Kultur und Hygiene, d. h. Lektüre, eine Theaterkarte (für Studenten an einigen Bühnen ermäßigt), ein Wannen- oder Duschbad (das im Studentenviertel die städtische Warmbadeanstalt in der Gartenstraße anbietet) oder die Nutzung eines Schwimmbads (beispielsweise in den kommunalen Flussbadeanstalten beiderseits der Ebertsbrücke nahe den Universitätskliniken).

In der Summe ergibt dies 57,90 Mark – ein scheinbar auskömmlicher Betrag angesichts der Tatsache, dass gleichzeitig viele Berliner Familien monatlich mit ca. 75 Mark des Alleinverdieners auskommen müssen (während der Emporkömmling Andreas Zumsee in Manns „Schlaraffenland" mit „blauen Lappen" – 100 Goldmark – um sich wirft).

Überhaupt gilt Berlin im Vergleich der deutschen Universitätsstädte als wohlfeiler Ort – neben der Anziehungskraft mancher Dozenten ein wichtiger Grund dafür, dass sich schon frühzeitig ärmere Studenten gern hier einrichten, übrigens jeder dritte unter ihnen ein Ausländer, d.h. ein Nicht-Preuße deutscher oder (vorwiegend) osteuropäischer Herkunft. Was aber den Studenten von anderen

---

21 Errechnet und zusammengestellt nach: René Kuczynski, Das Existenzminimum und verwandte Fragen, Berlin 1921, S. 20 ff; Statistisches Amt der Stadt Berlin, Statistisches Jahrbuch der Stadt Berlin 1908 – 1911, Berlin 1913, S. 426 ff; Johann Friedr. Geist, Klaus Kürvers, Das Berliner Mietshaus 1862-1945, München 1984, S. 467-478

jungen Berlinern unterscheidet, ist, dass er jenseits der o.g. rund 60 Mark die Last zweier Sonderausgaben zu tragen hat.

Der Bücherwagen am Oranienburger Tor. Er steht in der abgeflachten Ecke der Hannoverschen Straße (ganz rechts) zur Chausseestraße. In der Mitte das Eckhaus Friedrichstraße 116 / Elsässer Straße. Fotografie von Georg Bartels 1904

Die eine ist der Aufwand für Bücher. So sehr sich die Bibliotheksverhältnisse gebessert haben – von maßgebenden Werken gibt es in der Regel nur ein Exemplar, und das ist manchmal auf Jahre vorausbestellt. Zehn Mark auf den Monat umgerechnet ist das Mindeste, was für Bücher ausgegeben werden muss, selbst wenn man behelfsweise ältere, nicht mehr völlig aktuelle Auflagen am Bücherwagen – einer von ihnen ist lange Zeit am Oranienburger Tor stationiert - ersteht. Besonders Mediziner müssen deutlich größere Beträge für Bücher aufwenden, nicht selten auf Abzahlung.

Die andere ist das Honorar. Die Professoren der ersten Universitäts-Jahrzehnte verlangen zwischen 1 bis 4 Friedrichsdor (1 Fr d'Or gleich 5 Taler Gold) pro Semester, d.h. 10 bis 40 Taler im Jahr. Sie werden mit Bitten um Stundungen bedrängt, auf die sie ganz unterschiedlich reagieren. Schleiermacher verzichtet ganz auf Honorare, Savigny dagegen nie. Hegel findet sich damit ab, etwa vier Fünftel des Verlangten nicht zu erhalten, sei es wegen Stundung oder auch gänzlicher Zahlungsunterlassung. Die Stundungen nehmen bald derart überhand, dass sie ab 1844 dem Quästor übertragen werden müssen.

Nach der Reichsgründung werden an der Universität Dozentenhonorare zur Regel, die beim Studenten auf den Monat gerechnet mit durchschnittlich 20 Mark zu Buche schlagen. An der Landwirtschaftlichen Hochschule, die die Teilnahme an Übungen separat in Rechnung stellt, ergeben sich im Durchschnitt 22,50 Mark. Die Handelshochschule verlangt 20,80 Mark, von Ausländern allerdings das Doppelte. Günstig stehen sich die Studierenden an der von militärischem Geist geprägten Tierärztlichen Hochschule. Nach den Vorschriften vom 17. März 1882 wird vom zivilen Hörer ein Honorar von lediglich 48 Mark je Semester erhoben. Aber auch diese Zahlung kann bei tadelloser Führung – keine Bummelei, kein leichtsinniges Schuldenmachen, sittlicher Lebenswandel - erlassen werden.

Das Honorar ist eine schwere Belastung des studentischen Geldbeutels, und so bleibt die Zahl der um Stundung ihrer Verpflichtungen Nachsuchenden groß; sie beträgt 1.387 Personen im Jahre 1880 und 1.430 Personen 1909. Gleiches gilt für den Betrag der gestundeten Honorare, der sich in diesen beiden Jahren auf 135.700 bzw. 144.300 Mark beläuft. Relativ verliert der Zahlungsaufschub indes an Bedeutung. Vor dem Hintergrund stark anwachsender Immatrikulationen ist es im Jahre 1909 nur noch jeder zwölfte Student, der einen Zahlungsaufschub beantragt. Im Jahre 1880 war es noch jeder sechste.[22] Im Zuge der allgemeinen Verarmung nach dem Kriege geht die Zahl der Bittsteller dann schnell wieder in die Höhe.

Fast 60 Mark Kosten für die Lebenshaltung, mindestens 10 Mark Büchergeld und gut 20 Mark Honorarzahlungen ergibt ein monatliches Mindestbudget von ca. 90 Mark oder einen väterlichen Jahreswechsel in Höhe von fast 1.100 Mark. Nicht alle Eltern können diesen Betrag aufbringen bzw. nicht alle Studenten kommen mit 90 Mark im Monat zurecht. Nur ausnahmsweise lösen sich die Probleme wie im Falle des Fabrikantensohns Diederich Heßling, der mit Rücksicht auf die Verpflichtungen des Verbindungslebens bald auf 250 Mark monatlich aufstocken und überdies nicht befürchten muss, auf seinen Schulden sitzenzubleiben. Die Masse der Studenten muss versuchen hinzuzuverdienen:

> „Fast jeder gab Nachhilfestunden, die Stunden von -,30 an, Germanisten arbeiteten mit am Grimm'schen Wörterbuch und bekamen für das kartierte Wort -,10. Andere schrieben Adressen, Stück -,01, oder arbeiteten nachts als Portiers oder Straßenfeger. Besonders Korporierte betätigten sich als Statisten, manchmal nur, um einer verehrten Schauspielerin nahe zu sein."[23]

---

22 Max Lenz, Geschichte der Königlichen Friedrich-Wilhelms-Universität, Dritter Band, Halle 1910, S. 536
23 Max Mechow, Berliner Studenten 1810 – 1914, Berlin 1975, S. 104

Hilfen kommen von öffentlicher wie privater Seite. Stipendien und Freitische gibt es an den alten preußischen Universitäten Frankfurt (Oder), Königsberg und Halle schon seit spätestens Ende des 18. Jahrhunderts; immerhin etwa jeder dritte Student kommt um 1805 in den Genuss solcher „Benefica". Auch in Berlin finden sich nach der Universitätsgründung bald Familien, die einen jungen Mann regelmäßig zum Essen einladen, den Gegenwert einer Mahlzeit in Geldform spendieren oder auch ihre Kinder von Studierenden unterrichten lassen. In der viertelstündigen Pause zwischen zwei Vorlesungen informieren sich die jungen Leute am Schwarzen Brett im Vestibül der Universität über solche Angebote von bürgerlichen Mittagstischen oder auch über Anfragen nach Erteilung von Privatstunden.

Frühzeitig werden auch Ehrenpreise des Königs und der Stadt für herausragende Studienleistungen vergeben. Später entstehen Stiftungen zur Vergabe von Stipendien, auch akademische Krankenvereine.

Mit zunehmender Studentenzahl wird indes der Kreis der Nutznießer im Verhältnis kleiner. Für Stipendien und Freitische (in Geldform) bestehen im Jahre 1909 zwei städtische Fonds und drei private Stiftungen namens Goldbeck, Gräfin Brose und Jüngken, die zusammen ein Volumen von 161.900 Mark ausreichen. Das bedeutet für den Glücklichen eine bescheidene Aufbesserung seines Jahresbudgets um durchschnittlich 10,35 Mark, je 25 weitere Kommilitonen gehen indes leer aus.

Die 1904 errichtete Akademische Krankenkasse löst den bereits seit 1828 bestehenden Allgemeinen Kranken-Pflege-Verein bei der Friedrich-Wilhelms-Universität ab, der nach ihrem Stifter auch „Neanderscher Kranken-Pflege-Verein" genannt wird, und ab 1890 besteht bei ihr Pflichtmitgliedschaft. Im Jahre 1909 vergibt sie an 532 Empfänger und damit an jeden 16. Studierenden Leistungen im Gesamtwert von 30.650 Mark. [24] Zwanzig Jahre später ändert sie ihren Namen in „Studentische Krankenkasse."

Wenig Nutzen haben die Studenten des Jahres 1910 von den städtisch subventionierten Volksküchen, in denen das Mittagessen zwischen 5 und 30 Pfennig und das Abendbrot für 5 bis 15 Pfennig zu haben war. Von ihnen hatte es im Jahre 1906 noch neun gegeben, 1910 sind es noch vier, von denen drei im Laufe des Jahres schließen. Wie groß der Bedarf – bei weitem nicht nur der studentische – ist, zeigen die Besuche der Volks-, Kaffee- und Speisehallen, eine davon am Rande des Studentenviertels in der Alten Schönhauser Straße, eine weitere in der Chausseestraße 105, wo für die Tasse Kaffee oder Kakao nur 5 Pfennig, für

---

24 Max Lenz, a. a. O., S. 535-536

ein Mittagessen 20 bis 30 und ein Abendbrot 10 bis 30 Pfennig verlangt werden. Sie setzen im Jahre 1910 über 625.000 Mittagessen ab. [25]

Wehmutsvoll vernimmt man, was ältere Semester von den 1899 geschlossenen Akademischen Bierhallen am Hegelplatz berichten: Zwischen 12 und 14 Uhr kostete der Teller Suppe 10 Pfennige, ein Fleischgericht mit Gemüse 30 und ein ganzes Menü im Abonnement 50 Pfennige. Immerhin gibt es Aschinger mit seinen Gratisbrötchen zur Erbsensuppe – am Rosenthaler Platz, am Hackeschen Markt, im Eckhaus Chausseestraße 1, in der Invalidenstraße und im Gebäude des Hotels Stettiner Bahnhof, Invalidenstraße 122.

Volks-, Kaffee- und Speisehaus,
Neue Schönhauser Straße 13. Um 1900

---

25 Statistisches Amt der Stadt Berlin, Statistisches Jahrbuch der Stadt Berlin 1908-1911, Berlin 1913, S. 689-690

Der Berliner Student muss sich finanziell auf das Genaueste einrichten – und kommt gelegentlich oder regelmäßig dennoch nicht zurecht. Dies gilt schon seit der Biedermeierzeit. Damals schläft der spätere Königsberger Physiker F. Neumann, mit seinem alten Soldatenmantel zugedeckt, bei einem befreundeten Mechaniker auf den Dielen und der künftige Basler Germanist W. Wackernagel nächtigt zeitweilig auf einer Kegelbahn. Der spätere Kunsthistoriker W. Lübke zahlt 1846 für das Zimmer im dritten Stock am Karlsplatz monatlich nur drei Taler, für den Mittagstisch drei Silbergroschen und lebt trotzdem an vielen Tagen von einer Semmel mit einer Tasse Kaffee.

Auch zu späteren Zeiten kann man oft nur am Essen sparen – für den bereits zitierten jungen französischen Studenten L. Gersal, der sich immerhin Zimmer zwischen 25 und 35 Mark leisten kann, ein schwer nachvollziehbares Phänomen:

> „Sodann will der Student leben, in der Provinz eine ziemlich einfache Sache, da er in seiner Kneipe gegen ein mäßiges Entgelt einen guten Mittagstisch und gutes Bier findet. Schwieriger gestaltet sich die Sache in Berlin, wo die mittleren Restaurants teuer sind und das Bier schlecht ist. Der Studierende begnügt sich daher meist mit dem billigen, aber unzureichenden Mittagstisch. Er verkehrt in den vegetarischen Restaurants und speist zu Mittag bei armen Witwen für sechzig oder siebzig Pfennig und in großen Lokalen, wo es zu billigen Preisen zweifelhaftes Fleisch und verdorbenes Gemüse gibt; offen und frei in den Kellerlokalen der Arbeiter und kleinen Leute zu essen, ist er zu stolz, obgleich der Tisch dort reichlich, wenn nicht gar sehr gut besetzt ist. Man glaubt nicht, mit wie Wenigem sich manch dieser durch das Butterbrotsystem abgehärteten jungen Leute begnügen; um acht Uhr gibt es eine Tasse dünnen Kaffees mit zwei winzigen Brötchen, um elf Uhr ein Butterbrot und um ein Uhr das Mittagessen, bestehend aus einem Teller Suppe und einer Gemüseschüssel, dazu Wasser oder mittelmäßiges Bier; um vier Uhr wiederum ein Butterbrot und Abend gegen acht Uhr folgt dann das Abendbrot mit Wurstschnitten für dreißig bis vierzig Pfennig, welches gewöhnlich zu Hause eingenommen wird. Wie es scheint, gewöhnt sich der Magen an diese ungesunde Frugalität. Die Hauptsache ist, dass der junge Mann einige Taler für die Kneipe und das Theater in der Tasche behält." [26]

In den Straßen beiderseits der nördlichen Friedrichstraße finden sich - nicht selten im Kellergeschoss der Mietshäuser - Lokale, die mit dem Spruch „Wie bei Muttern" oder auch ausführlicher „Hier kannste futtern wie bei Muttern" werben. Sie treffen den Nerv des jungen Mannes, der, den reich oder doch ausreichend gedeckten elterlichen Tisch gewohnt, nun selbst wirtschaften muss und die Anonymität der Speisehallen mit ihren angeketteten Essbestecken meiden will:

> „In den Bierstuben herrschte meist noch zwischen Wirt und Gästen ein patriarchalisches Verhältnis, der Kellner, so'n gutes altes Möbel, war vertraut mit den Gewohnheiten und den Verschrobenheiten jedes Gastes, und der einsame, unbeweibte Wanderer fühlte sich dort wohl. Servietten und Tischtücher waren in der zweiten Hälfte der Woche nicht ganz einwandfrei, und die sehr geräumige Mutter Seebold litt an der fixen Idee, sehr oft Königs-

---

26 Luc Gersal, a. a. O., S. 137-138

berger Klops zu fabrizieren, eine teuflische Erfindung, die ich seit Kindsbeinen hasste, und deren allzu häufige Wiederkehr auch wirklich zur betrüblichen Lösung der freundlichen Beziehungen zwischen der würdigen Frau und dem Antiklopsianer führte. Aber trotzdem halte ich ihr Andenken in Ehren, denn so gegen den unheimlichen Schluss des Monats hat mir die Gütige stets gepumpt." [27]

Wer wie der in der Einführung zu diesem Buch erwähnte Ludwig Ganghofer das Glück hat, eine Zimmerwirtin wie Frau Henkel in der Charitéstraße zu finden – „freundlich und gutmütig, das Herz auf dem rechten Fleck und in den Adern ruhiges, gesundes Bürgerblut aus Altberlin" – kann den Tag immerhin mit einem ausreichenden Frühstück beginnen:

„Und getreulich hielt sie, was sie mir beim Einzug versprach: ‚Sie sollen's so jut haben bei mich, det Sie jlooben, Sie wären bei Muttern zu Hause.' Nur: ‚Mä'chens mitbringen, nee, so wat jibt's nich bei mich.'" Dies hält er ein, und so findet er in der dicken Frau Henkel „einen verlässlichen Schutzengel meines Berliner Winters." [28]

Der Stettiner Bahnhof an der Invalidenstraße

Kurz nach Einzug wird ihm im Menschengewühl das Portemonnaie gestohlen. Auch Frau Henkel beweint mitleidig den Verlust. Der Vater, dem erst jüngst unter einem Vorwand zusätzliche 100 Mark entlockt worden waren, bleibt diesmal hart. Sein Antwortbrief besteht aus drei Worten und ebenso vielen

---

27 Felix Philippi, Alt-Berlin, Neue Folge, Berlin 1915, S. 120-121
28 Ludwig Ganghofer, a.a. O., S. 88

Punkten: „Wer einmal lügt ...". Und so bringt sich der junge Lebenskünstler wochenlang über die Runden, indem er von dem in den Gasthäusern gratis auf dem Tisch stehenden Brot lebt - zu einer „kühlen Blonden" für 20 Pfennige. In einer Weißbierstube der Schumannstraße lassen ihn taktvolle ältere Herren unter dem Vorwand, den Süddeutschen allmählich an die Berliner Küche gewöhnen zu wollen, von ihren Speisen kosten. So sehr es ihm schmeckt: Komplette Portionen der fremdartigen Speise würde er wohl auch noch gar nicht vertragen, bemerkt der junge Münchner stolz. Am Ende wird alles gut, als das heißersehnte Weihnachtspaket eintrifft.

Das Zusammenwohnen führt oft zu persönlichen Beziehungen zwischen Vermieter und „Zimmerherrn", die bis zur Herausbildung eines regelrechten Familienlebens führen können; nicht selten stellen die Kinder die ersten engeren Kontakte her. Es sei denn, man hat wie der bereits mehrfach zitierte Franzose L. Gersal das Pech, bei einer Witwe zu wohnen, die ihren Kindern – viele Jahre nach dem deutsch-französischen Krieg – verbietet, das Zimmer des „Feindes" zu betreten.

Aber vielleicht will Gersals Vermieterin nur verhindern, was in anderen Fällen gern gesehen wird. Zweitausend Wirtinnen des Studentenviertels haben mindestens eintausend Töchter, die unter die Haube zu bringen sind. Wenn der junge Mann schon einige Semester erfolgreich studiert hat, hinreichend Strebsamkeit erkennen lässt, also keiner ist, der seine Zeit damit verbringt, sich abenteuerlustig nach dem Fechtboden Anfechtungen ganz andrer Art zu stellen ...

Hugo Großmann erfüllt einige dieser Voraussetzungen. Mathilde Möhring in Fontanes gleichnamigen Roman und ihre Mutter müssen ein Zimmer ihrer Wohnung in der Georgenstraße am Bahnhof Friedrichstraße vermieten, nachdem der Ernährer verstorben ist. Der Hausbesitzer vermutet, dass Möhrings nun untervermieten werden und, wie üblich im Viertel, gewiss an einen Studenten. Die Befürchtung des Vermieters, dass der künftige Untermieter nachts das Schlüsselloch nicht finden wird, erweist sich als unbegründet. Großmann interessiert sich mehr für Theater und schöngeistige Literatur als für den überreichlichen Genuss von Bier oder Wein – allerdings auch zu wenig für seine Examensprüfung. Es besteht die Gefahr, dass er nicht als ein Studierter, sondern bloß als „alter Studente" endet.

Manch anderer Untermieter würde Mathilde als „Philöse", die wenig reizvolle Tochter einer blassen, kränklichen und verhungerten Zimmerwirtin empfinden. Großmann hingegen spürt bald – nicht ohne feine Nachhilfe durch Mathilde -, dass er einen verständnisvollen und energischen Menschen braucht, der ihn im Leben immer wieder anstößt und voranbringt. Er lässt sich von Mathilde heiraten.

Blick vom Oranienburger Tor in die Chausseestraße. Dreißiger Jahre

5. Im bunten Viertel

Das Berliner Studentenviertel ist zu Beginn des zwanzigsten Jahrhunderts ein ausgesprochen farbiges, buntes Quartier. In wahrhaft wildem Durcheinander mischen sich dort die Stätten der Geselligkeit junger Akademiker mit Orten öffentlichen Vergnügens verschiedenster Art.

In seiner Eigenschaft als Berliner Quartier latin gewährt die Gegend zwar „nur" jedem vierten Studenten Unterkunft. Als Treffpunkt des akademischen geselligen Lebens steht es hingegen nahezu konkurrenzlos da – für manchen Studierenden neben der Nähe zu den Lehrstätten gewiss ein weiterer Grund, sich die Umgebung der nördlichen Friedrichstraße zum Wohnsitz auszusuchen.

Im Berlin des Jahres 1910 bestehen mehr als 150 studentische Vereine, die weitaus meisten gegründet und getragen von Studenten rsp. Alten Herren der Friedrich-Wilhelms-Universität. Davon haben laut Adressbuch ihren Sitz im Studentenviertel:

- alle 6 Corps im Kösener Senioren Convents Verband (K.S.C.V.),
- alle 7 Burschenschaften im Allgemeinen Deutschen Convent (A.D.C.),
- die 3 Burschenschaften im Allgemeinen Deutschen Burschenbund (A.D.B.),
- die 6 Freien Burschenschaften,
- alle 7 Landsmannschaften im Coburger Landes-Convent (Cob. L.C.),
- 7 von 8 Freien Landsmannschaften,
- alle 3 Freien Verbindungen,
- alle 4 Verbindungen im K.Z.B. (?),
- 3 der 4 Angehörigen des Kartells schwarzer Verbindungen (mit unbedingter Satisfaktion),
- die 3 farbentragenden Katholischen Studenten-Vereine,
- einer von zwei nichtfarbentragenden Katholischen Studenten-Vereine,
- der katholische nichtfarbentragende wissenschaftliche Studenten-Verein,
- der Verein Deutscher Studenten (V.D.S.) im Kyffhäuser-Verband,
- alle 4 Akademischen Turnerschaften im Burschenschafts-Convent (B.C.),
- die Akademische Turnerschaft nicht im Burschenschafts-Convent,
- 4 von 5 Akademischen Verbindungen nicht mit wissenschaftlicher Tendenz und
- 34 von 43 Akademisch-Wissenschaftlichen Vereinen.

Die Königliche Landwirtschaftliche Hochschule und die Königliche Tierärztliche Hochschule, deren Vereine denjenigen der Universität damals noch nicht gleichgestellt sind, bringen es auf 10 bzw. 11 Organisationen, die ihren Sitz durchweg im Studentenviertel haben. Die Bergakademie ist im Viertel mit einem ihrer zwei Vereine vertreten.

Die bisherige Aufzählung summiert sich auf 144 Berliner studentische Vereine, von denen sich nicht weniger als 120 im Viertel befinden. Zu dieser letzteren

Zahl gesellen sich 6 im Viertel ansässige Vereine der Königlichen Technischen Hochschule, Charlottenburg.

Hinzu kommen 2 akademische und ein Sportverein der Handelshochschule – wegen des an diese Bildungsstätte noch nicht verliehenen Promotionsrechts vorerst ohne Anschluss an überregionale Akademikerverbände – und 3 Corps von der Kaiser-Wilhelm-Akademie. Auch von diesen Sechs dürften einige im Viertel ansässig sein. Somit finden sich im Jahre 1910 von insgesamt knapp 150 Berliner akademischen Vereinssitzen (ohne Charlottenburg) nicht weniger als rund 130 im Studentenviertel!

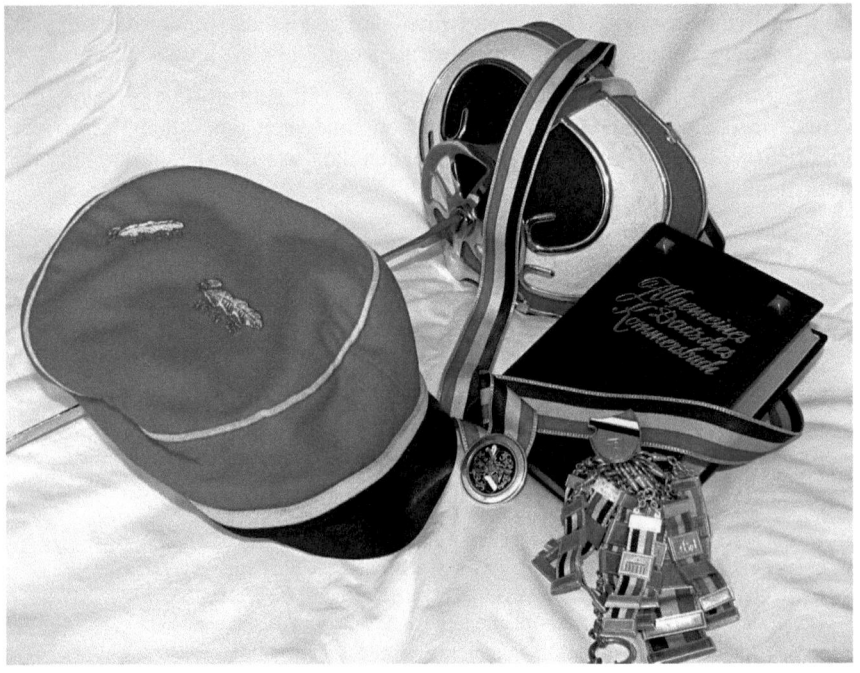

Studentische Utensilien

Diese Adressen konzentrieren sich wiederum auf ein eigenes Zentrum, das aus nur zwei, dicht parallel zueinander verlaufenden Straßen besteht. Es handelt sich um die Linien- und die Elsässer (heute Tor-)Straße zwischen Friedrich- und Akkerstraße mit zusammen 149 Häusern. Die beiden Straßenabschnitte weisen insgesamt 50 Vereinssitze mit 21 Adressen aus, d. h. es sitzen überwiegend zwei und mehr Vereine im gleichen Gebäude.

Der gelbe Ziegelbau in der Linienstraße 155 etwa wird damals als Akademisches Vereinshaus bezeichnet. Im Vorderhaus des 1892 als Gewerbebau mit

Kesselhaus und hochaufragendem Schornstein errichteten Gebäudes residieren nicht weniger als fünf studentische Zusammenschlüsse, darunter die Freie Burschenschaft Rugia, die Landsmannschaft Palaiomarchia, die Freie Verbindung Saxo-Borussia und die C.C. Sängerschaft Germania von der Technischen Hochschule, Charlottenburg. Das Haus mit der Nummer 111 auf der anderen, nördlichen Seite der Linienstraße – heute ein wenige Jahre alter Neubau – bringt es sogar auf sechs Vereinigungssitze.

Auf ebenfalls sechs Assoziationen kann das Eckhaus der Elsässer mit der Chausseestraße am Oranienburger Tor, heutige Adresse Torstraße 231, – ein großer, heute restaurierter Stuckbau von 1890, dessen ursprünglicher attraktiver Eckturm leider durch einen hässlichen Kegelstumpf ersetzt wurde – verweisen (vgl. Bild auf S. 88). Die höchste Belegung erreicht indes das Eckhaus Elsässer Straße 37 (alte Nummerierung)/Novalisstraße 16. In diesem Doppelhaus sind versammelt: die Verbindungen Franconia, Obotritia, Brandenburgia und Batavia, die Landsmannschaften Ghibellinia und Thuringia, die Burschenschaft Arminia, die Turnerschaften Kurmark und Alemania sowie eine akademische Verbindung namens A.G.B. Als weitere Mieter bzw. Pächter werden u. a. ausgewiesen: Zwei Gastwirte, ein Kellner, ein Corpsdiener (auch Couleurdiener, studentensprachlich Fax genannt) und ein Fechtmeister, was auf das Vorhandensein von zwei Schankwirtschaften, einem Fechtboden und weiteren einzeln oder gemeinsam genutzten Räumen schließen lässt. Zuvor, in den neunziger Jahren, beherbergt die Elsässer 37 ein Junggesellenheim, unter den Bewohnern sicher auch Studenten.

Normannia zu Berlin.

Bemerkenswert ist, dass das Viertel West als Sitz studentischer Vereine kaum in Erscheinung tritt. Gerade einmal elf akademische Zusammenschlüsse finden sich in der Friedrich-Wilhelm-Stadt; die meisten von ihnen tagen in den Hochschulgebäuden Invalidenstraße 40/41 oder im Restaurant Falstaff, Luisenstraße 36.

Das eigentliche studentische Vereinsviertel liegt östlich von Friedrich- und Chausseestraße.

Die meisten Vereine benutzen für ihre Zusammenkünfte das separate Zimmer einer Gaststätte. Andere besitzen dauergemietete Räume in einem Privathaus und besorgen sich kostengünstig Bier sowie Essverpflegung selbst. Viele der Corps, Landsmannschaften und Burschenschaften richten sich Hinterzimmer von Lokalen für eine ausschließlich eigene Nutzung ein und statten sie mit ihren Vereins- bzw. Traditionssymbolen aus. Häufige Ortswechsel innerhalb des Viertels sind in all diesen Varianten an der Tagesordnung.

Der Fall, dass eine studentische Verbindung im Berliner Quartier latin ein eigenes Gebäude besitzt, tritt nur ein einziges Mal auf. Es handelt sich um das Haus des Corps Normannia Berlin. Normannia gehört zu den ältesten Berliner Verbindungen. Am 3. Februar 1842 gegründet und 1855 aus einer Landsmannschaft in ein Corps umgewandelt, tritt sie dem Berliner und damit dem Kösener Seniorenkonvent bei. Das Corps - pflichtschlagend und farbentragend (dunkelblau-silber-schwarz, die Mützen dunkelblau) – hat den Wahlspruch: „Durch Kampf zum Sieg – Durch Nacht zum Licht." Heute besteht es sowohl an der Freien als auch an der Humboldt-Universität.

Corpshaus Normannia. 1910.

Nach wechselnden Versammlungsorten residiert das Corps zuletzt neunzehn Jahre lang in der Großen Hamburger Straße 16, bevor es Anfang 1910 samt Corpsdiener ins eigene Haus umziehen kann. Letzteres entsteht 1909 nach einem Entwurf von Fedor Feit im Auftrag der 1891 gegründeten AG Normannenkneipe als Quergebäude im zweiten Hof des Grundstücks Linienstraße 150. Mit seinen vier Geschossen und dem Dachgarten überragt es nicht nur das dreistöckige die Straßenfront bildende Wohnhaus von 1826 und die zwei Etagen des Quergebäudes (1857) im ersten Hof. Es besticht heute auch vor allem durch seine anspruchsvolle Gestaltung der Hoffassade, die ganz auf die Nutzung des Gebäudes ausgerichtet ist. Besonders hervorzuheben ist die arabeske Ornamentik des Portalgewändes mit Fechtmasken und gekreuzten Säbeln.

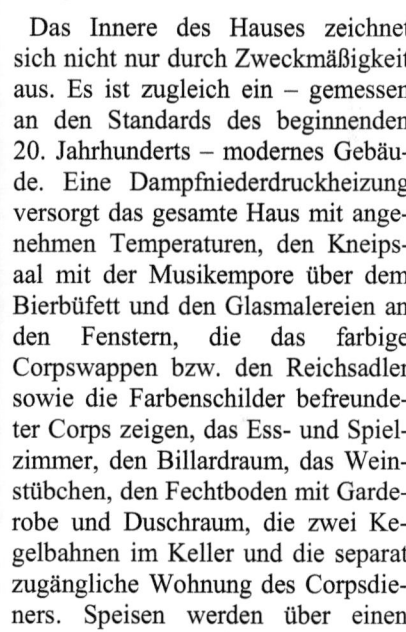

Das Innere des Hauses zeichnet sich nicht nur durch Zweckmäßigkeit aus. Es ist zugleich ein – gemessen an den Standards des beginnenden 20. Jahrhunderts – modernes Gebäude. Eine Dampfniederdruckheizung versorgt das gesamte Haus mit angenehmen Temperaturen, den Kneipsaal mit der Musikempore über dem Bierbüfett und den Glasmalereien an den Fenstern, die das farbige Corpswappen bzw. den Reichsadler sowie die Farbenschilder befreundeter Corps zeigen, das Ess- und Spielzimmer, den Billardraum, das Weinstübchen, den Fechtboden mit Garderobe und Duschraum, die zwei Kegelbahnen im Keller und die separat zugängliche Wohnung des Corpsdieners. Speisen werden über einen Aufzug transportiert. Zur Beleuchtung dienen sowohl elektrisches als auch noch das traditionelle Gaslicht. Alle Räume sind über Haustelefone verbunden.

Die Weihe des Corpshauses, zugleich 68. Stiftungsfest der Verbindung, erstreckt sich über drei Tage, vom 2. bis 4. Februar 1910. Der von einem Corpsmitglied verfasste Bericht über dieses Ereignis und dessen Vorbereitung erschließt dem Außenstehenden Vieles über den familiären Zusammenhalt der auf lebenslange Mitgliedschaft begründeten studentischen Corps: die engagierte Arbeit des Festausschusses sowie der Kommissionen für Hausbau, für innere Einrichtung, für das Anbringen der Bilder bzw. Corpsinsignien und für den Umzug, die feierliche Übergabe des von den Alten Herren finanzierten Heims an die Aktiven, die vielfältige Mitwirkung der Damen (Corpsschwestern) bei Hauseinrichtung und Festgestaltung, die ungezwungene, gelegentlich überschäumende, aber immer niveauvoll an gesellschaftlichen Umgangsformen festhaltende Atmosphäre während der einzelnen Feierveranstaltungen, Ansprachen (offiziell und spontan vorgetragene), musikalische Untermalung und mancherlei gesangliche Darbietungen, Damenfest, Festessen, Frühschoppen, Nachfeiern, die Hochachtung der Jungen vor den Älteren, der Herren vor den Damen.[1]

„Füchse" des Wintersemesters 1909/10 vor dem Eingang des Corpshauses

In diesem Haus tagen von nun an unter Ausschluss der Öffentlichkeit die Korporationskonvente, und zwar nach traditionell parlamentarischen Spielregeln.

Themen, die hier behandelt werden, sind unter anderem Neuaufnahmen, disziplinarische Fragen, Aufnahmen als Vollmitglied (Burschungen), Teilnahmen an außerkorporativen Sport- und anderen Veranstaltungen. Mindestens einmal jährlich trifft sich der Altherrenkonvent, der die Heimausstattung oder andere übergeordnete Korporationsangelegenheiten behandelt.

Normannia behält das Haus bis 1930, bezieht im gleichen Jahr ein neues Heim im Grunewald und residiert heute in einem attraktiven Gebäude in Berlin-Westend. Das Haus Linienstraße 150 geht an einen „Primislavenhaus e. V." Die Burschenschaft Primislavia sitzt bis dahin in der Linienstraße 111 und wird laut

---

1   Max Begemann, Festbericht über die Weihe des Corpshauses ... des Corps Normannia Berlin. In: Corpszeitung der Berliner Normannen, Nr. 9, 1964, S. 17 ff.

Adressbuch bis zum Jahre 1940 als Eigentümer von Nr. 150 ausgewiesen, obwohl sie zu diesem Zeitpunkt – wie alle studentischen Verbindungen – durch das NS-Regime verboten ist. (Heute ist sie längst in die Burschenschaft Thuringia aufgegangen). Ab 1941 erscheint als neuer Eigentümer der Fabrikant P. Falk, Bohnerwachs, der seine Firma bald in „Falkofix-Beaco-Fabrik chem.-techno. Erzeugnisse" umbenennt. Möglicherweise nutzt er nicht nur Räume der beiden den ersten Hof umschließenden Gebäude, sondern auch solche des ehemaligen Normannenhauses für Fertigungs- bzw. Bürozwecke.

Der Kneipsaal

Ab 1959 dienen das alte Studentenhaus sowie das erste Quergebäude als Internat und Übungsstätte der Staatlichen Ballett- und der Artistenschule. Die nächsten dreißig Jahre erfüllen an die zwanzig Mädchen im Alter zwischen vierzehn und achtzehn Jahren die Gebäude mit ihrem jugendlichen Spektakel. Außerdem erlernen und trainieren Akrobaten und Schauspieler hier die Beherrschung ihres Körpers. Heute beherbergt das ehemalige Normannenheim die Büroräume und die Wohnung eines Dienstleistungsunternehmers.

Während das Äußere des Hauses erhalten geblieben ist und heute wieder im alten Glanz erstrahlt, hat die über hundert Jahre währende vielfältige und unterschiedlichste Nutzung ihre tiefen Spuren hinterlassen. Bis auf den Zuschnitt einiger Räume und die Kachelung des Treppenhauses in den Corpsfarben hat sich wenig erhalten. Das seinerzeit von den Corpsschwestern spendierte Gemälde von der Rudelsburg an der Stirnseite des Treppenhauses ist übermalt. Entfernt wurde die geschmackvolle Holzverkleidung des Kneipsaals. Die dortige Musikempore, von der so hartnäckig wie unzutreffend behauptet wird, sie habe Professor Unrat / Emil Jannings im „Blauen Engel" als Hochsitz-Filmkulisse gedient, ist zurückgesetzt.

Das ehemalige Normannenheim ist eines von insgesamt nur zwei dem Autoren bekannt gewordenen Relikten akademischen Vereinslebens im alten Berliner Studentenviertel, die heute noch als solche erkennbar sind. Das andere ist das in die Straßenfront des Nachbarhauses Linienstraße 149 eingearbeitete Relief eines Vereinswappens.

Als Eigentümer dieses Hauses wird im Adressbuch ab 1928 das Corps Franconia ausgewiesen, das bis dahin seinen Sitz in der Elsässer Straße 37 hat. Das Corps begnügt sich im neuen Domizil offenbar mit einem oder wenigen Räumen; es werden noch weitere vierzehn Mieter genannt. Im Jahre 1934, nach der Machtergreifung der Nationalsozialisten, firmiert der Eigentümer als „Frankenhaus G.m.b.H."; Franconia, nunmehr als Landsmannschaft deklariert, taucht als einer von dreizehn Mietern auf. Die nächste formale Veränderung fällt in das Jahr 1940; jetzt nennt sich der Eigentümer „A.H.V. Landsmannschaft Franconia e.V." Offenbar versucht der Steglitzer Kaufmann G. Lond, seit 1929 ununterbrochen Verwalter des Hauses, mit juristischen Tricks das Eigentum zu retten.

Im Jahre 1943 ist es dann so weit: Das Haus wird vom Nachbareigentümer, dem Fabrikanten P. Falk übernommen, der inzwischen von Bohnerwachs auf möglicherweise rüstungswirtschaftlich wichtige „chem.-techno. Erzeugnisse" umgestellt hat.

Das Relief an der Hauswand fällt der zerstörerischen Bearbeitung durch Hammer und Meißel zum Opfer – vor, wahrscheinlich eher nach 1945. Mit einiger Mühe lassen sich die Umrisse des Wappens bis heute dennoch erkennen, zumal dankenswerterweise die Fläche des seinerzeit nachträglich eingefügten Reliefs bei der jüngsten Renovierung der Hauswand unangetastet blieb. Am leichtesten zu identifizieren sind die beiden kleinen Fähnchen, die das Wappen oben abschließen. Die herausgehackten, im Bogen über dem Wappen angeordneten Buchstaben setzen sich zu den Worten „Franconia sei's Panier!" zusammen. Heute firmiert die Verbindung unter der Bezeichnung „Corps Franconia Berlin zu Kaiserslautern".

Die Aktiven der Corps haben in den Jahren um 1910 wöchentlich ein reichhaltiges Programm zu bewältigen. Für die Angehörigen der sechs Corps vom Berliner SC des Kösener Verbands – neben Normannia gehören hierzu Guestphalia und Teutonia, beide Linienstraße 111, Marchia, Münzstraße 8, Vandalia, Elsässer Straße 44 und Borussia, Linienstraße 107/108 – ist jeden Mittwoch und Sonnabend offizielle Kneipe. Am Montag veranstaltet der Berliner SC im Saal des Restaurants „Der Heidelberger" - es liegt, wie der weltberühmte „Sommergarten", im Hotel Central am Bahnhof Friedrichstraße - den Mensurfrühschoppen. Was in einer kleinen Universitätsstadt als selbstverständlich gilt, ruft bei den vorbeihastenden Berlinern einiges Erstaunen hervor: junge Leute mit offenbar viel Zeit wochentags am Vormittag! Die sechs Corps sitzen – wie bei allen Corpsveranstaltungen in Couleur - an langen, nebeneinanderstehenden Tischen mitten im Saal, am oberen Ende der Tafeln die Chargen und Corpsburschen, am unteren die Füchse. An kleineren Tischen ringsherum genießen die zivilen Gäste das farbenfrohe Bild. Weitere regelmäßige Veranstaltungen in jedem einzelnen Corps sind die interne Sitzung mit anschließendem Bierabend, oft eine Spielkneipe und die Fechtübungen (Paukboden).

Mensur. Gravure von Hans Stubenrauch. Um 1910

Zeit- und Geldaufwand, aber auch das übertrieben Formale der Zusammenkünfte sind für manchen Studenten Grund genug, sich von den Farbentragenden fernzuhalten. Aber selbst der Schriftsteller Felix Dahn („Ein Kampf um Rom"), ein entschiedener Gegner des gesamten Corps- und Burschenwesens - „ausgenommen die Burschenschaften bis 1871 wegen ihres hehren Einheitswillens" – hat in einem Punkt keinen Vorbehalt gegen die schlagenden Verbindungen:

„Am wenigsten (in Wahrheit nichts) hab' ich gegen die studentischen Zweikämpfe einzuwenden. Der Student s o l l fechten lernen – aber nicht nur fechten ... auch Schießen, Reiten Jagen, Schwimmen, Turnen, Spiele jeder Art nach Sitte der Engländer und Amerikaner." [2]

Die studentische Mensur geht historisch auf das adelige Duell zurück, in der Regel mittels Hieb- und Stichwaffen ausgetragen. Der Beleidigte fordert den Beleidiger zum Zweikampf auf Leben und Tod, um seine Ehre wiederherzustellen. Als ehrenrührig gilt, trotz Ehrverletzung nicht zu fordern, eine Forderung nicht anzunehmen, eigentlich auch: zu beleidigen, um eine Forderung zu provozieren. Wer als „Fuchs" zum Vollmitglied eines Corps aufsteigen will, muss sich mit dem „Keilfuchs" eines anderen Corps geschlagen haben. Studenten, die etwas auf sich halten und der dauerhaften Hochachtung ihrer Kommilitonen sicher sein wollen, können auf viele solcher Mutproben verweisen. Aber auch hier tritt im Laufe der Jahrhunderte eine Verselbständigung der Form ein. Es geht längst nicht mehr darum, den Gegner schwer zu verletzen oder gar zu töten; es reicht der Nachweis, die eigene Feigheit überwunden und die von vielen Verbindungen vorgeschriebenen Pflichtmensuren den Regeln entsprechend geschlagen zu haben. Der – auch von vielen Frauen als fantasieanregend empfundene - „Schmiss" als Nebenprodukt ist dabei hochwillkommen. Es geht auch immer weniger um Verletzung der Ehre. Die Beleidigung muss oft genug künstlich konstruiert werden, um zu einer Mensur zu kommen, etwa so, wie sie der „Simplizissimus" karikiert: „Mein Herr, Sie haben mich fixiert." – „Ist mir gar nicht eingefallen." – „Also lüge ich ... ich bitte um Ihre Karte." [3] Eine andere Methode ist, den potentiellen Fechtgegner einen „dummen Jungen" zu nennen, den dieser „nicht auf sich sitzen lassen darf."

Um auf derartige gekünstelte Situationen nicht angewiesen zu sein, pflegen die pflichtschlagenden Verbindungen die sogenannte Bestimmungsmensur. Während des oben erwähnten Mensurfrühschoppens im „Heidelberger" ziehen sich die Zweitchargierten der sechs Corps auf kurze Zeit in einen Nebenraum zurück, um die nächsten Partien zu verabreden. Diese werden am „Bestimm(ungs)tag", Dienstag vormittags ausgetragen. Wie zuvor bereits die „echten" Duelle (die illegal weiterhin ausgetragen werden; so fordert der Hitzkopf Ludwig Ganghofer gleich zwei Kommilitonen zum Pistolenduell, das in letzter Minute von der Polizei verhindert wird) erklärt das Reichsgericht 1883 auch die Bestimmungsmensur für strafbar, was Widerspruch in breiten juristischen Kreisen auslöst. Die Polizei ist indes nachsichtig, wie der folgende Bericht des Corps Teutonia Berlin zeigt:

„Das damalige Mensurlokal waren die Königssäle in der neuen Königsstraße in unmittelbarer Nähe des Berliner Polizeipräsidiums. ... Da das Fechten auch der einfachen Schläger-

---

2 Kurt U. Bertrams (Hrsg.), Cameliana. Bekannte Persönlichkeiten schreiben, warum sie nicht korporiert waren, Hilden 2003, S. 30
3 Zitiert nach: Ulrich Deus–von Homeyer, a. a. O., S. 142

partien damals noch immer verboten war, erschien in einigen Abständen die Polizei. ... Durch die ausgestellten Posten gewarnt, verschwanden immer rechtzeitig die Paukanten über eine Wendeltreppe auf den Boden. Schnell wurden über die Standplätze der Paukanten Teppiche gebreitet, und an den Tischen wurde Frühschoppen markiert. Die jeweiligen Paukanten saßen sich indessen oben auf dem Bodenraum ‚blutend' gegenüber und unterhielten sich, bis die Polizisten nach einigen Bierchen, zu denen man sie eingeladen hatte, verschwunden waren und die Mensur fortgesetzt werden konnte. ... Im Wintersemester 1910/11 erschien einmal ein Polizeihauptmann auf dem Bestimmtag und erklärte, dass er den Auftrag hätte, drei Wochen lang täglich das Lokal zu überwachen. ‚Wenn Sie sich nicht so lange beherrschen können, sich die Visage zu zerschlagen, müssen Sie sich für diese Zeit einen anderen Laden suchen!' fügte er hinzu. So kam es, dass unser Corpsbruder Mueller seine Rezeptionspartie im Walde hinter Grünau fechten musste." [4]

Wie so eine Mensur verläuft, darüber berichtet mit dem Abstand des Ausländers der schon mehrfach zitierte junge Franzose Luc Gersal:

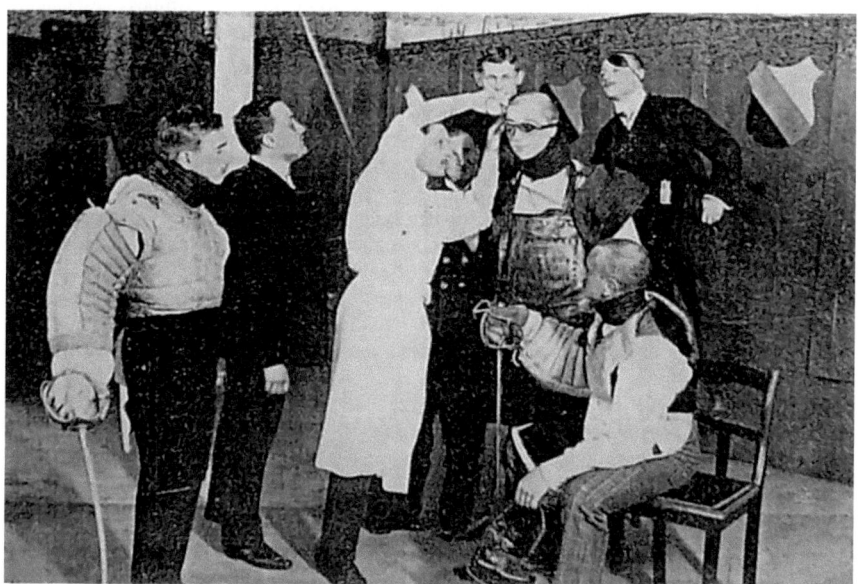

Ärztliche Nachbereitung

---

[4] Ebenda, S. 52. Die Rezeptionsmensur ist die besonders streng geprüfte und beurteilte Voraussetzung für die endgültige Übernahme in das Corps (Burschung). Das Fechten dient als Mittel der Auslese. Die Berliner Corps gelten als strenger und disziplinierter im Vergleich etwa zu den Leipziger Verbindungen. Von fünf oder sechs Füchsen kommt nur einer in den Besitz des Corpsbandes. Er ist nun Vollmitglied (Aktiver) mit Stimmrecht im demokratischen Convent. Aus der Gruppe der Aktiven werden die Charchierten gewählt, die eigentlichen Träger des Verbindungslebens.

„Ich würde gegen meine Pflicht verstoßen, wenn ich nicht auch meinerseits eine Beschreibung eines Studentenduells gäbe: ein Dichter verzichtet eher auf seine Reime, wie ein Tourist in Deutschland auf seine Mensur. ... Man begrüßt sich in einem niedrigen Saale. Eine große längliche Kiste wird geöffnet; sie enthält den Paukwichs: Armbinden, die in einem Handschuh endigen; gepolsterte Lederbinden, die als Halsschutz dienen und den Kopf stützen, und Schutzpolster, welche Brust und Beine bedecken. Was uns am meisten frappiert, das ist der außerordentliche Schmutz des Ortes und der einzelnen Gegenstände. Besonders widerlich sind die Schutzpolster unter der schwärzlichen Schmutzlage, die sie bedeckt: aber es ist ein glorreicher Schmutz, gebildet aus dem Blute von zwei- oder dreihundert jugendlichen Duellanten. Die chirurgischen Bestecke werden nicht etwa auf einer Serviette ausgebreitet, sondern liegen unmittelbar auf dem Tische inmitten der Biergläser, Jodoformflaschen und des Napfes mit Karbolsäure, in dem die gleich mit Fäden versehenen krummen Nadeln liegen. Nun sehen wir, wie die jungen Helden weiße Wäsche aufrollen - Nachthemden. Sie ziehen dieselben aber verkehrt an, das Vorderteil auf dem Rücken. ... Die Duellanten stehen in Paradestellung, die Arme in Schulterhöhe, einander gegenüber. Ein Zeichen wird gegeben, dann hören wir ein Geräusch, wie wenn auf einen Amboss geschlagen wird: es rührt von zwei mit voller Kraft geführten Schlägen der Gegner her. ... Klick! Klack! Die Funken sprühen, wie wenn der Schmied das Eisen bearbeitet. ... Ein Tropfen Blut, von wo mag er kommen? Nein, es ist ein förmlicher Strom, der die Wange herunterrieselt. ... Pause und ärztliche Untersuchungen. Es ist nichts. ... Los! Klick, klack! Halt! – Ein warmer Tropfen fällt mir auf die Stirn. Es ist umherspritzendes Blut. ... Fünfundzwanzig Minuten haben sie sich gegenseitig die Haut zerfetzt. Sie müssen aufhören, da einem der Paukenden eine Arterie über der linken Augenbraue durchgeschlagen ist. ... Die dumme Arterie will sich nicht fassen lassen. Zehn Minuten schon tasten die zitternden Finger des Arztes mit der Pinzette in dem zuckenden Fleisch umher. ... Prosit! ruft mir jemand zu. Ich muss mich verneigen, meine Zigarre aus dem Mund nehmen, Prosit! antworten und einige Schluck Bier trinken. Dann richte ich meine Augen von Neuem auf die Wunde. Das Blut rieselt über die nackte Brust des Verwundeten. Er ist sehr bleich. ... Endlich ist die widerspenstige Arterie gefunden. Sie wird unterbunden, die Wunde wird ausgewaschen, vernäht, mit Jodoform bestreut, dann bandagiert, und alles ist vorbei. Es gibt einen Glücklichen mehr, der stolz darauf ist, seinen Schmiss wegzuhaben. ... Der größte Vorwurf, den man diesen Studentenmensuren machen kann, ist der, dass sie weder ein Spiel noch ein Kampf sind. Es wird immer verständige Leute geben, die nicht wollen, dass bei einem einfachen Spiel Blut fließe und dass eine blutige Sache ein einfaches Spiel sei." [5]

Übrigens hat das Zusammennähen von Blutgefäßen unter improvisierten Bedingungen sein Gutes auch außerhalb des studentischen Lebens. Hans Fallada verdankt dieser Fähigkeit vermutlich seine Existenz. Seine Mutter stürzt als Kind in einen Spiegel und zerschneidet sich die Pulsader am Arm. Kein Arzt erreichbar.

„Da Eile not tat, wurde ein mutiger Assessor ermittelt, der bei mancher Paukerei das Nähen von Schnittwunden gesehen und am eigenen Leib erlebt hatte. Er nähte Mutters Wunde, mit einer richtigen Nähnadel und richtigem Zwirn, von Asepsis keine Spur!" [6]

Auch außerhalb von Corps, Landsmannschaften und Burschenschaften, in akademischen Vereinen unterschiedlichster Art, herrscht im Studentenviertel rege

---

5   Luc Gersal, Spree-Athen, a. a. O., S. 145-150
6   Hans Fallada, Damals bei uns daheim, a. a. O., S 250

Geschäftigkeit. So auch in der 1855 gegründeten Akademischen Liedertafel. Diese Vereinigung sangesfreudiger Studenten entwickelt sich im Laufe der Jahre zu einem geachteten Chor der Residenz- und Hauptstadt. Den Durchbruch bringt der Auftritt der Sänger bei Hofe am 16. März 1870, nachdem die jungen Männer am Abend zuvor dem Kultusminister von Müher und seiner Gattin in deren Privatwohnung gewissermaßen vorgesungen haben.

Seither sind dem Verein die offiziellen Festlichkeiten der Universität, unabhängig davon, wo sie stattfinden, übertragen – neben der gesanglichen Untermalung wohl auch Teile der Organisation. Eine dieser feierlichen Veranstaltungen ist am 7. November 1891 der Kommers zum 70. Geburtstag der Professoren Virchow und Helmholtz im Saal der Brauerei Friedrichshain, den die Berliner „Bierkirche" nennen.

Dem auf seiner Europareise gerade in Berlin weilenden Amerikaner Mark Twain geht es wohl so, wie dem Franzosen Luc Gersal: Wer die Deutschen richtig kennenlernen will, muss deren akademische Festlichkeiten erlebt haben. Am 3. April 1892 bringt die „Cincinnati Commercial Gazette" den Augenzeugenbericht des Schriftstellers – geschrieben selbstverständlich in dem für Twain typischen ironischen Ton (und übersetzt von einem Vorstandsmitglied der „Liedertafel"):

„Die Schlussfeier für die beiden Gelehrten war ein Kommers, ihnen zu Ehren von den Studenten gegeben. Sein Schauplatz war eine ungeheure Halle, sehr lang und sehr hoch, mit Bannergruppen und studentischen Wahrzeichen prächtig geschmückt und glänzend erleuchtet. ... Unten in der geräumigen Halle waren von einem Ende bis zum andern unzählige Tafeln reihenweise aufgestellt, jede 24 Personen fassend, dazwischen schmale Gänge. Auf einer Seite war eine hohe und besonders geschmackvolle Bühne aufgeschlagen ... mit einer langen Tafel darauf, an der die Leiter des Festes Platz nahmen, ‚six chiefs oft he chair' in den reichen mittelalterlichen Trachten von ebensoviel Studentenverbindungen. ... Gerade gegenüber dieser Bühne stand ein halbes Dutzend Tische, die durch Decken ausgezeichnet waren, während die übrigen ungedeckt blieben. Die Mitteltafel war für die beiden Helden des Abends vorbehalten. ... Am Ende jeder Tafel stand ein Student in dem Wichs (‚uniform') seiner Verbindung. Diese auffallende Tracht ist von glänzend-farbiger Seide und Samt, bald mit einem hohen Federhut, bald mit einer breiten schottischen Mütze, von einer großen Feder umwunden, bald mit einem kleinen gestickten seidenen Käppchen, ganz oben auf dem Scheitel, gleich einer umgekippten Untertasse; die Hosen sind bald weiß, bald von andrer Farbe; die Stiefel gehen hoch über die Knie, und stets werden auch weiße Stulphandschuhe getragen. Das Schwert ist ein Rapier mit einem korbähnlichen Schutz für die Hand in verschiedenen Farben. Jede Verbindung hat ihren eigenen Wichs ... und alle sind äußerst malerisch; denn sie sind Überbleibsel der verschwundenen Trachten des Mittelalters und sie führen uns in die Zeiten zurück, wo es eine Pracht war, die Männer zu schauen. Vor jedem von uns stand ein mächtiges Glas Bier und mehr, so viel man haben wollte. Es gab auch Heftchen mit den Worten der Lieder, die gesungen werden sollten. Die Feier begann. Die Musik spielte einen kriegerischen Marsch; dann war Pause. Die Studenten auf der Bühne sprangen auf; der mittelste, ein Jüngling mit würdevollem Gesichtsausdruck, von hohem Wuchs und schön gebaut, alles in allem ein getreues Ebenbild seiner Ahnen vor zwei oder drei Jahrhunderten ... hielt eine Rede auf den Kaiser, der ganze Saal stand auf, die Gläser wurden erhoben, auf einen Zug ausgetrunken und auf das Kommando ‚Eins, Zwei, Drei' mit einem Schlage auf den Tisch gestoßen – der Effekt war die beste Nachahmung eines Donners, die ich je gehört habe ..." [7]

Diesem Kommers gehen einige Abende voraus, an denen die Mitglieder der Akademischen Liedertafel das vorgesehene Programm einstudieren und proben. Dies findet in der Vereinskneipe statt, die sich damals im sogenannten Essighaus, Linienstraße 142/143 – die Straßenfront des Doppelgrundstücks ist inzwischen seit vielen Jahrzehnten eine Baulücke – befindet. Es handelt sich um ein kleines, unscheinbares Lokal, in dem dennoch die unabdingbaren Ausstattungsgegenstände ihren Platz finden: Notenblätter, Fotos von Abschlußsemestern sowie die von den Alten Herren gestifteten Bronzebüsten bzw. Bilder der drei deutschen Kaiser.

Und natürlich führt jeder Kommilitone sein Exemplar des Studentenlieder- und Kommersbuchs mit sich, dessen Texte wie in einem kirchlichen Gesangbuch durchnumeriert sind. Das Buch hat nicht nur einen stabilen Einband, sondern an den Ecken von Deckel und Rücken hervorstehende nichtrostende Ziernägel, die für einen luftigen Raum zwischen Buch und eventueller Bierpfütze sorgen.

„Es gehörte zur Grundausstattung eines jeden Studenten und begleitete ihn überall hin. Manchen Kommilitonen diente es offenbar auch als eine Art Poesiealbum, in das man Erinnerungen einklebte, denkwürdige Ereignisse wie eine ‚Biertaufe' festhielt oder sich Widmungen hineinschreiben ließ." [8]

Die Gaststätte im „Essighaus" ist die 52. Stammkneipe der Akademischen Liedertafel – im Verlauf von rund eineinhalb Jahrzehnten Vereinsgeschichte! Sorgten die Gesangsproben für diese ungewöhnlich hohe Fluktuation?

Im Vergleich zur „Liedertafel" muss sich die Akademische Turnverbindung Arminia-Berlin verstecken. Sie bringt es in vier Jahrzenten „nur" auf 15 Kneipen. Die Liste dieser Lokale ist in der Festschrift zum 40. Stiftungsfest der ATV Arminia, erschienen im Jahre 1931, veröffentlicht: [9]

i. Berlin NW 6; Luisenstraße 36, Patzenhofer Ausschank. Mai 1891 bis Oktober 1891
ii. Berlin N 4; Chausseestraße 9, Restaurant Sachse. Oktober 1891 bis Oktober 1892
iii. Berlin W 8; Unter den Linden 27, Hopfenblüte. Oktober 1892 bis Oktober 1895
iv. Berlin N 4; Chausseestraße 103, Germaniasäle. Oktober 1895 bis Januar 1897
v. Berlin N 24; Friedrichstraße 111, Restaurant Bötzow. Januar 1897 bis Ostern 1897
vi. Berlin NW 6; Luisenstraße 36, Patzenhofer. Ostern 1897 bis November 1898
vii. Berlin N 24; Friedrichstraße 105a, *Eigene Räume!* November 1898 bis Oktober 1907
viii. Berlin N 54; Rosenthaler Straße 39, *Eigene Räume!* Oktober 1907 bis 31. Juli 1914
ix. Berlin N 24; Friedrichstraße 134, Patzenhofer. 1. August 1914 bis 30. September 1918

---

7   Zit. n.: Paul Thiel, Lokal-Termin in Alt-Berlin, Berlin 1988, S. 168
8   Paul Thiel, a. a. O., S. 169
9   Vierzig Jahre Akademische Turnverbindung Arminia-Berlin 1891-1931, Berlin 1931, S. 84-85

x.	Berlin W 35; Schöneberger Ufer 23, Weihenstephan. 1. Oktober 1918 bis 1. Februar 1919
xi.	Berlin W 57; Bülowstraße 37, Nationalhof. 1. März 1919 bis 30. September 1920
xii.	Berlin SW 19; Friedrichsgracht 50, Kulmbacher. 1. Oktober 1920 bis 30. September 1922
xiii.	Berlin N 24; Elsässer Straße 39, ATV Kurmark. 1. Oktober1922 bis 30. September 1926
xiv.	Charlottenburg 1; Spreestraße 8, Wilhelmshof. 1. Oktober 1926 bis 4. Mai 1928
xv.	Berlin NW 21; Turmstraße 8, *Eigene Räume!* 5. Mai 1928 bis „jetzt" (1931 – H. Z.)

Kneipzimmer des ATV Arminia-Berlin, Friedrichstraße 105a

Ein Unterschied zur „Liedertafel" besteht darin, dass der ATV zwischenzeitlich mehrfach in eigenen Räumen tagt (Nr. vii., viii. und xv.). Auf diese drei Zeiträume zusammen entfallen allein 19 Jahre und damit fast die Hälfte der insgesamt vier Jahrzehnte. Bei privaten Vermietern, häufig Brauereigaststätten, fällt die Verweildauer wesentlich kürzer aus; es sind durchschnittlich weniger als zwei Jahre.

Bemerkenswert ist aber etwas anderes: die geografische Lage der Lokale. Bis zum Jahre 1918 bewegt sich die Turnverbindung ausschließlich innerhalb des Studentenviertels (Nr. i. bis ix.). Danach verschlägt es den ATV in andere Gegenden, nach Schöneberg, nach Charlottenburg, zuletzt nach Moabit. Nur zweimal nach 1918 kehrt der Verein in das alte angestammte Viertel (Elsässer Straße; s. Nr. xvvv.) bzw. an dessen Rand (Friedrichsgracht; s. Nr. xii.) zurück, im ersteren Fall allerdings wohl nur als Gast eines befreundeten Turnvereins. Die Liste des ATV Arminia ist damit ein erstes Indiz für den beginnenden Bedeutungswandel des Berliner Studentenviertels in der Zeit um den Ersten Weltkrieg; diese Veränderungen sind Gegenstand des folgenden Kapitels des Buches.

Szene aus dem Berliner Studentenleben. Lithografie von B. Dörbeck. Um 1830
Bilder auf S. 131: „Inclusive" (oben). „Im Bouillonkeller" (unten)

Vorerst, um 1910, pulsiert des studentische Leben im Viertel Tag und Nacht. Was dabei den Besuch von Gaststätten angeht: Nicht alle Studierenden sind organisiert und haben ein Vereinslokal, wohl aber das Bedürfnis nach feuchtfröhlicher Unterhaltung. Und warum sollte sich der organisierte Student auf die Kommerstermine seines Vereins beschränken? Der Bedarf ist also groß und vielfältig – das Angebot auch. Berlin (ohne Charlottenburg) hat zu dieser Zeit fast 10.000 Gast- und Schankwirtschaften; dabei beansprucht das Studentenviertel gewiss einen größeren Prozentsatz als es seinem Anteil an der Fläche oder der Bevölkerungszahl der Stadt entspricht. Der Zusammenklang von studentischer und preußischer Genügsamkeit äußert sich hier so, dass überwiegend nicht das echte bayrische, sondern das billige helle Berliner Bier verlangt wird. So wie man froh ist, sich in den Restaurants der August-, der Kleinen Hamburger oder der Invalidenstraße ein Menü für 80 oder 90 Pfg und im Hinterhaus drei Treppen ein Zimmer für 10 oder 15 Mark leisten zu können.

Schon in den Jahrzehnten nach der Universitätsgründung bevorzugen Studenten öffentliche Lokale, die folgende drei Vorzüge aufweisen: Trinken (und Es-

sen) müssen billig sein, Wirt (und Gäste) müssen Verständnis für spontane Ausschweifungen akustischer, optischer, gelegentlich auch handgreiflicher Art aufbringen und – idealerweise – jenseits des Personals sollten sich weibliche Personen auch unter den Gästen befinden. Der letzte Punkt ist der schwierigste, denn zur damaligen Zeit dürfen offiziell Frauen selbst in Begleitung einer männlichen Person kein Lokal betreten, das Wein oder Bier ausschenkt. Weniger streng geht es nur in den Gartenlokalen außerhalb der Akzisemauer zu, vor dem Oranienburger Tor im „Liesenschen Etablissement" am Ort der heutigen Liesenstraße, wo seit 1847 die vom Halleschen Tor kommende Pferdeomnibus-Linie endet, gegenüber im „Eiskeller" (Chausseestraße), im „Kuhstall" (Invalidenstraße) oder in den „Letzschen Anlagen". Hier sieht man Frauen plaudernd und rauchend bei einem Getränk ihrer Wahl zusammensitzen. Ob überdies innerhalb der Stadt die frauendiskriminierenden Bestimmungen immer eingehalten werden, bleibt dahingestellt.

Die drei studentischen Idealanforderungen an ein öffentliches Lokal werden, wenn sie denn beisammen liegen, von den Behörden nicht lange geduldet. Wegen Prügeleien mit Handwerksburschen bzw. Umgangs mit leichten Frauenzimmern werden den „Herren Commilitonen" vom Hohen Akademischen Senat mittels Anschlag am Schwarzen Brett um 1830 mehrmals folgende Etablissements, zugleich Tabagien, bei Strafe des Konzils bzw. des Relegats verboten: der bereits weiter oben erwähnte „Onkel" in der Dorotheenstraße (1840 wegen „Sittenlosigkeit" geschlossen), der „Römersaal" in der Münzstraße (1830 geschlossen) und die „Letzschen Anlagen", auf deren Gelände sich spätestens im Jahre 1846 die Villa Billa – ein Lokal von ähnlichem Ruf – etabliert. Dazu Carl Röhrmann in seinem Buch „Der sittliche Zustand von Berlin" (1846):

> „Kein Verbot seiner Bücher ist wohl einem Schriftsteller je von größerem Nutzen gewesen, als das akademische Interdict den Besitzern jener drei Lokale. Denn jetzt war es für einen jeden der Herren Commilitonen zu einem Ehrenpunkt geworden, die verbotenen Orte fleißig zu besuchen ..."

In diesen drei Tabagien, so Röhrmann weiter, zu denen noch das Wegenersche Lokal in der Französischen Straße und manche verschwiegene „Conditorei" kamen, verkehrten eine Reihe von

„... exclusiven Frauenzimmern, welche, ohne die Eifersucht des einen oder andern zu erwecken, sich von einem Bruder Studio auf den andern vererbten. Neben der sogenannten kalten Pauline und Ihrer Schwester Albertine, ... der sogenannten Juden-Line und der Droschken-Emilie war es vor allem die Studenten-Cläre, die in jeder Beziehung mit den Studenten mithalten konnte. Sie ... konnte sich mit den Herren Studiosi nicht nur fachlich unterhalten, sondern sie trank selbst die härtesten Zecher unter den Tisch. Die Fama berichtet von ihr, dass sie ... zwanzig bis dreißig Seidel Bayrisch Bier, das sind zehn bis fünfzehn Liter in einer Stunde, zu vertilgen wusste." [10]

Neben Treffpunkten der soeben beschriebenen Art, neben Cafés, Kaschemmen und Bouillonkellern, neben Tanzlokalen und Tingel-Tangel finden sich im Studentenviertel natürlich auch Gaststätten, die überwiegend von Akademikern besucht werden. Man findet sie am ehesten westlich der Friedrichstraße, in der Friedrich-Wilhelm-Stadt. Beliebte Professoren-Treffpunkte sind eine Weinstube in der Friedrichstraße Ecke Schiffbauerdamm oder das Lokal im Keller des (heute noch vorhandenen) Hauses an der Südostecke Karl-/Albrechtstraße.

„Ganz interessant ist auch noch das Café Monopol (am Bahnhof Friedrichstraße – H. Z.), wo ... an gewissen Abenden – besonders wenn im Krankenheilviertel jenseits der Spree große Vortragsabende waren – die Ärzte scharenweise einkehren, aber auch sonst bekannte Nervenärzte und andere große Medizinmänner oft zu sehen sind." [11]

Auch auf der Suche nach ausgesprochenen Studentenkneipen muss man sich in das Viertel West begeben. Zu den ältesten und bekanntesten dieser Lokale gehört der „Akademische Keller" in der Marienstraße. Die Gaststätte besteht bereits seit 1848, ist also nur zwei Jahrzehnte jünger als die Friedrich-Wilhelm-Stadt überhaupt. Bis in die Jahre um 1910 wirbt sie mit dem Namen „Alte historische Gaststätte". Schon beim Hinabsteigen in den Keller wird dem Gast angekündigt, was ihn erwartet: „Aura academia". Die Innenwände sind bemalt mit Gestalten und großformatigen lateinischen Inschriften, die die einzelnen Fakultäten und deren Vertreter karikieren. Dazwischen hängen unzählige Bilder mit unterschiedlichsten Motiven, aber immer humorvoll das akademische Leben darstellend. Die Heizung besorgt wohl weniger der kleine Kanonenherd, als das riesige Ofenrohr, das sich durch den Raum zieht. Trinken und Essen sind erschwinglich; selbst ein ganzes Gedeck servieren Emil Päsicke und Frau um 1930 für 90 Pfennig. Natürlich werden diese Lokale auch vom Kleinbürger der Wohnumgebung oder vom neugierigen Spaziergänger aus Schöneberg aufgesucht, der sich mit den gelehrten Herren unterhalten will.

In den meisten Gaststätten der beiden Teilviertel nördlich der Spree stellen Studenten aber nur einen Teil der Gäste, etwa im Café Lang, Friedrichstraße:

---

10 Zit. n.: Paul Thiel, Lokal-Termin in Alt-Berlin, Berlin 1988, S. 162
11 Hans Ostwald, Berliner Kaffeehäuser, Berlin um 1905, S. 7

„Nicht weit von der Weidendammer Brücke leuchtet ein Transparent in die Straße hinein: ‚Café und Conditorei'. Der Eingang und das Schaufenster, hinter dem Torten und Konfektschalen stehen, lassen wirklich nicht vermuten, dass hier alles andere ist, als eine der vielen ehrbaren Konditoreien, in denen höhere Töchter ihren Apfelkuchen mit Schlagsahne schlekken. ... Kein Kaffeehaus hat diesen burschikosen, kameradschaftlichen Ton. Hier kommt eben Jugend zu Jugend. Und dann: es fehlt hier der große Raum, die Halle, die fast allen anderen Kaffeehäusern eigen ist. Hier in diesen zimmerartigen Räumen sitzt man eben beisammen, wie in einer Gesellschaft. ... Hier ist man einander selten fremd. Hier kennt man einander. Hier hat man auch oft kein Geld, auch wenn man Wünsche hat. ... Im kleinen Nebenraum entrollen sich die Idyllen des Studenten-Cafélebens. Weiche Ecksofas. Hier beugen sich zwei über das Schachbrett. Dort schallt es: ‚Null-Eichel Grand mit zweien'". [12]

Emil Päsicke und Frau vor seinem Lokal in der Marienstraße. 1930

Andere Lokale der nördlichen Friedrichstraße heißen „Zum Hackepeter", „Zur Lindenwirtin", „Conditorei Dobrin" oder „Café Stern". Letzteres, zu finden im großen Eckhaus an der Friedrich- und Hannoverschen Straße, ist wegen seiner

---

12 Ebenda, S. 9-11

Damenkapelle berühmt, gilt zugleich als „berüchtigt." Ebenfalls in der Hannoverschen Straße, versteckt in einer Ecke, befindet sich das Lokal „Winkel am Tore", eine winzige Kneipe, ohne Aufmachung, originell eingerichtet. Hier trifft sich die nördliche Boheme, darunter Ex-Studenten, Menschen die zu Besserem geboren waren und nun trinkend, politisierend und räsonierend den späten Abend verbringen. Weiblicher Verkehr findet hier nicht statt. Anders gegenüber im Café Steuer. Hier trifft man viele Studenten und die in dieser Gegend vorherrschende „Damenwelt".

Innenansicht des „Akademischen Kellers" in der Marienstraße

Die Elsässer Straße steht der Friedrichstraße hinsichtlich der Häufigkeit gastlicher Stätten nicht nach. Unter den 39 Hausnummern der Nordseite dieser Straße, die im Westen von der Chaussee- und im Osten von der Brunnenstraße begrenzt wird, befinden sich im Jahre 1910 nicht weniger als 24 Adressen, in denen ausgeschenkt wird – laut Adressbuch von Gastwirten, Schankwirten, Zapfern oder Destillateuren – und wo man sich amüsieren kann. Die Skala reicht von der Kaschemme bis zum Tingel-Tangel und dem Krystall-Palast von F. W. Wolter in Nr. 10.

Nach Norden führen die Straßen zum Stettiner Bahnhof. Auch hier findet sich Kneipe an Kneipe, viele von ihnen mit verhängten Fenstern, vor denen rote und blaue Kugeln baumeln. Auf den Straßen die endlose Kette von grell geschminkten, süßlich parfümierten Mädchen, die die Straßenvierecke ablaufen, beachtet oder ignoriert von Studenten mit hochgeschlagenem Kragen, von korpulenten Geschäftsleuten mit offenem Mantel.

Am Oranienburger Tor sind Gastronomie und Amüsement nicht nur von seltener Buntheit. Ihre Spezifik innerhalb der gut drei Kilometer langen Vergnügungsmeile Friedrichstraße besteht noch in etwas anderem – den Öffnungszeiten. Die großen Bierhäuser, die „Hopfenblüte", der „Grobe Gottlieb" und fast alle anderen Amüsements südlich der Spree schließen um Mitternacht. Geöffnet bleiben in dieser Gegend nur noch die beiden großen Cafés Bauer und Viktoria an den Ecken Unter den Linden.

„Hatte man sich dort nach zahlreichen Drinks und in amüsanter Gesellschaft erst einmal niedergelassen, dann gab es kein Problem mehr: ‚Kinder, s'ist ja erst halb vier.' Denn all die mehr oder weniger zweifelhaften Etablissements, ungarischen Konzertcafés, Restaurants und Kneipen im studentischen Quartier Latin zwischen der Spree und dem Oranienburger Tor hatten zwar um elf Uhr nachts schließen müssen, durften dafür aber früh am Tage aufmachen. Dort fand man dann, von vier Uhr früh an, je nach Geschmack und Portemonnaie – während es draußen dämmerte -, noch einmal eine intim-schummrige Zuflucht mit Hühnerbrühe und Ei, oder Paprikaschnitzel mit Salzgurke, dazu kühles, gepflegtes Bier und, wenn man wollte, auch weibliche Gesellschaft." [13]

Eines dieser Lokale ist in ganz Berlin und darüber hinaus bekannt; es taucht in jeder sachkundigen Berlinbeschreibung auf und erlangt sogar literarischen Ruhm.

Im „Rosenemil" von Georg Hermann werden die Lieblingskneipen des ewigen Studenten Laubfrosch aufgezählt: Schlottriger Gummischuh, Blaue Zwiebel, Schmale Weste, Doller Hengst und Strammer Hund – alle offensichtlich zwischen Friedrich-/Chausseestraße und Alter Schönhauser Straße bzw. Schönhauser Allee gelegen. Die vier zuerst genannten Kneipen mögen der Fantasie des Schriftstellers entsprungen sein, die fünfte nicht.

In Gerhard Jaeckels Buch über die Charité sitzen an einem Novembertag des Jahres 1850 – Jahrzehnte, bevor es das Lokal gab - Orgel-Emil und Schrippen-Gustav mittags im „Strammen Hund" bei Lungenhaschee und Bier bzw. Schnaps zusammen. Emil fasst einen schwerwiegenden Entschluss: Er will sich seine blinden Augen bei Dr. Albrecht von Graefe kostenlos operieren lassen. [14]

---

13 Franz Born, Berlin wie es isst - und trinkt, Bielefeld 1969, S. 85
14 Gerhard Jaeckel, Die Charité, o. O. 2000, S. 466

Ein Stammgast des Lokals „Zum Strammen Hund" ist der Student und spätere Bundespräsident Theodor Heuss; allerdings empfindet er die gastliche Stätte in dieser Umgebung als Fremdkörper:

„Man hat einmal in diesem, dem Stettiner Bahnhof vorgelagerten Viertel einige Straßen nach den Romantikern genannt. ... Eine der Parallelstraßen trug (...) den Namen des Novalis, und dies schien mir immer, schon damals, einer der missglückten Witze der Berliner stadtbürgerlichen Bildungsbeflissenheit. Das ganze Bezirk war Ausläufer der ‚Friedrichstraße', das Revier der Straßenmädchen – weil er an die Universität und das Viertel der Kliniken angrenzte, hatte man ihn das Berliner ‚Quartier latin' getauft. Der das Wort sprach, war wahrscheinlich nie in Paris gewesen; von dem historischen Duft, den jene Pariser Straßenzüge besitzen und der selbst Teile des alten Berlin in ihrer kargen Schönheit eigen ist, war gerade in dieser Gegend nichts zu ahnen. Es war eine schauderhafte Steinlandschaft von plumper und grober Geschäftsart des Menschlichen, so viel ungestörte Biederkeit dazwischen hausen mochte. Fast am letzten Ende der Friedrichstraße hatte sich im übrigen ein Stück echten Berlinertums in den Boden verkrochen, ein Kellerlokal mit der gefährlichsten Treppe. Es hieß ‚Zum strammen Hund', und obgleich der Name etwas Acquisatorisches hatte, Spezialität für Fremde, die Berlin ‚kennen' lernen wollten, hege ich an die häufige Einkehr eine gute Erinnerung, und nicht allein an die ‚Erbsen mit Eisbein', die dort einen neuen Liebhaber fanden. Es war eine eben nur diesen paar Wänden gehörige Luft, die ich später, vergleichbar nur in einigen Lokalen auf dem Montmartre, in Paris gefunden habe." [15]

Kellerlokal „Zum strammer Hund", Friedrichstraße 114

---

15   Theodor Heuss, a. a. O., S. 269-270

Lungenhaschee mit Ei für vierzig Pfennig, Gänsebraten für achtzig Pfennig oder – noch etwas teurer – die bereits zitierten Erbsen mit Eisbein. Hier schmeckt es gut und hier ist es billig, was Studenten wie Dienstmänner und Droschkenkutscher zu schätzen wissen.

Eine besondere Attraktion hat sich der Wirt für die Stunden ausgedacht, die der Nachtpause folgen, wenn sich also ab vier Uhr die Frühbummler einfinden:

„‚Wahnsinnig komisch' wirkte es, wenn man von einem herumgehenden Erbsensuppenkellner (mit einem großen Gefäß auf dem Rücken) für zehn oder zwanzig Pfennig das deftige Berliner Leibgericht durch einen Schlauch direkt auf den Teller gespritzt bekam. War es zu viel, wurde für zehn Pfennig Erbsensuppe durch den Schlauch wieder zurückgesogen. Dazu aß man Salzbrezeln und nahm keinen Anstoß daran, dass Messer und Gabel am Tisch angekettet waren!" [16]

Fast obligatorisch endet der jährliche Berliner Abiturientenbummel im „Strammen Hund". Der Dichter Fritz Oliven (Rideamus) reimt:

„Und wieder öffnet der Sohn den Mund:
‚Ach Mutter, ich war heut' im ‚Strammen Hund';
Da hab ich eine Prärieouster gegessen,
Das werd' ich mein Lebetag nicht vergessen!'
Und schaudernd hat er sich abgewandt,
Der Richtung zu, wo der Eimer stand." [17]

Eine alte Postkarte aus der Zeit um das Jahr 1900 trägt die Aufschrift „Gruß vom strammen Hund" und zeigt das Innere des Lokals. Der Student einer schlagenden Verbindung mit Pflaster auf dem noch nicht verheilten Wangenschmiss hat soeben die neun Stufen der „gefährlichsten", im unteren Teil nach links schwenkenden Treppe überwunden. Über den Raum verteilt sieht man zwei andere Farbentragende sowie vor ihnen mit „aechtem" oder einheimischem Bier gefüllten Gläsern vier Herren gesetzten Alters. Letztere sitzen am Stammtisch, über dem beschwörend das Wort „Burgfrieden" leuchtet. Der Wirt ist soeben dabei, eine Berliner Weiße einzufüllen. Eine andere bedienstete Person schöpft Suppe, die in der Ofenröhre warmgehalten wird, in den Teller. Ein weiterer Kellner bringt drei Glas Bier und Essbares für Gäste, die im Bild nicht erfasst sind.

Die Gaststätte „Zum strammen Hund" wird 1891 im Haus Friedrichstraße 114 eingerichtet. Dieses Gebäude bildet die Ecke zur Linienstraße, und von letzterer gelangt man durch eine wenig mehr als mannshohe Tür auf die Treppe des Kellerlokals. [18]

---

16 Franz Born, a. a. O., S. 86
17 Zit. n.: Walther Kiaulehn, Berlin. Schicksal einer Weltstadt, München und Berlin 1965, S. 478
18 Auf der Postkarte findet sich links oben die irreführende Reklame „Franz Hauschild Friedrichstr. 115." Die Nummer 115 ist das übernächste Haus nach den Adressen 114

Zu DDR-Zeiten heißt der Ort „Esterhazy-Keller" und setzt zumindest eine seiner alten Traditionen fort: die ungewöhnliche Geschäftszeit. Erst in den frühen Morgenstunden kann man hier einkehren, wovon das Personal anderer Gaststätten, aber auch Schauspieler, Tänzer sowie die technischen Mitarbeiter der Berliner Theater gern Gebrauch machen. Angeblich sind es dann durch Umbau nicht behebbare schlechte hygienische Bedingungen, die dazu führen, dass der Keller Anfang der siebziger Jahre geschlossen wird. (Er ist es bis heute). Vielleicht ist es aber auch die dort versammelte Szene, die höheren Orts Nervosität auslöst. Oder es ist der nur sieben bis acht unterirdische Meter entfernte U-Bahnschacht, der in beiden Richtungen nach Westberlin führt.

Für Studenten der medizinischen, der veterinärmedizinischen und der landwirtschaftlich-gärtnerischen Fakultät der Humboldt-Universität ist der nahegelegene Esterhazy-Keller wegen seiner Öffnungszeiten wenig attraktiv (es sei denn, man hat sich zur Aufbesserung des Stipendiums als Komparse ans Deutsche Theater verdingt und wird nach der Vorstellung vom professionellen Wallensteinsöldner-Darstellerkollegen zum Keller mitgeschleppt). Man sucht vielmehr die Bärenschänke auf, die sich in der Friedrichstraße gegenüber der Einmündung von Oranienburger und Linienstraße befindet oder das „116". Letzteres trägt die Hausnummer als Namen. Von diesem Eckhaus der Friedrichstraße zur Wilhelm-Pieck-Straße (vorher Elsässer Straße) hat der Krieg nur vier der ursprünglich sieben Fensterachsen verschont, wodurch Platz für einen kleinen heckenumgebenen Biergarten entstanden ist. Drinnen wie draußen geht es oft hoch her, wie dies für Studenten zu allen Zeiten üblich ist. Anfang der achtziger Jahre brennt der Dachstuhl des Hauses aus (s. S. 168); es folgt der Abriss. Ob politisch gewollt – wie vielfach vermutet - oder nicht, bleibt im Dunkeln. Jedenfalls hat das „116" während seiner letzten Existenzjahre in der Hannoverschen Straße ein streng bewachtes Gegenüber, übrigens mit wesentlich längerem Namen, die „Ständige Vertretung der Bundesrepublik Deutschland in der Deutschen Demokratischen Republik."

Aus dem Kreis der zahllosen Gaststätten, die es vor dem Ersten Weltkrieg im Berliner Studentenviertel gab, hat sich nur ein gutes Dutzend über die Weimarer Republik, die Zeit des Nationalsozialismus mit Zweitem Weltkrieg, die Nachkriegsjahre, die DDR-Zeit und die folgenden gut zwei Jahrzehnte erhalten. Die ältesten dieser Lokale gehen bis auf das ausgehende 19. Jahrhundert zurück. [19]

---

und 114a. Hauschild betreibt in der Nr. 115 eine Gastwirtschaft, ist aber offenbar auch am wirtschaftlichen Erfolg des „Strammen Hund" beteiligt.

19 *Viertel Ost:* BISTRO-CAFE „YOU´RE WELCOME", Großer Hamburger Str. 16. (Im gleichen Haus 1892-1910: Corps Normannia). Seit **1888**. ASADO, Krausnickstr. 1. (Kellerlokal, Ecke Oranienburger Str.). Seit **1891**. GAMBRINUS, Linienstr. 133. Seit **1895**. OSCAR WILDE (Vorher: „Pudel-Bar", „Heidelberger Krug"), Friedrichstr. 112a. Seit **1903**. BÖTZOW PRIVAT, Linienstraße 113 / 114, Artilleriestraße 2, heute

Neben den bereits genannten und vielen anderen gibt es damals die „Katakomben" und – in der Dorotheenstadt - das „Café New York", beides Stätten studentischen Übermuts:

„Die ‚Katakomben' in der Großen Hamburger Straße waren Tagungsort einer ‚Katakombia'. Der erste § ihrer Satzung lautete: ‚Die Mitglieder verpflichten sich, prinzipiell nur in Kellerlokalen zu verkehren'. Im einstigen ‚Café New York' kneipten Verbindungen, die sich Namen von Indianerstämmen zugelegt hatten. Ein Student warf den ‚Rothäuten' am Nebentisch zu, sie seien gar keine richtigen indianischen Pferdediebe. Einer der Angeulkten ging hinaus und erschien bald mit einem Schimmel im Lokal. Er hatte ihn – natürlich gegen Entgelt – einem Droschkenkutscher ausgespannt."[20]

Von der Gaststätte zum Tanzlokal bedarf es im Studentenviertel vielerorts nur weniger Schritte. Eines der Merkmale dieser zahlreichen Vergnügungsstätten ist, dass sie sich in der Regel auf dem Hof befinden. Um auf einen richtigen Berliner Hof zu gelangen, muss der Studiosus den typischen breiten Hausflur mit damals oft noch ausgetretenem, wenig festem Bohlenbelag aus alter Zeit passieren. Nach einigen Schritten erwarten ihn kahle, nüchterne Hinterhäuser. Immerhin ist das nur vom Himmel bedeckte Viereck so gut erleuchtet, dass auf dem

---

Linienstr. 113, Tucholskystr. 47. Gründerzeit-Rückbufett. Seit **1905**. KLÄRCHENS BALLHAUS, Auguststr. 24/25, im Hof. Zunächst „Bühlers Ballhaus". Der Inhaber fiel im Krieg und seine Frau Clara führte unter ihrem Vornamen weiter. Zwei Säle, darunter der original erhaltene Spiegelsaal. Eröffnet am 13. 9. **1913**. QUELL-ECK, Chausseestr. 12, Tieckstr. 41. Seit **1926**.
Viertel West: LUCKY STAR (Vorher: „Kleine Melodie"), Friedrichstr. 127. Bis ca.1920 Konditorei. Dann Tanzlokal, nun Gaststätte. Seit **1888**. VAPORETTO (Zuvor Albrechtseck), Albrechtstr. 12, nach alter Numerierung 9a. Seit **1893**. BALLHAUS BERLIN (Vorher: „Altdeutsches Ballhaus"), Chausseestr. 102. Zunächst Bürgerlokal „Zum Alten Baden" mit großem Kaffeegarten. 1911 „Schwantkes Festsäle", später „Chaussee-Palast". Seit **1895**. BRECHTS (Vorher: „Zum Trichter"),Schiffbauerdamm 6/7. Seit **1896**. BOESE BUBEN BAR, Marienstr. 18. **Seit 1907**. BÄRENSCHÄNKE, Friedrichstr. 124. Seit **1914**. (Im Jahre 2011 geschlossen). GANYMED; Schiffbauerd. 5. Seit **1931**.

20 Max Mechow, Berliner Studenten 1810 – 1914, Berlin 1975, S. 110

holprigen Pflaster die Müllkästen mit ihrer staubigen Umgebung erkennbar sind. Die Klänge der derben Tanzmusik sind laut genug, um durch die verhängten Saalfenster und dem mit einem erleuchteten Transparent geschmückten Eingang zu dringen.

Einen kleinen netten Saal hat das „Skala" am Oranienburger Tor. Weiß und hell hinterlässt er einen freundlichen, festlichen Eindruck – bei allem Zuviel an schlechtem Gips-Rokoko. Das „Walhalla" in der Elsässer Straße ist eigentlich ein Kaffeehaus, das seine Räume morgens um sechs Uhr den Armen, die nachts ihr Geld verdienen, öffnet und warme Getränke bietet. Hinten ist aber ein kleiner Saal, in dem einige Abende getanzt wird. Geschminkte und gepuderte „alte Mädchen" zeigen hier ihre derben Schultern. Die „Tonhalle" ist ein bekannter Tanzsaal im heute nicht mehr vorhandenen Haus Friedrichstraße 112, dient aber auch als Varieté und Theater. (Zwei solcher Etablissements, „Clärchens Ballhaus" in der August- und „Ballhaus Berlin" in der Chausseestraße haben sich übrigens bis heute erhalten – mit direktem Kontakt zur Straße, da die Vorderhäuser dem Krieg zum Opfer fielen).

Altes Ballhaus, Joachimstraße 20

Ein anderes, bei Studenten damals äußerst populäres Tanzlokal mit langer Tradition liegt in der zum Viertel West gehörenden Schumannstraße: Embergs Festsäle. Über das dortige Musikangebot schreibt der Schriftsteller Herbert Eulenberg:

„Man stieg in einen Keller, wo zum Klang einer mehr lauten als schönen Blechmusik gescherbelt wurde. Der Trompeter zeichnete sich durch eine besondere Klangstärke seines

Horns aus, die sich noch vermehrte, wenn ihm von den älteren Semestern ein Glas Bier gespendet wurde, das er dann zwischen zwei wütigen Fanfaren hinunterschmetterte, um hernach in einen der harmlosen Gassenhauer einzufallen, wie sie damals im Schwange waren. Wie in jenes ... Liedchen, das die ganze harmlose Unbekümmertheit und Vergnügtheit jener Tage wiedergibt: Ach du liebe Tante, du kannst lachen / Hast ja keine Ahnung in Polzin / Was sie hier mit mir für Zicken machen / In der schönen Kaiserstadt Berlin."[21]

Über das weibliche Publikum weiß ein anderer Beobachter des Berliner Nachtlebens folgendes zu berichten:

„Und die Mädchen, meist jüngere Zehn- und Zwanzig-Mark-Mädchen, kamen fast alle in einfachen Straßen- und Zimmerkleidern. Manche in hellen Blusen und nur wenige in Balltoilette. Trotzdem gingen in das Lokal viele Studenten, Künstler und andere junge, besser situierte Männer. Die Mädchen hatten hier eigene Methoden beim Tanzen. Sie warfen die Beine hoch, dass die Knie zu sehen waren. ... Besonders eine mit blassgebeiztem Haar, in dessen vollen hinteren Knoten eine große, schwarze Schleife steckte, reißt beim Tanz die Röcke hoch, sodass die Spitzen der Unterbeinkleider grell hervorleuchten. Und das jedesmal, wenn das Mädchen an einem Tisch mit berlinischen Elegants vorbeikommt."[22]

Um zwei Uhr schließen Emberg und die anderen Ballhäuser – kein Grund für Studenten, ihre Bude aufzusuchen, es sei denn, die Röcke wurden hinreichend anregend geschwenkt und man hat eine verständnisvolle, besser: taube Wirtin. Viele Studenten befinden sich nicht in dieser komfortablen Lage und vertrauen statt dessen auf ein kühles Bier im Strammen Hund, das ab vier Uhr bereitsteht. Der bis dahin anstehende Zeitvertreib kann beispielsweise darin bestehen, sich mit dem „akademischen Wurst-Maxe", einem Berliner Original, zu unterhalten. Es ist dies ein alter heruntergekommener ehemaliger Bruder Studio, der mit einer großen Blechbüchse vor dem Bauch und einem riesigen Einglas im Auge über die Friedrichstraße bummelt und seine meist anrüchigen Witze zum Besten gibt.

Im Jahre 1906 lässt Max Reinhardt das direkt neben seinem Deutschen Theater liegende Emberg als „Kammerspiele" ausbauen. Das Viertel ist um eine Theaterbühne reicher, und viele der hier wohnenden Akademiker empfinden in der Tat diese Neuerung bei aller Trauer um das alte Studentenlokal als Bereicherung. Zwar bieten die beiden Privattheater nicht die ermäßigten Preise des Königlichen Schauspielhauses und der Königlichen Oper. Dafür erlebt der jugendliche Enthusiast bei Reinhardt künstlerische Freuden von unerhörter Großartigkeit. Zusammen mit der sündhaften Leichtfertigkeit eines in der Pause genossenen Schinkenbrots mit einem Glas Münchner sind dies Wonnen, die das bescheidene Studentendasein außerhalb von Kneipstätte oder Restaurant vergolden

---

21   Aus: Johann Jakob Hässlin, Berlin, München 1971
22   Hans Ostwald, Das Berliner Dirnentum. Der Tanz und die Prostitution, Leipzig um 1905, S. 72-73

und Anlass zu begeisterten nächtlichen Briefen an die fernen Angehörigen geben.

Schon im Jahre 1850 wird das spätere Deutsche Theater als Friedrich-Wilhelm-Städtisches Theater mit rund 600 Plätzen eröffnet. Die Theatermacher verfolgen zunächst einen volkstümlich-unterhaltenden Anspruch. Am Dirigentenpult sitzt bei der Eröffnung Albert Lortzing, Schöpfer der deutschen komischen Oper; er wohnt fast nebenan in der Luisenstraße 15 und findet aber schon im Januar 1851 auf einem Friedhof am Rande des Studentenviertels seine letzte Ruhestätte.

Im Jahre 1883 übernimmt der Schriftsteller und Theaterkritiker Adolph L'Arronge die zwischen Kasernen, Studentenbuden und Budikerkellern eingekeilte Spielstätte, die jetzt Deutsches Theater heißt. Im Programm finden sich nun neben den beliebten volkstümlichen Stücken auch Klassiker. Otto Brahm bringt zwischen 1894 bis 1903 neben der Aufführung der Klassiker zur Genugtuung vieler jugendlich Intellektueller im Publikum auch zeitgenössische Stücke des Naturalismus auf die Bühne und setzt Autoren wie Gerhart Hauptmann, August Strindberg und Arthur Schnitzler durch. Ab 1905 übernimmt der schon 1895 als Schauspieler engagierte Max Reinhardt die Leitung des Hauses, das er 1906 auch erwirbt und – wie erwähnt – umbaut sowie erweitert. Dabei kommt es auch zur Umgestaltung der äußeren Fassade der beiden benachbarten Häuser nach klassischem Vorbild, die bis heute weitgehend unverändert geblieben ist. In den Kammerspielen soll die damalige dramatische Moderne zugänglich gemacht werden. Reinhardt führt beide Häuser bis 1932, und auch unter der Intendanz von Heinz Hilpert in der NS-Zeit sind es Bühnen der feinen Nuancen und der leisen Töne mit einem klassisch-humanistischen Programm. Bis heute gehört das Theater zu den führenden Spielstätten in Berlin.

Im heutigen Theater am Schiffbauerdamm – versteckt liegend auf billigem Hinterland und ursprünglich nur über eine acht Meter breite Sackgasse erreichbar - erleben die Berliner und ihre Studenten zu unterschiedlichen Zeiten ganz unterschiedlich geartete Aufführungen. Eröffnet wird es am 19. November 1892 als Neues Theater am Schiffbauerdamm 4-5 mit Goethes „Iphigenie auf Tauris." Auf dem Spielplan stehen zunächst neben zeittypischer Unterhaltungsliteratur auch Uraufführungen wie Gerhart Hauptmanns „Die Weber." Von 1903 bis 1906 steht das Haus unter der Direktion Max Reinhardts, der hier Shakespeares „Ein Sommernachtstraum" inszeniert. Zwischen 1906 und 1925 dient das Gebäude unter wechselnden Direktionen hauptsächlich als Unterhaltungs- und Operettentheater. Im Jahre 1912 nennt es sich Montis Operettentheater, ab 1916 Neues Operettenhaus und ab 1921 Neues Operettentheater. Eine neue Periode anspruchsvoller Schauspiele beginnt im Jahre 1925; Höhepunkt ist 1928 die Uraufführung der „Dreigroschenoper" von Bertolt Brecht und Kurt Weill. Ab 1931 heißt das Haus Deutsches Nationaltheater am Schiffbauerdamm. Seit 1954 ist hier die Spielstätte des 1949 von Helene Weigel und Bertolt Brecht gegründeten Berliner Ensembles.

Schiffbauerdamm-Theater (zurückgesetzt links) und Theater des Volkes (rechts). 1940

Kost ganz verschiedener Art wird dem Studenten direkt neben dem Berliner Ensemble geboten. Die ehemalige Markthalle dient zwischen 1873 und 1918 unter wiederholtem Umbau als Zirkus, zunächst unter Albert Salomonsky, danach unter den beiden Dynastien Renz (Hauptattraktion: die Schulreiterin Emilie Loisset setzt mit ihrem Springpferd über die mit Sektflaschen, Blumenbuketts und allen sonstigen Utensilien fertig gedeckte Tafel) und Schumann. Zwischendurch, von 1897 bis 1899, befindet sich dort das Riesen-Olympia-Theater. Nachdem Albert Schumann aufgeben muss, richtet sich hier 1919 das Große Schauspielhaus ein; zuvor verwandelt Hans Poelzig den Innenraum zur besseren Akustik in eine Art expressionistischer Tropfsteinhöhle. In der Nazizeit folgt die Umbenennung in Theater des Volkes. Ab 1949 bis zur Schließung im Jahre 1980 und dem nachfolgendem Abriss firmiert das Haus als Friedrichstadtpalast.

Eine weitere Bühne von größerer Bedeutung im Studentenviertel ist das Lessing-Theater an der Unterbaumstraße, jenseits von Charité und Stadtbahntrasse gelegen; das einzige, das in dieser Periode als freistehendes Theater errichtet wird (1888) und übrigens auch das einzige, das den neuen Standards für Brandsicherheit entspricht. Sein Schöpfer, der Kritiker und Bühnenschriftsteller Oskar Blumenthal, fühlt sich der Gegenwartsdramatik zutiefst verpflichtet. Der Naturalismus des Dargebotenen empört einen Teil des Publikums derart, dass in einer

Szene von Hauptmanns „Vor Sonnenaufgang," bei der eine Frau Geburtswehen bekommt, aus dem Parkett eine große Gebärzange auf die Bühne geworfen wird, was eine allgemeine, fraglos von den im Publikum vertretenen Studenten mitgetragene Schlägerei auslöst. [23]

Opfer von Krieg oder Abriss werden neben dem Lessing-Theater auch die folgenden, damals unter die niveauvolleren Bühnen einzureihenden Spielstätten: die Komische Oper an der Weidendammer Brücke, das Trianon-Theater in der Prinz-Friedrich-Karl-Straße (Geschwister-Scholl-Straße, am Stadtbahnbogen), das Neue Friedrich-Wilhelmstädtische Theater in der Chausseestraße (nicht zu verwechseln mit dem gleichnamigen Vorgänger des Deutschen Theaters in der Schumannstraße) und das Neue Operetten-Theater am Schiffbauerdamm.

Das Lessing-Theater, davor die Kronprinzenbrücke. Um 1905

Die Theatergeschichte im akademischen Viertel reicht zurück bis in die ausgehenden vierziger Jahre, als in Berlin die ersten Bühnen außerhalb der königlichen Hoftheater entstehen. Zu einer der neuen Attraktion mit großem Publikumszulauf werden bald die sogenannten Sommerbühnen, die sich in einigen Gartenlokalen etablieren. Unter den Wintertheatern ist damals eines der bekanntesten das Vorstädtische Theater am Weinbergsweg, unmittelbar am Rande des Studentenviertels. Gegründet wird das Etablissement im Oktober 1849 von Louis Gräbert, dem Intendanten, Impressario, Regisseur, Eigentümer und Gastwirt in einer Person. Später übernimmt Julie Gräbert (Mutter Gräberten) und führt in den fünfziger Jahren u. a. Lessings „Minna von Barnhelm" auf.

Die Studenten sind weniger an den Aufführungen in Vater Gräberts Volkstheater interessiert. Sie beobachten ein Publikum, das sehr mit dem Geschehen auf

---

23 Der Provokateur ist der weiter oben mehrfach zitierte Arzt und Journalist Dr. Kastan.

der Bühne mitgeht und dieses so leidenschaftlich wie lauthals kommentiert. Die Akademiker nutzen diese naive Freude am Spiel, um auf Kosten dieses vorstädtischen Publikums und der Darsteller – beiden fühlt man sich natürlich überlegen - ihren Schabernack zu treiben. Im Idealfall erreichen sie es, dass Gräbert in besonders krassen Fällen beschwichtigend vor den Vorhang tritt. Agathe Nalli-Rutenberg, oft mit Freundinnen an der Seite ihres studentischen Bruders und dessen Kommilitonen unterwegs, erinnert sich:

> „Einmal aber – es war wohl im Jahre 54 – nahm ein derartiges Einschreiten Vater Gräberts einen unvorhergesehen, drolligen Verlauf. Die jungen Leute, die sich wohl untereinander dazu verabredet hatten, stellten sich bei den humorvollen Ausdrücken des alten Gräbert plötzlich höchst beleidigt, sprangen in ihrem Zorn auf die Bühne und fesselten den alten Herrn. ... Dann zogen sie in die nahe Küche, raubten dort Quirle, Messer und Gabeln und Löffel, welche sie sich gleich Orden und Auszeichnungen in die Knopflöcher steckten. Dem Vater Gräbert wurde eine bunte Schürze umgebunden und dann der Musik der Befehl gegeben, eine Polonäse zu spielen. In feierlichem Aufzuge wurde hierauf der Besitzer des Theaters durch sein eigenes Lokal geführt." [24]

Auch eher „studienhalber" statt kunstbeflissen wird in den fünfziger Jahren eine Spielstätte ähnlichen Charakters, das Henningsche Theater, von Studenten frequentiert. Es liegt zehn Minuten Fußweg vom Oranienburger Tor entfernt am Rande des damals noch vorhandenen Maschinenbauviertels in der Chausseestraße 25-26, heute 30-31. Den Hauptteil des Publikums bilden hier Arbeiter und Soldaten. Der künstlerische Leiter Carli Callenbach kommt dem dort vorherrschenden Geschmack entgegen; es gibt Arbeitervorstellungen zu ermäßigten Preisen, Chöre von Handwerksvereinen, und die Sänger des Maschinenbauer-Vereins treten auf. Nach der Ära Callenbach findet sich hier zwischen 1859 und 1865 Meysels Sommertheater; danach zieht die Woltersdorff-Oper ein. Die siebziger Jahre sehen einen mehrfachen Wechsel der Pächter. Dennoch geht es mit dieser Spielstätte immer mehr bergab, bis 1883 Julius Fritzsche, bisher Leiter des Friedrich-Wilhelmstädtischen Theaters in der Schumannstraße, das Theater auf dem Grundstück der Gebrüder Henning pachtet. Mit Millöckers „Gasparone" (1884), dem „Zigeunerbaron" von Johann Strauß (1885) und anderen großen Erfolgen macht er das (Neue) Friedrich-Wilhelmstädtische Theater zur damals führenden Operettenbühne Berlins. [25]

Mit Fritzsche erwächst einem anderen Theaterbesitzer namens Großkopf in der Charlottenstraße erhebliche Konkurrenz. Er behilft sich zunächst mit dem Nachspielen der Erfolgsoperetten. Im Jahre 1888 kommt es nach Umbau und Namensänderung in Berliner Theater zum Profilwechsel. Aufgeführt werden nun auf sehr hohem Niveau Schillers „Demetrius" und im folgenden weitere Klassi-

---

24 Zit. n.: Paul Thiel, Lokal-Termin in Berlin, Berlin 1988, S. 167
25 Diese und die folgenden Informationen s. Ruth Freydank, Theater in Berlin, Berlin 1988, S. 267-302

ker. Das Berliner Theater in der Charlottenstraße ist übrigens das erste, das Abonnement-Vorstellungen einführt.

Damals ist viel Bewegung im Theatergeschehen Berlins und seines Studentenviertels. Auslöser ist die neue preußische Gewerbe-Ordnung vom 21. Juni 1869. Nun gelangen auch Gastwirte in den Besitz von Konzession. Es kommt zu zahllosen, im Detail kaum noch nachvollziehbaren Theatergründungen und –pleiten. Die Mehrzahl dieser Bühnen entsteht durch den Umbau von Sälen oder älteren konkursgegangen Spielstätten, nicht selten aber auch einfach durch Namensänderung. Immer häufiger berichten ältere Semester den staunenden Neuimmatrikulierten von künstlerischen und sonstigen Erlebnissen an Spielstätten, die es inzwischen – zumindest unter dem alten Namen und dem damaligen Pächter – nicht mehr gibt.

Das Friedrich-Wilhelmstädtische Theater in der Chausseestraße

Eine Gründung aus dem Jahr der neuen Gewerbeordnung ist im akademischen Viertel das Norddeutsche Theater in der Brunnenstraße, das drei Jahre, bis 1872 existiert. Aus dem gleichen Gründungsjahr stammt das Deutsche Volkstheater in der Gartenstraße 12-13, das bald Voigtländisches Opernhaus heisst und ab 1872 für zwei Jahre als Thalia-Theater weitergeführt wird.

Nach dem Tod von Mutter Gräbert gerät auch das Vorstädtische Theater unter schnell wechselnde Direktionen, die den Ruf der Bühne bald abwirtschaften. Im Jahre 1878 in Germania-Theater umbenannt, wird es 1882 zugunsten von Mietshäusern abgerissen. In unmittelbarer Nachbarschaft der Gräbertschen Bühne, auf den Grundstück Weinbergsweg 18, entsteht im Jahre 1870 das National-Theater, das 1883 abbrennt. Weniger Jahre später findet sich an gleicher Stelle das Neue Walhalla-Theater. Nur einige Schritte entfernt, in der Lothringer Straße 37 nahe dem Rosenthaler Platz, befindet sich das Casino-Theater, das zwischen 1887 und 1933 besteht.

Obwohl die vielfältige und ständig wechselnde Theaterkost zur Übersättigung neigt, wird dem Studierenden im Viertel ein weiterer Leckerbissen – wenn er auch nicht nach jedermanns Geschmack – geboten. Dieses Angebot konzentriert sich derart auf die Gegend, dass man das Studentenviertel (jedenfalls das Viertel Ost) in jenen Jahren mit hoher Berechtigung auch als Tingel-Tangel-Viertel bezeichnen kann.

Das Tingel-Tangel erwächst dem sogenannten Spezialitäten-Theater der siebziger und achtziger Jahre. Das sind Familien- und Volksvarietés, eine Kombination von Restaurationsbetrieb und Unterhaltung in der volkstümlichen Tradition der Gartenlokale im Norden und Osten der Stadt. Das Publikum ist buntgemischt, meist aus den unteren Volksschichten. Die Eintrittspreise sind für die Besucher - Arbeiter, Angestellte und kleine Gewerbetreibende –erschwinglich. Zu den Künstlern besteht meist ein enger Kontakt. Man sitzt in Sälen mit einer Bühneneinrichtung bei Bier und Tabak, während auf der Bühne Akrobaten, Chansonetten, dressierte Tiere, Seiltänzer oder Zauberkünstler auftreten. Die Bedienung besorgt ausschließlich männliches Personal.

Anders in den Gegenden, wo die Tingel-Tangel zu Hause sind. In diesen „Kellnerinnen"-Varietés herrscht Damenbedienung. Und hier wohnen die Studenten, hier gibt es viele Kasernen. Der Studiosus und der Soldat bildeten denn auch den wichtigsten Teil des Publikums im „Chansonettenviertel am Oranienburger Tor". Es reicht von der Karlstraße, östlich von Zirkus Renz und Embergs Tanzsalon, bis zur Invalidenstraße im Norden und zur Joachimstraße mit dem „Alten Ballhaus" im Osten.

Der Charakter dieser Etablissements ist dabei oft fließend und schwankt zwischen reinem Animierlokal, Tingel-Tangel, Volksvarieté, Theater und Ballhaus. Im künstlerischen Niveau bewegt sich die Skala dieses Genres zwischen dem Vornehmsten, dem Wintergarten des Central-Hotels in der Dorotheenstraße, der sich mit seinen internationalen Stars und Besuchern aus aller Herren Länder weltstädtisch gibt und der großen Zahl kleiner und kleinster Bühnen von oft zweifelhaftem Charakter. Josef von Sternbergs Film „Der blaue Engel" mit Emil

Jannings und Marlene Dietrich zeigt ein Tingel-Tangel, das sich unweit des unteren Randes dieser Skala befindet.

Die merkwürdige Bezeichnung dieser Kunst- und Unterhaltungsgattung soll folgendermaßen entstanden sein: In einem Unternehmen, das „Triangel" heißt, wird der Berliner Komiker Tangel für ein Programm engagiert. Er soll sich auf der Bühne mit einem Triangel produzieren. Durch Wortverdrehungen entsteht aus „Triangel" und „Tangel" der neue Name „Tingel-Tangel."

Die Behörden stehen dem Tingel-Tangel äußerst reserviert gegenüber. Die folgende Definition eines Tingel-Tangel ist dem Bericht des Polizeipräsidenten vom 25. Juli 1903 entnommen. Mit aller Sorgfalt werden hier die einzelnen Merkmale dieser Etablissements aufgezählt:

> „Ein Tingel-Tangel (Café chantand) ... ist eine Singspielhalle, in welcher die ganze Betriebsführung, einschließlich der Art, wie die Aufführungen veranstaltet werden, darauf abzielt, durch sinnliche Anreizung der Gäste und Ausbeutung ihres Leichtsinns, insbesondere vermittels ‚Animierens' dem Wirt eine möglichst hohe Einnahme aus dem Consum von Getränken zu verschaffen. ... 1. Das Auftreten weiblicher Personen in einem Kostüm auf einem Podium oder einer Bühne. 2. Vorträge, welche durch Worte, Vortragsart oder Gebärden schlüpfrig oder zweideutig wirken. 3. Zur Schau-Sitzen der auftretenden weiblichen Personen auf dem Podium bzw. der Bühne oder Aufenthalt dieser Person im Zuschauerraum und Verkehr derselben mit Gästen. 4. Bedienung der Gäste durch Kellnerinnen und Animieren der Gäste durch diese, eventuell auch durch die Sängerinnen. 5. Kein Familienpublikum, sondern meist jüngere Männer allein oder mit ihren Verhältnissen. 6. Zwang der Kellnerinnen oder Darstellerinnen, nur teure Getränke wie Wein, echte Biere, Bowle pp anzunehmen. 7. Gewährung von Prozenten an die Kellnerinnen, evtl. auch Sängerinnen für die von ihnen verabfolgten bzw. genossenen Getränke. 8. Mißverhältnis zwischen dem Wert und Preis der verschänkten Getränke und den dafür geforderten Preisen."[26]

Ganz im Sinne dieser Charakterisierung macht sich Wachtmeister Minzel vom Polizeirevier Tieckstraße schon zehn Jahre vorher eine Prioritätenliste von Lokalen auf die er besonders achte will. In seinem Bericht vom 25. September 1893 nennt er: „Wiener Café von Lange, Elsasser 37, Lokal von Wendel, Elsasser 32 – in beiden wird auf Kunstschein (gemeint ist offenbar: Scheinkunst – H. Z.) getingelt - das Tingel-Tangel von Hildebrand, Els. 37 und das Junggesellenheim von Thiel, Elsasser 37."[27]

In der Tat ist das Geschäftsgebaren in diesen Lokalitäten an Plumpheit und Direktheit kaum zu überbieten. Das aber ist es wohl gerade, was einen Heinrich Zille immer wieder animiert, hier zu zeichnen. Der Sitten- und Sozialschriftsteller Hans Ostwald begleitet ihn auf einer dieser Touren:

---

26   Brandenburgisches Landeshauptarchiv, Pr. Br. Rep. 30 Bln. C Polizeipräsidium Titel 74, Th Nr. 1466, Bl. 52. Zit. n.: Angelika Ret, Tingel-Tangel und Volksvarieté. In: Ruth Freydank (Hrsg.), Theater als Geschäft, Berlin 1995, S. 41-42
27   Ebenda, S.44

Walzertraum in der Elsässer Straße. Heinrich Zille

„Wir gingen also nach'm Oranienburger Tor zum Café Boulevard – wo gleich vorn rechts die ‚Fleichbank' war – wo die Sängerinnen in ihren balettartigen, bunten Kostümen oder in losen, hemdartigen Hängern Schau saßen. Dann gingen wir in das Elsässer Schloss an der Novalisstraße, wo die Bühne in der Ecke bei den Schaufenstern eingebaut war – wo die Mädchen schon seit Jahren den ‚Wa-al-zertraum' sangen und ‚Ich lass' mich nicht verführen!'" [28]

Sicher sind die Gesangseinlagen nicht immer die originellsten und wohlklingendsten, auch das allgemeine Niveau der Artistik leidet unter so mancher Darbietung in der Elsässer. Und was das damals gängige Chanson verspricht: „Im Tingel-Tangel, im Tingel-Tangel / Dreht man den Spießer durch die Mangel ..." dürfte kaum darauf schließen lassen, dass dort Texte revolutionären Inhalts vorgetragen werden. Aber den Studenten und Soldaten gefällt es, und da der einzel-

---

28 Gerhard Flügge, 'ne dufte Stadt ist mein Berlin, Berlin 1979, S. 30

ne Vertreter beider Besuchergruppen die Gegend jeweils nur für kurze Zeit bewohnt, ist für Nachschub in rascher Folge gesorgt. Unbegründet ist daher die Sorge der Berliner Zeitung vom 9. August 1893: „Nahezu Haus an Haus befindet sich in der Elsasser Straße ... ein Tingel-Tangel oder eine geräuschvolle musikalische Kneipe. Wo liegt hier das Bedürfnis vor"?[29] Das Geschäft blüht in der Chansonettenecke am Oranienburger Tor. Das Nebeneinander vieler Lokale fördert sogar den Zustrom der Gäste im Sinne gegenseitiger Reklame und trägt dazu bei, dass der Siegeszug des Tingel-Tangel bis um die Jahrhundertwende anhält.

Wer ein Tingel-Tangel besuchen will, darf sich nicht von den Gattungsnamen täuschen lassen unter denen diese Etablissements auftreten. Sie heißen Varieté, Theater, Ballhaus oder auch nur Café. „Echte" Theater haben es in dieser Gegend daher schwer, als solche akzeptiert zu werden und ihren Ruf zu wahren. Dies umso mehr, als einige von ihnen selbst zeitweilig von ihrem selbstgestellten Anspruch abweichen.

Ein derartiger bunter Wechsel zwischen Theater, Varieté und Tingel-Tangel findet über die Zeiten hinweg beispielsweise im Hinterhof Linienstraße 132 statt, der auch über den Zugang Elsässer Straße 43 (alte Numerierung) zu erreichen ist. Das Etablissement heißt zwischen 1893 und 1912 Scala, Folies Caprice, Hellas, Eldorado oder Steidl und bietet zeitweilig ansprechendes Theater, zeitweilig vergleichsweise anspruchslose Unterhaltung. Das Hofgebäude, in dem sich der Saal befindet, fällt den Bomben des Zweiten Weltkriegs zum Opfer. Ein letzter Rest der alten Pracht findet sich im Vorderhaus Linienstraße in Form einer Marmortreppe – die ins Nichts führt.

Keinen Zweifel am Charakter seiner Unternehmungen lässt Ernst Hildebrand aufkommen. Er ist Direktor des Varieté Boulevard in der Elsässer Straße 37 und eröffnet am 27 Januar 1898 in der Friedrichstraße 122/123 ein weiteres Tingel-Tangel fast gleichen Namens: Varieté du Boulevard. Nach seinem Tod im gleichen Jahr übernimmt die Witwe das Geschäft. Das „Varieté" in der Friedrichstraße besteht aus zwei Sälen im Erdgeschoss des Vorderhauses und des anschließenden Seitenflügels, die 404 bzw. 270 Personen fassen. Die dort zum Leichtsinn Animierten müssen nicht zuletzt die jährlich 22.700 Mark Miete erbringen, die der Eigentümer des Hauses, der Maurer- und Zimmermeister Eduard Noack, verlangt. Dafür gibt es eine Menge zu sehen.

> „Gerade das Boulevard der Mutter Hildebrand war berühmt durch die Anzahl der Zentner, die sich jeden Abend auf seiner Bühne zu versammeln pflegten. Aus diesem Zusammenhang heraus hieß wohl auch ein benachbartes Tingeltangel ‚Der Kuhstall'".[30]

---

29   Zit. n.: Angelika Ret, a. a. O., S. 43-44
30   Berliner Tageblatt vom 27. April 1926. Zit. n.: Angelika Ret, a. a. O., S. 43

Im Jahre 1904 muss Frau Hildebrand die Konzession an einen neuen Mieter namens Gehrke abgeben, weil das Unternehmen in Verruf geraten ist. Während die bisherige Inhaberin in der Münzstraße 17 ein neues Lokal namens Hildebrand eröffnet, läuft das „Neue" Boulevard zunächst weiter. Später nutzt man die Räume zur Schaustellung von Personen und Abnormitäten. Heute sind die beiden Säle nach vielfachen Umbauten des Hauses nur noch zu erahnen.

Tingel-Tangel, die leichte Kost für arme Junggesellen, finden sich nicht nur im Norden des alten Berlin, sondern auch im Osten (Friedrichshain) und in der südöstlich gelegenen Luisenstadt. Aber nirgendwo häufen sie sich derart wie am Oranienburger Tor – wegen der Konzentration der akademischen Jugend, wegen der hier stationierten Soldaten, aber auch weil der Amüsierwillige, der nach Berlin kommt, zuerst die – in diesem Falle nördliche – Friedrichstraße aufsucht. Eine Auszählung aller Tingel-Tangel, kleinen Varietés und Festsäle aus dem Jahre 1905 kommt für Berlin auf insgesamt 63 derartige Etablissements. Fast die Hälfte, nämlich 29 von ihnen befinden sich im Studentenviertel, von denen wiederum zwölf keinen oder weniger als eine Mark Eintritt verlangen. Außerhalb des akademischen Viertels sticht die Landsberger Allee im Friedrichshain mit fünf und die Kommandantenstraße in der Luisenstadt mit vier derartigen Vergnügungsstätten hervor.

Varieté Neuer Boulevard, Friedrichstraße 122-123

Im Studentenviertel steht die Elsässer Straße mit sieben Lokalen an der Spitze. Es folgen die Friedrichstraße mit fünf und die Chausseestraße mit drei Bühnen. Straßen mit zwei Etablissements sind die Brunnenstraße, die Münzstraße am Rand des Viertels und die Straße Spandauer Brücke, dicht am Hackeschen Markt.

Die Stätten derben und schlüpfrigen Vergnügens heißen - neben den bereits genannten - „Germania-Prachtsäle", „L. Bou's Varieté", „Varieté Westend"(?), „Tonhalle", „Renz-Tunnel", „Walhalla Varieté", „Skarbina", „Friedrichsgarten", „Academy(!) of Music", „Gebirgshallen", „Varieté du Nord", Wolter's Ballsäle", Schwalbennest", „Borussia-Varieté", „Noack's Theater", „Con-Varieté", „Apollo-Varieté", „Ball-Lokal", „Altes Ballhaus", „Singspielhalle", „Deutsche Concerthallen" und in einem besonders originellen Falle: „Tingel-Tangel".[31]

---

31 Angelika Ret, a. a. O., Fußnote 6

6. Höhepunkt und Niedergang des Berliner Quartier latin

Seinen Höhepunkt erreicht das Berliner Quartier latin in der Zeit, die unmittelbar vor dem Ersten Weltkrieg beginnt und mit dem Machtantritt der Nationalsozialisten im Jahre 1933 endet.

Es ist dies ein Zeitraum, in dem die Berliner Universität ihrem schon in den Jahrzehnten davor erlangten internationalen Ruhm nochmals strahlende Glanzlichter aufsetzen kann. Zwölf der 29 Nobelpreise, die insgesamt zwischen 1901 und 1956 an Forscher dieser Hochschule vergeben werden, fallen in diese Periode. Für bahnbrechende wissenschaftliche Leistungen auf dem Gebiet der Physik werden ausgezeichnet: Wilhelm Wien (1911), Max von der Laue (1914), Max Planck (1918), Albert Einstein (1921), Gustav Hertz (1925), Werner Heisenberg (1932) und Erwin Schrödinger (1933). Den Nobelpreis für Chemie erhalten Richard Willstätter (1915), Fritz Haber (1918) und Walther Nernst (1920), denjenigen für Medizin Albrecht Kessel (1910) und Otto Warburg (1931).

Aber auch für den Status der Studenten innerhalb und außerhalb der Universität beginnt ein neuer Abschnitt. Während der revolutionären Auseinandersetzungen 1918/19 ist das Universitätsgebäude zeitweilig vom Militär besetzt; es kommt dort zu handfesten Auseinandersetzungen mit linken Studenten. Berliner Studentenkompanien kämpfen gegen Spartakusaufständische (und in München gegen die Räterepublik). Während des Kapp-Putsches 1920 tragen studentische Formationen zum Schutz der nach Stuttgart geflohenen Regierung bei.

Im Unterschied zur Zeit nach der Märzrevolution 1848 bleibt die Politik nunmehr ständiger Bestandteil des universitären Lebens. Die preußische Verordnung über die Bildung von Studentenschaften vom 18. September 1920 überträgt den Studierenden die Teilnahme an der akademischen Selbstverwaltung, die Pflege von Kultur und Sport sowie die soziale und wirtschaftliche Selbsthilfe. Dazu wählen die Akademiker ihre Vertretung, den Allgemeinen Studentenausschuss (AStA). Bei diesen Wahlen treten sowohl die traditionellen Kräfte als auch studentische Ableger politischer Parteien bzw. neu gebildeter Interessengruppen an. Schon Ende der zwanziger Jahre gehört der Nationalsozialistische Deutsche Studentenbund (NSDStB) zusammen mit den im Allgemeinen Deutschen Waffenring zusammengeschlossenen schlagenden Verbindungen und den in der Finkenschaft vereinten Nichtkorporierten zu den führenden Kräften der Studentenvertretung. Weitaus weniger Stimmen erhalten Formationen wie die Deutsche Gruppe, die Fraktion der Studentinnen, der Ring nationaler Studentinnen, die Studentische Mittelgruppe und die Revolutionären Sozialisten.

Die soziale und wirtschaftliche Selbsthilfe wird bald aus der eigentlichen studentischen Selbstverwaltung herausgelöst und rechtlich selbstständigen Hilfsvereinen, dem mit dem AStA zusammenwirkenden Studentenwerk übertragen. Letzteres nimmt seinen Sitz dort, wo sich ein beachtlicher Teil der Berliner Studentenschaft räumlich konzentriert, im akademischen Viertel. Dessen Profil erhält damit eine weitere Facette.

Deutscher Studententag in Berlin. 1925

Diese Veränderungen finden vor dem Hintergrund statt, dass der gute Ruf der Berliner Alma Mater mehr denn je Studierwillige aus aller Welt anzieht. Gegenüber dem Wintersemester 1909/10 mit rund 7.900 eingeschriebenen Personen, werden im Studienhalbjahr 1929/30 fast 15.150 Immatrikulierte gezählt, und selbst am Tiefpunkt der Weltwirtschaftskrise, im Wintersemester 1932/33 sind es immer noch mehr als 12.500 Studenten, unter ihnen 1.950 Ausländer und fast 2.900 Frauen. Letztere stellen mit nunmehr 23 Prozent - gegenüber den damals 8½ Prozent (1909/10) – fast ein Viertel aller Studierenden und repräsentieren inzwischen, wie ihre männlichen Kommilitonen, alle sozialen Abstufungen. Die folgende Romanfigur aus dem Jahre 1928, die Studentin der Kunstgeschichte Helene Grätz, ist gewiss kein Einzelfall:

> „Ihren Unterhalt erwirbt sie als Turnlehrerin für Kinder in Privathäusern, so viel nämlich, dass sie ihre Dachkammer bezahlen kann und nicht verhungern muss. Sie steht völlig allein in der Welt. Sie hat keinerlei Anhang, es ist als sei sie von keiner Mutter geboren worden, so allein ist sie. Sie hat eine zierliche Gestalt, ist dünn wie ein Faden, man denkt, die Natur habe ihr aus Mildherzigkeit dieses Nichts von einem Körper gegeben, um es ihr zu ermöglichen, mit dem Mindesten von Nahrung so zäh, so energisch, so arbeitsam zu sein, wie sie

ist. ... Seit drei Wochen hat sie alle Stunden verloren, sie ist von einem Omnibus gestürzt und hat sich eine schmerzhafte Verstauchung des Knöchels zugezogen, die noch Monate zur Ausheilung brauchen wird. Die Dachstube ist ihr gekündigt worden, am ersten Juni wird sie obdachlos sein." [1]

Durch die gestiegene Gesamtzahl der Studierenden erhalten Bestrebungen, im Quartier latin unterzukommen, neue, starke Impulse. Obwohl seit 1918 keine Semesterberichte mehr veröffentlicht werden, die die studentischen Wohnsitze ausweisen, besteht kein Zweifel, dass sich bei einer gegenüber 1909/10 gestiegenen Gesamtzahl aller Studierenden um 92 Prozent (1929/30) bzw. 59 Prozent (1932/33) die Nachfrage nach Unterkünften im Viertel deutlich belebt haben muss (erst recht unter Berücksichtigung der Quartiersuchenden aus den drei anderen Hochschulen). Zum Höhepunkt des Studienbetriebs Ende der zwanziger und Anfang der dreißiger Jahre dürften im Berliner Quartier latin an die 3.000 Studierende aller vier Hochschulen wohnen.

Nach dem Viertel West platzt nunmehr wohl auch das Viertel Ost aus allen Nähten. Gleichzeitig sorgen freilich Krieg und Nachkriegsinflation für zusätzliche Angebote von Mietraum. Familien, die früher nie daran gedacht haben, Zimmer ihrer Wohnung abzugeben, sehen sich gezwungen umzudenken. Der Ernährer ist im Krieg geblieben, und die Ersparnisse sind der großen Geldentwertung zum Opfer gefallen.

Zug der Studenten zur neuen Aula anlässlich einer Rektoratsübergabe. Um 1930

---

1   Jabob Wassermann, Etzel Andergast, Berlin 1931, S. 482

Auch bei den Studierenden erhöht die allgemeine Verarmung den wirtschaftlichen Druck in einem bisher unbekannten Ausmaß, besonders bei jenen rund 64 Prozent aller jungen Akademiker, deren Eltern mittelständische Gewerbetreibende, Lehrer, Künstler, untere Beamte, Angestellte oder gar Arbeiter sind, die ihre Kinder nun nicht mehr unterstützen können. Gegenüber der Zeit vor dem Ersten Weltkrieg verschlechtert sich das Verhältnis zwischen Lebenshaltungskosten und studentischen Einkommen derart, „ ... dass die Kosten der Lebenshaltung gegenüber dem Stand von 1914 im Oktober 1922 nahezu viermal, im Mai 1923 fünfmal, im Juli 1923 neunmal und im Oktober 1923 zwölfmal so hoch gestiegen waren wie die Durchschnittseinkommen der Studenten." Vor dem Krieg hat ein Student ca. 75% des Einkommens eines gleichaltrigen ungelernten Arbeiters, 1922/23 nur ein Fünftel bis ein Viertel. [2]

Nach einer relativen Entspannung während der zweiten Hälfte der zwanziger Jahre erleidet die wirtschaftliche Situation der Studierenden vom Wintersemester 1929/30 an einen neuerlichen, tiefen Einbruch. Das vom Akademischen Auskunftsamt herausgegebene Studentenhandbuch weist für 1930/31 als monatliches Existenzminimum eines nicht im Elternhaus wohnenden Studenten mit „bescheiden bürgerlichen Ansprüchen" 135 bis 150 Rentenmark aus; im einzelnen (jeweils Mindestbetrag): Wohnung einschl. Bedienung, Beleuchtung, Heizung 40 RM, Mittagessen 30 RM, Sonstige Ernährung 30 RM, Wäsche und Körperpflege 10 RM, Fahrten 5 RM, Kleidung (ohne Neuanschaffungen) 10 RM, Verschiedenes 10 RM.

Hinzu kommen die Studienkosten, nämlich eine Immatrikulationsgebühr in Höhe von 25 RM, darüber hinaus pro Jahr: Allgemeine Gebühren (Akademische Krankenkasse, Universitätsbibliothek, Institut für Leibesübungen) 36 RM, Studiengebühr 140 RM (Theologen 120 RM), Ersatzgelder (ehemals Praktikantenbeiträge) 70 RM, Honorare für Vorlesungen und Übungen mindestens 90 RM. Außerdem fallen jährlich an: Bücheranschaffung mindestens 100 RM, Materialverbrauch bei Chemikern zwischen 120 und 300 RM, Instrumente, Material und Wäsche eines Zahnmediziners 250 RM. [3]

Selbst ohne die beiden zuletzt genannten Positionen und ohne die einmalige Immatrikulationsgebühr muss der Student jährlich an Studienkosten rund 340 RM aufbringen, die sich zusammen mit dem Aufwand für die Lebenshaltung in Höhe von 1.800 RM auf insgesamt 2.140 RM, rund 2.200 RM summieren.

Vor diesem Hintergrund bekommt das Berliner Studentenviertel diese neue, zusätzliche Funktion: Es wird zum Zentrum der sozialen Beratung und Betreuung der jungen Akademiker. Die Gegend ist von allen Berliner Studenten gut zu

---

2 Ludwig Elm u.a., Füxe, Burschen, Alte Herren, Köln 1993, S. 94-95
3 Akademisches Auskunftsamt, Das Studentenhandbuch 1930/31, Berlin o. J., S. 18-22

erreichen, zumal seit dem 30. Januar 1923 vom Halleschen Tor im Süden unter der Friedrichstraße bis zur Höhe Stettiner Bahnhof in der Chausseestraße eine U-Bahn verkehrt.

Die wichtigste Adresse für Hilfe und Rat suchende Studenten lautet Johannisstraße 1. Dies ist der nördliche Seitenflügel der ehemaligen Kaserne des 1. und 2. Bataillons des II. Garde-Regiments zu Fuß in der Friedrichstraße 103-107, erbaut unter König Friedrich II im Jahre 1764 durch J. Boumann d. Ä. Im Volksmund heißt das Regiment die „Schimmelklopfer", was auf den Zustand des Gebäudes hinweist. Das Viereck der Kaserne nimmt die gesamte Fläche zwischen Friedrich-, Ziegel-, Kalkscheunen- und Johannisstraße ein. Heute steht dort der touristische Anziehungspunkt Friedrichstadt-Palast.

Kaserne des II. Garderegiments zu Fuß, Friedrich- Ecke Ziegelstraße. 1888

Die Kaserne wird nach dem Ersten Weltkrieg im Ergebnis des Versailler Vertrags aufgegeben. Mehrere Finanzämter und viele zumeist beamtete Einzelmieter ziehen ein, schließlich auch, im Jahre 1926, das Studentenwerk e. V. In letzterem sind die an den Berliner Hochschulen nach dem Krieg zur Abwehr der finanziellen Not der Studierenden errichteten Wirtschaftsämter zusammengeschlossen. Die Anlaufstelle bietet für akademische Nutzer eine Schreibmaschinenstube, die Druckerei Studentendruck Berlin, sogar eine Herrenmaßschneiderei, die Akademische Erwerbsvermittlung, das Akademische Wohnungsamt und

– schon seit 1921 - eine große Mensa. Das Angebot letzterer widerspiegelt die Not der Zeit. Noch viele Jahre später kommen Erich Kästners „Fabian" gelegentlich gewaltsam süße Erinnerungen:

> „Er nahm einen Schluck Kaffee und fuhr zusammen. Das Zeug schmeckte nach Zucker. Seitdem er, zehn Jahre war das her, in der Mensa am Oranienburger Tor dreimal wöchentlich Nudeln mit Sacharin hinuntergewürgt hatte, verabscheute er Süßes." [4]

Weitere Speiseanstalten für Studierende befinden sich in Gebäuden der vier Hochschulen selbst, in der Borsigstraße 5 und in einem zum Berliner Schloss gehörenden Raum namens Eishof; über Erfrischungsräume verfügen außerdem das Universitätsgebäude und die Charite.

Hospiz des Nordens, Borsigstraße 5

Ein Problem, das alle anderen überschattet, ist die Unterbringung der Studierenden. Neben den bereits genannten Unterkünften Domkandidatenstift und Johan-

---

4   Erich Kästner, Fabian, Frankfurt a. M., Berlin 1961, S. 7

neum, neben drei oder vier außerhalb des Viertels liegenden Gemeinschaftsstätten wird im Jahre 1921 auf Initiative des seit 1914 bestehenden Deutschen Studentendienst e.v. nördlich der Elsässer Straße, in der Borsigstraße 5 ein Wohnheim eingerichtet. Eigentümer ist die Deutsch-Christliche Studentenvereinigung e. V. Das Haus befindet sich direkt neben dem im Jahre 1900 eingeweihten Neubau der Golgatha-Kirche, an einem Ort, der seit 1880 eine Erziehungsanstalt und unter der Bezeichnung „Marienheim" eine Unterkunft für junge Mädchen beherbergt. Nunmehr trägt das Haus den Namen „Hospiz des Nordens"; die Aufschrift ist noch heute mit einiger Mühe zu erkennen. Das Gebäude mit seinen zwei voluminösen Seitenflügeln hat einen gemeinsamen Hof mit dem Grundstück Tieckstraße 17, wo sich neben dem Golgatha-Gemeindehaus von 1923 bis zu seinem Umzug im Jahre 1926 das Studentenwerk und übrigens auch eine Europäische Studentenhilfe des Christlichen Studentenweltbundes befinden. [5]

Seit 1931 gibt es im akademischen Viertel ein weiteres Wohnheim. Das Studentenwerk erwirbt in der Oranienburger Straße 18 das Gebäude der „Ressource zur Unterhaltung." Die Berliner „Ressourcen" gehen historisch auf Bestrebungen des selbstbewusst gewordenen Bürgertums zurück, eigene Zirkel der Geselligkeit zu schaffen, die sich sowohl von den unzugänglichen Klubs der Adligen bei Hofe als auch von den Vergnügungen der niederen Schichten absetzen. Der Ressource in der Oranienburger Straße gehören solche bekannten Männer wie der Chirurg Carl Ferdinand von Graefe, der Kattundruckereibesitzer Martin August Ferdinand Dannenberg oder der ehemalige Kommandant der Bürgerwehr in der Märzrevolution Otto Rimpler an. Die Ressource errichtet 1842 auf ihrem Grundstück ein neues Gebäude und fügt diesem im Jahre 1878 ein großes Gartenhaus an. Zum Verkauf muss man sich entschließen, nachdem die Nachkriegsinflation die Reserven des Vereins weitgehend aufgezehrt hat. [6] Über die Bettenzahl in diesem neuen Studentenheim finden sich keine Angaben; sie dürfte indes im höheren zweistelligen Bereich liegen.

Die Heime sind bei den Studenten beliebt. Selbst Einzelzimmer kosten im Hospiz des Nordens, das insgesamt 150 Betten bietet, 42 bis 45 RM. Auch die für evangelische Theologen und für Altphilologen im Johanneum verfügbaren Zimmer, deren Zahl sich gegenüber der Vorkriegszeit auf 22 erhöht hat, sind für 40 RM zu haben. Aber derartige Gelegenheiten sind ein Tropfen auf dem heißen

---

5   Zu DDR-Zeiten nannte sich das Hospiz des Nordens „Sprachenkonvikt" und war eine Ausbildungsstätte der evangelischen Kirche, an der außerhalb der Universität ein Theologiestudium absolviert werden konnte. Heute ist das „Theologische Konvikt Berlin" ein Studentenwohnheim in Trägerschaft der Evangelischen Kirche Berlin-Brandenburg-Schlesische Oberlausitz.
6   Vgl. Laurenz Demps, Die Oranienburger Straße, Berlin 1998, S. 94 ff

Stein. Bei deutlich unter zehn Prozent verbleibt der Anteil solcher Viertelbewohner, die ihren Platz in Gemeinschaftsunterkünften finden. Da auch bei preiswerten privaten Zimmern ein Mangel besteht, sind Schlafgelegenheiten als Zweitbewohner im Aufstellbett oder zeitweilig sogar in der Badewanne keine Seltenheit.

Zur Auffüllung der kargen finanziellen Situation vieler junger Akademiker vermitteln Studentenwerk und AStA Möglichkeiten zum Erwerb von Nebeneinkünften. Studenten geben Schülern Nachhilfeunterricht in Sprachen, oder sie übersetzen Presseerzeugnisse. Sie übernehmen die sprachkundige Betreuung von Ausländern auf Stadtrundfahrten, sind sich aber auch nicht zu schade, als Gepäckträger auf Fernbahnhöfen und als Taxifahrer zu arbeiten. Vor Festtagen kann man auf Paketpostämtern aushelfen.

Mittagsfreitische für leistungsstarke Studenten – die Portion kostet 15 Pfennige – werden hauptsächlich für die Hochschul-Mensa oder in der großangelegten Mensa des Studentenwerks vermittelt. Diese Vergünstigungen gelten zumeist für ein Semester. Begehrter sind allerdings die Freitische privater Organisationen, wie beispielsweise der Österreichischen Freundeshilfe oder einzelner Großunternehmen.

„Wer einen solchen Freitisch beispielsweise in der Kantine des Allianz-Versicherungskonzerns in der Taubenstraße innehatte, brauchte sich bis zum Ende seiner Studienzeit um seinen täglichen Mittagstisch keine Sorgen zu machen." [7]

An der Universität besteht überdies seit 1924 ein Wirtschafts- und Fürsorgeausschuss, der einmalige Einzelunterstützungen, Stipendien, Gebührenerlasse, kurzfristige Darlehen, Fahrpreisermäßigungen, und Preisermäßigung an der Theaterkasse gewährt.

Selbst für Studenten, die im akademischen Viertel wohnen, aber den Besuch von Kultur-, Sport- und Erholungsstätten nicht meiden wollen, ist es wichtig, über Fahrpreisermäßigungen zu billigen Zeitkarten zu gelangen, ohne die man als Berliner Student nicht auskommt.

„Dass ein ansehnlicher Teil des Monatswechsels in Fahrgeld umgesetzt werden musste, leuchtete manchem Financier des Studiums daheim in der Provinz nicht ein, wie etwa jenem Vater, der auf einen diesbezüglichen Hinweis seines in Berlin studierenden Sohnes diesem den ernsten Rat gab, so wie daheim auch in Berlin die Wege zu Fuß zurückzulegen." [8]

Anspruchslose, denen das Geld selbst für die preisermäßigte Theaterkarte fehlt, haben inzwischen eine Alternative, 60 Pfennige der Parkettplatz. Das Tageskino des Stettiner Bahnhofs im Norden des Viertels lädt bereits um 10 Uhr 30 zur

---

7 Georg Speer, Student im Berlin der zwanziger Jahre, Bonn 1971, S. 14
8 Ebenda, S. 7

ersten Vorstellung ein. „Wer rettet sich um 11 Uhr morgens in den Scheintod eines Filmromans?", fragt der Schriftsteller Walter Hasenclever, der eines Tages

Gartenhaus des Heimes Oranienburger Straße 18

des Jahres 1928 unter den Zuschauern sitzt. Er sieht in dem vollbesetzten engen, dumpfen Raum Arbeitslose, Eisenbahnbeamte, Ferienschüler und Straßenmädchen in billiger Seide, die alle „das wahre Leben kosten wollen." [9] Studenten fallen ihm nicht auf. Die kommen später. Oder sie wollen unerkannt bleiben.

Als eine der privaten Stiftungen tritt in der Zeit der Weimarer Republik die Akademische Lesehalle in der Albrechtstraße 11 in Erscheinung. Sie bietet Lese- und Arbeitsräume mit ca. 100 Plätzen. Sicher wird sie gelegentlich auch gern als Wärmehalle in Anspruch genommen. [10]

---

9   Zit. n.: Gerhard Holtz-Baumert, Berlin wie es im Buche steht, Berlin 1996, S. 93-94
10   Corpsstudenten steht noch eine weitere Betreuungsmöglichkeit offen, das Berliner SC-Kasino, gelegen über dem Weinrestaurant Traube in der Leipziger Straße. Jedes der Berliner Corps des Kösener Verbands kann hier einmal die Woche mittags speisen. Neben der Gastronomie gibt es Gesellschaftsräume und ein Lesezimmer. Das von den Altherren-Verbänden getragene SC- Kasino entsteht schon vor dem Weltkrieg. In der wirtschaftlich schwierigen Weimarer Zeit befindet sich hier eine Arbeitsvermittlung.

Eine weitere soziale Einrichtung, die nach dem Ersten Weltkrieg entsteht, ist die Deutsche Caritas für Akademiker (CFA). Diese zugunsten katholischer Studenten wirkende Fürsorgeeinrichtung wird im Dezember 1920 gegründet und hat ihren ersten Sitz in der Georgenstraße 44. Vom November 1922 an befindet sie sich in der Oranienburger Straße 13-14, wo sie bis zum Jahre 1947 verbleibt. Ihre Aufgaben entsprechen denen des Studentenwerks: Wohnungsfürsorge, Studienberatung, Stipendienfürsorge und Beschaffung von Nebenverdiensten. Hinzu kommt die Erholungsfürsorge für gesundheitlich gefährdete Studenten. Die CFA hilft darüber hinaus arbeitslosen Jung- und Altakademikern bei der Stellungssuche.

Auf den ersten Blick spricht alles dafür, dass das Berliner Quartier Latin in den Jahren nach 1910 und vor 1933 seinen akademischen Charakter weiter ausprägen kann: die Anzahl der Bewohner ist nochmals gestiegen, das Studentenwerk hat sich angesiedelt, mehrere Studentenheime und ein Lesesaal sind entstanden.

Aber es sind Gegenbewegungen zu beobachten, die zum Erblassen auffälliger Farbtupfer im ehemals bunten Bild des Viertels führen. Es geht dabei weniger um das Verschwinden der Tingel-Tangel oder anderer Vergnügungsarten; für vielfältigen Ersatz ist in den sogenannten goldenen Zwanzigern gesorgt.

Es geht vielmehr um den Niedergang des studentischen Vereinswesens im Viertel. Die Betonung liegt auf „Viertel", denn mit den zunehmenden Studentenzahlen gewinnt das akademische Vereinswesen in Berlin an sich weiter an Bedeutung.[11] Die sieben Corps des Berliner Senioren-Convent: Marchia, Guestphalia, Vandalia, Normannia, Borussia, Teutonia und Neoborussia verzeichnen erhebliche Zuwächse an Mitgliedern, im Durchschnitt des Zeitraums 1922 bis 1926 jährlich 48 und zwischen 1927 und 1930 sogar 58 „Receptionen" pro Jahr. Auch in den drei folgenden Jahren bleibt das Niveau mit durchschnittlich 37 Neuaufnahmen noch hoch. Der Bestand an Mitgliedern steigt beträchtlich. Beim Corps Guestphalia liegt er zu Beginn des Ersten Weltkriegs bei 111, in den zwanziger Jahren hingegen bei 155 Kommilitonen. Ab 1934 geht es dann unter dem Druck der verbindungsfeindlichen NS-Politik rapide bergab; Neoborussia muss sogar schon 1933 wegen Mitgliedermangels suspendieren (und kann sich im Unterschied zu den sechs anderen Corps nach dem Kriege auch nicht mehr neu etablieren).

Allerdings geht diese positive Entwicklung am Berliner Studentenviertel weitgehend vorbei. Mehrere Generationen Alter Herren haben den Corps zu einem gewissen Reichtum verholfen. Forderungen nach repräsentativen Stätten, die überdies den aktiven Mitgliedern Unterkunft bieten können, werden laut. Das

---

11 Zu den folgenden Ausführungen vgl. Ulrich Dëus – von Homeyer, a. a. O., S. 62-67

dichtbesiedelte Altberliner Studentenviertel bietet dafür weder die Gebäude bzw. den Baugrund noch das soziale Umfeld. Man orientiert sich in Richtung

Feier zur Einweihung des Weltkrieg-Denkmals im Hof der Universität am 10. Juli 1926

des vornehmen Westens. Mehr und mehr gilt das Prinzip: „Sag mir, wo Du wohnst, und ich sage Dir, wer Du bist". Die „Preußen" (Borussia) siedeln im November 1911 von der Linienstraße in die Detmolder Straße nach Wilmersdorf in ein für ihre Zwecke umgebautes Haus, das sie bis zu ihrer erzwungenen Auflösung 1936 bewohnen. Die „Vandalen" ziehen im Wintersemester 1910/11 von der Elsässer Straße in eine umgestaltete Villa der Schinkelstraße im Grundwald. Ebenfalls im Jahre 1911 erwirbt der Alt-Herren-Verein der Teutonia in der Charlottenburger Englischen Straße ein neues Heim. Die „Westfalen" (Guestphalia) kaufen ein Grundstück in der Bettinastraße, Grunewald, das sie bis zum Verkauf im Jahre 1938 bewohnen. Die „Märker" (Marchia) schließen sich der allgemeinen Umzugsbewegung erst im Jahre 1927 an und residieren nun unter der Adresse Siegmundshof, Charlottenburg. Die letzten sind die „Normannen", die im Jahre 1930 ihr zwanzig Jahre vorher auf einem zweiten Hinterhof errichtetes Haus in der Linienstraße verlassen und in die Wissmanstraße im Grunewald ziehen.

Andere Vereine sind nicht so reich, um kaufen oder bauen zu können, aber viele von ihnen wandern ebenfalls aus dem Viertel aus. So kommt es zu einer völlig veränderten Situation: Im Jahre 1910 waren die Berliner Studentenvereine fast komplett im Quartier latin ansässig, rund 130 von insgesamt knapp 150. Kaum zwei Jahrzehnte später hat sich das Bild radikal gewandelt. Für das Jahr 1929 weist das Adressbuch (einschließlich Charlottenburg) 236 Vereine aus, von denen aber nur 42 ihren Sitz beiderseits der nördlichen Friedrichstraße haben. Ansässig im Studentenviertel sind:

- 2 der insgesamt 9 Corps,
- 5 von 10 Burschenschaften,
- keine der beiden Landsmannschaften,
- 3 von 9 Turnerschaften,
- 21 der 143 Studentischen Alt-Herren-Verbände,
- einer von 14 Studentischen Hausbauvereinen,
- 8 von 35 sonstigen Studentenvereinen,
- eine von 11 Vereinigungen ausländischer Studierender und
- eine von insgesamt 3 Sängerschaften.

Mit den Vereinen verlässt ein Teil der organisierten Studenten das Viertel; die freigewordenen „Buden" werden von vereinslosen Kommilitonen gern übernommen.

Der nächste, wuchtige Schlag trifft das Berliner Quartier latin mit der Machtübernahme durch die Nationalsozialisten im Jahre 1933. Bald schon spüren die Vermieter, dass der Ansturm auf freie Zimmer nachlässt. Die neue Hochschulpolitik führt nicht nur zur Entfernung von nahezu einem Drittel des Lehrpersonals, sondern auch dazu, dass die Anzahl der Studierenden rapide zurückgeht. Im Wintersemester 1936/37 sind an der Friedrich-Wilhelms-Universität nur noch 8.420 Personen immatrikuliert. Diese Zahl schließt die Landwirtschaftliche und die Tierärztliche Hochschule ein; beide Lehrstätten sind seit dem 1. November 1934 in der Landwirtschaft-Tierärztlichen Fakultät der Universität vereinigt. Damit fällt die Studentenschaft quantitativ bis in die Zeit vor dem Weltkrieg zurück. Im Wintersemester 1909/10 hatten die drei Hochschulen zusammen 9.190 Studenten. Zusammen mit diesem Rückgang geht der Frauenanteil zurück, und die Studiengebühren ziehen an.

Charakteristisch für das Berliner Studentenviertel der dreißiger Jahre ist indes nicht nur seine dünnere Besiedlung, sondern auch seine zunehmende Farblosigkeit. Nachdem die Nazis nicht nur an der Universität (NSDStB, SA, Deutsche Studentenschaft), sondern im ganzen Reich die Macht übernommen haben, schreitet die Gleichschaltung Schritt für Schritt voran. Schon im Jahre 1933 wird in den studentischen Verbänden die Einführung des Führerprinzips angeordnet, was der bisher gepflegten demokratischen Tradition zutiefst widerspricht.

Grundsätzlich befolgen die Verbände diese Anordnung, insbesondere die Korporationen jedoch zumeist nur formal. Es folgt die Entfernung der Juden und „jüdisch-versippten" Mitglieder aus den Verbänden. Ab 1935 ist allen Mitgliedern der Hitler-Jugend (HJ) und der SA die Zugehörigkeit zu Corps verboten. Im gleichen Jahr werden die Burschenschaften in Kameradschaften des NSDStB überführt. Dessen Mitglieder dürfen nicht gleichzeitig noch bestehenden Verbindungen angehören. Ab Sommersemester 1936 ist NSDAP-Mitgliedern die Zugehörigkeit zu Corps untersagt. Danach lösen sich die letzten noch bestehenden Korporationen auf. Statt der ohnehin seltener zu sehenden bunten Mützen und Bänder tauchen an der nördlichen Friedrichstraße nunmehr die Uniformen der Kameradschaften auf. Das Wohnheim in der Oranienburger Straße 18 heißt nun „Haus der Deutschen Studentenschaft". Hier konzentriert und lagert man übrigens jene Bücher, die in der Nacht vom 10. zum 11. Mai 1933 vor dem Universitätsgebäude auf dem heutigen Bebelplatz spektakulär von nationalsozialistischen und völkischen Studenten verbrannt werden.

Von den 54.870 deutschen Studenten des Wintersemesters 1936/37 sind allerdings nur 7.600 Angehörige der Kameradschaften, was einem Anteil von 14 Prozent entspricht. In Berlin sind 1.450 von insgesamt 8.420 Studierenden (17 Prozent) in den Kameradschaften organisiert. Letztere entwickeln sich gelegentlich - weniger in Berlin, eher an traditionellen Orten wie Bonn, Freiburg, Göttingen, Leipzig, Marburg, München, Münster, Tübingen und Würzburg - unter geändertem Namen zu getarnten Korporationen mit vollem Betrieb einschließlich Mensur.[12]

Das weitere Dahinsiechen des Berliner Studentenviertels ist schnell erzählt. Für die nächsten Schicksalsschläge sorgen die Bomben und Granaten des Zweiten Weltkriegs – auch wenn sich die physischen Zerstörungen in Grenzen halten. Fast komplett vernichtet werden die Häuser der beiden Straßenvierecke, die dem Empfangsgebäude des Stettiner Bahnhofs gegenüberliegen. Stark betroffen ist auch die Elsässer (Tor-)Straße. In der nördlichen Friedrichstraße ist der spreenahe Teil größtenteils zerstört, während die letzten zweihundert Meter vor dem Oranienburger Tor – einmalig für die gesamte 3,2 Kilometer lange Achse - fast komplett erhalten bleiben. Größere Schäden entstehen außerdem am Schiffbauerdamm, in der Luisenstraße und in der westlichen Karl (Reinhard-)straße.

In den Jahrzehnten, die dem Krieg folgen, fehlen die Impulse für eine Neubelebung des Viertels. Generell verliert für die Studenten das Kriterium der Erreichbarkeit der Universität zu Fuß an Bedeutung; das Nahverkehrssystem der Stadt zählt inzwischen längst zu den besten in Europa. Der subventionierte

---

12 Vgl. Paulgerhard Gladen, Gaudeamus igitur. Die studentischen Verbindungen einst und jetzt, Köln 200, S. 49-50

Fahrpreis von zwanzig Pfennig begünstigt die Zimmersuche, die sich daher auf den gesamten zentralen und zentrumsnahen Teil von Berlin-Ost erstreckt, aber auch Randbezirke einbezieht. In Berlin-Biesdorf entsteht in den fünfziger Jahren ein Wohnheim, in dem Studenten der Humboldt-Universität für einen knapp mehr als einstelligen Monatsbetrag unterkommen.

Das „116" am Oranienburger Tor nach dem Dachstuhlbrand. Nach 1980

Studentische Verbindungen, sogar die katholischen nichtschlagenden, werden von den Besatzungsmächten als reaktionär und faschistoid eingestuft und dürfen sich selbst im Westen Deutschlands zunächst nicht neu konstituieren. In der Deutschen Demokratischen Republik bleiben sie verboten. Es gibt nur die Grundorganisation „Humboldt-Universität" der Freien Deutschen Jugend (FDJ), der der weitaus größte Teil der Studenten angehört.

Spontane studentische Biergeselligkeit entsteht kaum an den verstreuten Wohnorten, sondern am ehesten nach Beendigung des Alltags-Lehrbetriebs in einem der wenigen nahegelegenen Lokale – in den weiter oben genannten Kneipen („Bärenschänke", „116") für Studenten der nördlichen Fakultäten oder etwa im (1963 eingeebneten) „Niquet-Keller" in der Oberwallstraße für Studierende aus weiter südlich ansässigen Fakultäten. Kaum jemandem aus der fröhlichen Runde ist der historische Hintergrund der Orte bewusst. Das alte Berliner Studentenviertel ist vergessen.

Anhang

Zwanzig kurze Porträts prominenter Bewohner des Berliner Studentenviertels

Die Formulierung in der Überschrift dieses Anhangs ist nicht exakt. Als sie im Berliner Quartier latin wohnten, waren sie alles andere als prominent, und keiner von ihnen konnte in seiner Studentenbude voraussehen, welche gesellschaftliche Stellung er dereinst einnehmen würde. Allenfalls Träume waren erlaubt, und die gehen nicht immer in Erfüllung. Nun, die nachfolgend vorgestellten Personen – bei weitem nicht immer finden sich Abbildungen aus ihrer Studentenzeit - wurden bekannt und berühmt, einige über die Landesgrenzen hinaus. Fleiß und Willensstärke, Talent und Leidenschaft waren die Geheimnisse ihres Erfolgs. Einige von ihnen wurden sogar mit dem Nobelpreis geehrt oder erhielten andere herausragende Anerkennungen.

Die nachfolgende kleine Auswahl kann nur willkürlich sein. Sie ist zum Teil zufällig entstanden. Die Anordnung erfolgt chronologisch, nach dem Zeitraum des Studienaufenthalts in Berlin.

Dieses Ordnungsprinzip erlaubt einen interessanten, wenngleich nicht unerwarteten Aufschluss: Die erste Hälfte des Zeitraums wird fast unumschränkt von Geisteswissenschaftlern beherrscht; die Porträts zeigen künftige Dichter und Schriftsteller, Journalisten und Essayisten, Philosophen, Philologen, Kultur- und Rechtshistoriker, Nationalökonomen, Gesellschaftstheoretiker und Politiker. Auch in der zweiten Hälfte sind diese Richtungen weiterhin vertreten; es finden sich ein Musiker, ein Übersetzer, ein Spitzenpolitiker und andere. Aber im Vordergrund stehen jetzt die Naturwissenschaftler, späterhin bekannte und verdiente Mediziner, Mathematiker, Physiker und Chemiker. So spiegeln die Porträts den historischen Wandel, der sich im deutschen Land während des neunzehnten Jahrhunderts vollzieht: von der romantischen Geistes- zur praktisch-realen Technik- und Wirtschaftsmacht.

Im übrigen bestätigt die Reihenfolge der nächsten Seiten eine der Grundaussagen dieses Buches: Die „Prominenten" der ersten Jahrzehnte wohnen zumeist im zugeteilten „Revier" beiderseits der „Linden", fast alle Studierenden der späteren Dezennien hingegen im Viertel nördlich der Spree. Wer in den Jahren nach 1871 in der Dorotheen- oder in der Friedrichstadt wohnt, muss dort gastfreundschaftliche Verwandte oder zu Hause sehr reiche Eltern haben. Die vergleichsweise weniger Vermögenden – und das ist die weitaus überwiegende Mehrzahl - suchen sich ihr Quartier in der Nähe der nördlichen Friedrich- bzw. der anschließenden südlichen Chausseestraße, d.h. in der Friedrich-Wilhelm-Stadt oder im Spandauer Viertel.

Theodor Körner (1791 Dresden – 1813 Gadebusch).

Carl Theodor Körner – auf dem Bild von seiner Schwester Emma porträtiert – nimmt 1808 ein Studium an der Bergakademie Freiberg auf und schließt sich dort der Landsmannschaft der Montanen an. Von Leipzig, wo er 1810 Philosophie und Geschichte hört, wechselt der Aktive des Corps Thuringia wegen drohender Relegation infolge eines verbotenen Duells nach Berlin und gründet hier das Corps Guestphalia. Er wohnt in den Jahren 1811 und 1813 in der Brüderstraße 13, am Rand des offiziell zugeteilten Studenten„reviers".

Berühmtheit erlangt der von Schiller Beeinflusste durch seine Dramen für das Wiener Burgtheater und besonders durch seine Lieder im Freiheitskampf gegen die napoleonische Fremdherrschaft. Körner wird für viele Generationen zur patriotischen Identifikationsfigur. Bei Auseinandersetzungen mit der französischen Besatzungsarmee nahe Gadebusch (Mecklenburg) fällt er als Kämpfer im Lützowschen Freikorps. Eines seiner Lieder ist „Lützows wilde verwegene Jagd".

Heinrich Heine (1798 Düsseldorf -1856 Paris)

Christian Johann Heinrich Heine wohnt seit Ende Februar 1821 im dritten Stock des Hauses Behrenstraße 71, dann ab 1823 in der Taubenstraße 32. Bei Savigny studiert er Rechtswissenschaft, bei Hegel Philosophie. Davor ist er Student in Göttingen, Mitglied des Corps Guestphalia. Als ihn ein Kommilitone wegen seiner jüdischen Herkunft beleidigt, forderte er diesen zum Duell auf. Beide werden der Universität verwiesen. In Berlin verkehrt er im literarischen Salon des Ehepaars Varnhagen. Er beendet sein Jurastudium, bekommt aber keine Anstellung.

Heine zählt zu den bedeutendsten Schriftstellern des 19. Jahrhunderts. Er ist der letzte Dichter der Romantik. Er ist einer der ersten Poeten, die die Alltagssprache lyrikfähig machen. Feuilleton und Reisebericht werden bei ihm zur Kunstform. Von Heine erhält die deutsche Literatur eine zuvor nicht gekannte elegante Leichtigkeit. Als kritischer, politisch engagierter Journalist, Essayist, Satiriker und Polemiker ist Heinrich Heine bewundert und gefürchtet. Die Werke weniger anderer deutscher Dichter liegen bis heute so häufig in übersetzter und vertonter Fassung vor.

Otto von Bismarck (1815 Schönhausen – 1898 Friedrichsruh bei Hamburg).

Nach der Universität Göttingen, wo er als Mitglied des Corps Hannovera auf 26 Mensuren verweisen kann, hört der Jurastudent Otto Eduard Leopold von Bismarck-Schönhausen ab November 1833 an der Berliner Universität Vorlesungen. Zusammen mit seinen Freunden, dem Amerikaner John Lothrop Motley und dem Deutsch-Balten Alexander Graf Kaiserling bildet er eine Wohngemeinschaft im Haus Friedrichstraße 161. Mehrere Verfahren vor dem Göttinger Universitätsgericht, speziell ein Karzerstrafe, die er nicht restlos abgesessen hat, verhindern seine sofortige Immatrikulation in Berlin; diese erfolgt erst im Mai 1834. Bismarck wohnt jetzt in der Behrenstraße 26. Im März 1835 legt er das Staatsexamen ab. Die unbedingt nötigen Kenntnisse für seine Auskultator-Prüfung erwirbt er sich beim Repetitor. Ein Denkmal auf der Rudelsburg zeigt ihn als Corpsstudenten.

Der spätere Reichsgründer ist von 1862 bis 1890 Ministerpräsident von Preußen und zugleich zwischen 1867 und 1871 Bundeskanzler des Norddeutschen Bundes. In den Jahren 1871 bis 1890 ist Otto von Bismarck der erste Reichskanzler des Deutschen Reiches.

Karl Marx (1818 Trier – 1883 London)

Karl Marx studiert zunächst Rechtswissenschaft in Bonn, kneipt dort durch die Nächte, gehört einer landsmannschaftlichen Verbindung an (s. Schnürrock auf obigem Bild), duelliert sich und wird wegen unerlaubten Waffenbesitzes angeklagt. Ab Oktober 1836 verbringt er neun Semester in Berlin. In dieser Zeit kommt er auf insgesamt acht Wohnadressen, darunter fünf im zugeteilten Revier bzw. an dessen Rand – Mittelstraße 61, Mohrenstraße 17, Markgrafenstraße 50 sowie Alte Jakobstraße 45 und Schützenstraße 68 – und zwei im soeben entstehenden Viertel nördlich der Spree: Luisenstraße 60 und Charitéstraße 10. Er schließt sich den Junghegelianern um Strauß, Feuerbach, Stirner und Bauer an; sein Hauptinteresse gilt der Philosophie. Die Universität Jena promoviert ihn 1841 „in absentia" zum Dr. phil.

Marx gilt heute als deutscher Philosoph, Nationalökonom, Gesellschaftstheoretiker, politischer Journalist, Protagonist der Arbeiterbewegung und Kritiker der bürgerlichen Gesellschaft, deren gesetzmäßigen Untergang er voraussagt. Gemeinsam mit Friedrich Engels ist er der einflussreichste Theoretiker des Sozialismus und Kommunismus.

Jacob Burckhardt (1818 Basel – 1897 Basel)

Jacob Christoph Burckhardt studiert seit 1837 auf Wunsch des Vaters Evangelische Theologie. Nebenbei befasst er sich schon damals mit Geschichte und Philologie. Nach vier Semestern wechselt er von seiner Heimatstadt Basel an die Universität in Berlin, um sich vollends dem Studium der Geschichte, Kunstgeschichte und der Philologie zuzuwenden. Während der gesamten Berliner Zeit, vom Sommersemester 1839 bis zum Wintersemester 1841/42, wohnt er Unter den Linden 72. Er hört Vorlesungen bei Leopold von Ranke, Johann Gustav Droysen, August Böckh, Franz Kugler und Jacob Grimm. Bettina von Arnim gehört zu seinem Bekanntenkreis. Im Jahre 1843 wird er zu Basel in Abwesenheit promoviert, schon ein Jahr später habilitiert er sich.

Burckhardt ist ein bedeutender Philologe und Kulturhistoriker. Sein wissenschaftlicher Schwerpunkt ist die Kunstgeschichte Europas. Einen großen Teil seines Arbeitslebens, von 1858 bis 1893, lehrt er an der Universität Basel Geschichte und Kunstgeschichte. Heutzutage wird Burckhardt nicht nur durch häufiges Zitieren geehrt, der höchste Geldschein der Schweiz – 1000 Franken - trägt seit 1995 das Porträt des Gelehrten.

Josef Victor von Scheffel (1826 Karlsruhe – 1886 Karlsruhe)

Der Jurastudent kommt im Wintersemester 1845/46 nach Berlin und wohnt zunächst in der Friedrichstraße 135 nördlich, im Sommersemester 1846 in der Mittelstraße 52 südlich der Spree. Er nimmt an den Kneipereien auswärtiger Burschenschafter teil, bei denen „die Philister zum Lokal hinausgesungen wurden" und tritt einer nur kurzlebigen „Germania" bei. Nach anfänglicher Abneigung des Lebensfreudigen gegenüber der Atmosphäre in Berlin, schätzt er bald das „Reiben des Geistes am Geist", das die Stadt vom heimischen Heidelberg unterscheidet. Sein ungeliebtes Studium schließt er in der Heimat erfolgreich ab.

Scheffel ist im 19. Jahrhundert ein vielgelesener Schriftsteller und Dichter. Er gilt als der indirekte Begründer des Begriffes Biedermeier. Der Verfasser des „Ekkehard" und des „Trompeter von Säckingen" ist Autor unzähliger lustiger Studentenlieder.

„Wohlauf, die Luft geht frisch und rein, wer lange sitzt, muss rosten; den allersonnigsten Sonnenschein lässt uns der Himmel kosten. Jetzt reicht mir Stab und Ordenskleid der fahrenden Scholaren, ich will zu guter Sommerzeit ins Land der Franken fahren. Valleri, vallera, valleri, vallera, ins Land der Franken fahren!" (Aus: „Lied eines fahrenden Schülers")

Felix Dahn (1834 Hamburg – 1912 Breslau)

Felix Dahn studiert ab 1850 im München Rechtswissenschaft und Philosophie und promoviert dort zum Dr. jur. Zwischendurch, im Winterhalbjahr 1852/53, hört er in Berlin Vorlesungen bei Ranke und arbeitet bei jämmerlicher Ernährung in einem ungeheizten Zimmer des Hauses Am neuen Markt 9 bis in die Nacht. Für die ersparten Geldmittel schafft er sich Bücher an. Im Dichterkreis „Tunnel über die Spree" trägt er seine von Fontane geschätzten Balladen vor. Das Ergebnis des Berliner Semesters sieht er so: „Erweiterung des Gesichtskreises, nicht durch Teilnahme am Kulturleben, aber Eintritt des weltflüchtigen Jünglings in die Gesellschaft, die mich mit unerklärlicher Liebenswürdigkeit aufnahm".

Der Rechtshistoriker und Schriftsteller wirkt als Dozent in Würzburg und Breslau sowie als Rektor der Universität Königsberg. Sein wissenschaftliches, lyrisches und Prosawerk umfasst ca. 30.000 gedruckte Seiten. „Ein Kampf um Rom" (1876), in dem es um den Untergang des spätantiken Ostgotenreiches in Italien geht, ist der bekannteste seiner historischen Romane; die Neuauflagen finden bis heute begeisterte Leser.

Wilhelm Raabe (1831 Eschershausen – 1910 Braunschweig)

Weil Raabe das Wolfenbütteler Gymnasium ohne Abitur verlässt, akzeptiert ihn die Friedrich-Wilhelms-Universität nur als Hospitant. Ab Herbst 1854 besucht er zur Hebung seiner Allgemeinbildung die unterschiedlichsten Vorlesungen - von der Rechtsphilosophie über Shakespeares Dramen bis zur Kunst- und ägyptischen Geschichte. Auf „ausgezeichnet fleißig" lauten viele seiner nachgelassenen Testate. Während der beiden ersten Semester wohnt er in der Spreegasse 11 (ab 1862 Sperlingsgasse), danach für ein weiteres Jahr auf der anderen, westlichen Seite des Spreekanals, in der Werderschen Rosenstraße 4. In dieser Berliner Zeit entsteht unter dem Pseudonym Jacob Corvinus der erste Roman „Die Chronik der Sperlingsgasse"; er bleibt Raabes größter schriftstellerischer und wirtschaftlicher Erfolg.

Das Gesamtwerk spielt fast immer in deutscher Vergangenheit, aber es gelingt Raabe, reale Charaktere und deren Schicksale zeitlos zu gestalten. Zumeist schwingt eine gewisse Wehmut über die unvermeidlichen Risse zwischen Altem und Neuem mit. Anlässlich der Hundertjahrfeier der Berliner Universität erhält Raabe von der Medizinischen Fakultät (!) die Ehrendoktorwürde.

Carl Runge (1856 Bremen – 1927 Göttingen)

Der Kaufmannssohn Carl David Tolmé Runge absolviert 1875 in Bremen das Gymnasium. Danach studiert er an der Universität München zuerst Literatur und Philosophie, danach Mathematik. Ab Herbst 1877 setzt er sein Studium in Berlin fort, wobei er besonders durch die Mathematiker Kronecker und Weierstraß beeinflusst wird. Er wohnt zunächst in der Luisenstraße 37, vom Sommersemester 1878 an für zwei Jahre in der Dorotheenstraße 25. Nachdem er 1880 bei Weierstraß und Kummer mit der Arbeit „Über die Krümmung, Torsion und geodätische Krümmung der auf einer Fläche gezogenen Curven" promoviert wird, habilitiert er sich 1883.

Runge ist zunächst ordentlicher Professor für Mathematik an der Technischen Hochschule Hannover, im Jahre 1904 übernimmt er in Göttingen die erste deutsche Professur für angewandte Mathematik. Seine wesentliche wissenschaftliche Leistung besteht - wie sein Schwiegersohn einmal treffend bemerkte - darin, „die abgerissenen Fäden zu den Anwendungen wieder zu knüpfen, die Einheit der mathematischen Wissenschaft einschließlich den Anwendungen wiederherstellen zu helfen".

Max Planck (1858 Kiel – 1947 Göttingen)

Max Karl Ernst Ludwig Planck beginnt im Wintersemester 1874/75 an der Münchner Universität ein Studium der Mathematik und Naturwissenschaft. Zum Wintersemester 1877/78 wechselt er gemeinsam mit Runge nach Berlin. Er wohnt in der Leipziger Straße 31. Das Bild zeigt ihn als Berliner Student im Jahre 1878. Von den Vorlesungen des bewunderten Wissenschaftlers Helmholtz ist er jedoch bald enttäuscht; dieser war „nie richtig vorbereitet, er sprach immer nur stockend, … außerdem verrechnete er sich beständig … und wir hatten das Gefühl, dass er sich selber bei diesem Vortrag mindestens ebenso langweilte wie wir". Wieder zurück in München legt Planck im Oktober 1878 das Staatsexamen ab. Im Jahr darauf wird er promoviert und 1880 habilitiert. Mit gerade einmal 22 Jahren ist er nun Hochschullehrer.

Planck wirkt ab 1889 für 37 Jahre als Professor an der Berliner Universität. Zugleich wird er 1912 Sekretär der später nach ihm umbenannten Kaiser-Wilhelm-Gesellschaft. Der bedeutende deutsche Gelehrte auf dem Gebiet der Theoretischen Physik gilt als Begründer der Quantenphysik. Für die Entdeckung des planckschen Wirkungsquantums erhält er 1919 den Nobelpreis für Physik.

Ludwig Ganghofer (1855 Kaufbeuren – 1920 Tegernsee)

Ludwig Albert Ganghofer beginnt im Jahre 1875 ein Maschinenbaustudium am Polytechnikum in München, wechselt jedoch bald an die dortige Universität, um Literaturgeschichte und Philosophie zu hören. Im Herbst 1878 kommt er nach Berlin. Hier landet er nach zwei abenteuerlichen, innerhalb von 24 Stunden abgewickelten Quartierwechseln in der Charitéstraße 1 (vgl. Einführung zu diesem Buch). Der anfänglich fleißige Besuch der Vorlesungen wird bald von begeistertem Theaterspielen verdrängt. Eine von ihm ausgehende Duellforderung auf Pistolen kann die Polizei in letzter Minute verhindern. Nach eigener Aussage „verschustert" er das siebente und achte Semester in Berlin. Im Jahre 1879 promoviert er in Leipzig.

Viele der literarischen Werke Ganghofers greifen Geschehnisse aus der Geschichte Berchtesgadens auf. Seine Heimatromane, die meist vom Leben einfacher, tüchtiger, ehrlicher Leute handeln, bringen ihm schon zu Lebzeiten den Ruf des „Heile-Welt"-Schreibers ein. Immerhin erleben insbesondere die Romane bis heute neue Auflagen. Weltweit sind inzwischen mehr als 30 Millionen Exemplare der Werke Ludwig Ganghofers verkauft.

Wilhelm Wien (1864 Gaffken/Ostpreußen – 1928 München)

Wilhelm Carl Werner Otto Fritz Franz Wien beginnt 1882 nach Abschluss des Königsberger Gymnasiums ein Mathematikstudium an der Universität Göttingen, wechselt aber bereits im Herbst des gleichen Jahres nach Berlin. Seine Unterkunft findet er zunächst in der Marienstraße 8. Schon als Student arbeitet er im Laboratorium von Hermann von Helmholtz und erlangt 1886 seinen Doktortitel. Ab 1889 ist er Assistent bei Helmholtz an der Physikalisch Technischen Reichsanstalt und habilitiert 1892 an der Universität Berlin. Es folgen ab 1896 Dozenturen in Aachen, Gießen und Würzburg. Ende 1919 geht Wilhelm Wien nach München, um die Nachfolge Röntgens anzutreten.

Von dem Physiker Wien stammen das nach ihm benannte Verschiebungsgesetz und das Strahlungsgesetz. Er vertritt die Auffassung, dass ein physikalischer Prozess elektromagnetischer Natur und die Masse eines Körpers vollständig aus seiner elektromagnetischen Energie berechenbar ist. Im Jahre 1904 entwickelt er Differentialgleichungen zur Elektrodynamik bewegter Körper. Er zählt deshalb zu den Vorläufern der speziellen Relativitätstheorie. Wilhelm Wien erhält 1911 für die Arbeiten zur Wärmestrahlung den Nobelpreis für Physik.

Fritz Haber (1868 Breslau – 1934 Basel)

Fritz Haber studiert ab Sommerhalbjahr 1886 in Heidelberg bei Bunsen und ab Herbst des gleichen Jahres in Berlin bei von Hofmann sowie nachfolgend bei Liebermann Chemie. Sein Wohnquartier findet er in der Artilleriestraße 6, heute Tucholskystraße. Er schließt sich einer Studentenverbindung, dem "Akademisch-naturwissenschaftlichen Verein" an. 1893 konvertiert er vom jüdischen zum protestantischen Glauben. Im Jahre 1912 wird Haber zum Direktor des Kaiser-Wilhelm-Instituts für Physikalische Chemie und Elektrochemie in Berlin-Dahlem und zum ordentlichen Honorarprofessor für physikalische Chemie an der Universität Berlin berufen. 1918 erhält er den Nobelpreis für Chemie.

Habers wissenschaftliche Hauptleistung ist die synthetische Herstellung von Ammoniak. Damit schafft er einerseits die Voraussetzung zur industriellen Herstellung von Sprengstoff und Giftgas. Andererseits bildet das von ihm und Carl Bosch entwickelte Verfahren die Grundlage für die Produktion synthetisierten Stickstoffdüngers. Ohne die heute global eingesetzten insgesamt mehr als 100 Millionen Tonnen dieses landwirtschaftlichen Düngers würde sich die Ernährungsbasis der Weltbevölkerung halbieren.

Mori Ogai (1862 Tsuwano/Shimane – 1922 Tokio)

Der junge Leutnant studiert von 1884 bis 1888 als Stipendiat der japanische Regierung Hygiene und Heeressanitätswesen in Leipzig, Dresden, München und zuletzt in Berlin. Hier mietet er sich zunächst, vom April bis Juni 1887, im Eckhaus Luisenstraße 39 / Marienstraße 32 ein. Er hört bei Koch Bakteriologie, besucht Virchow, macht sogar als Arzt Revierdienst im II. Garde-Regiment zu Fuss. Daneben beschäftigte er sich intensiv mit europäischer Literatur, Religion, Philosophie, Musik und Kunst. Seine Novelle „Das Ballettmädchen" (1890) soll Züge einer eigenen tragischen Liebe zu einer Berlinerin tragen. In Japan avanciert Mori zum Generalstabsarzt des Heeres. Während seiner letzten Lebensjahre ist er Generaldirektor der Kaiserlichen Bibliotheken und Museen.

Am ersten von insgesamt drei Wohnorten seines Berliner Aufenthalts unterhält die Humboldt-Universität eine Gedenk- und Begegnungsstätte. Eine Tafel am Haus kennzeichnet Mori als späteren Mitbegründer der japanischen Literatur, als Schriftsteller und Kritiker. Er ist der erste japanische Übersetzer von Goethes Faust, der Werke Lessings, Kleists, E.T.A. Hoffmanns und anderer deutscher Dichter.

Alfred Kerr (1867 Breslau – 1948 Hamburg)

Alfred Kerr (Kempner) setzt im Winterhalbjahr 1887/88 sein Studium der Philologie, Geschichte, Philosophie und Germanistik in Berlin fort. Seine Studentenbude liegt in der Kleinen Präsidentenstraße 7, nahe der Nationalgalerie, von der er, wie er sich gern erinnert, in die alte Stadt und auf ihre Brücken sah. Im Jahre 1894 schließt er in Halle das Studium mit der Promotion zum Dr. phil. ab. Schon ab 1891 schreibt er Beiträge für verschiedene Zeitungen. Nach 1900 ist er Theaterkritiker der Berliner Zeitung „Der Tag" und Herausgeber der Literaturzeitschrift „Pan", ab 1919 bis zu seiner Emigration 1933 schreibt er für das „Berliner Tageblatt" und die „Frankfurter Zeitung".

Kerr ist einer der einflussreichsten deutschen Kritiker aus der Zeitspanne zwischen dem Naturalismus und der Zäsur von 1933. Henrik Ibsen und Gerhard Hauptmann erfreuen sich seiner wohlwollenden Förderung. Kerr sieht in der Kritik eine eigene Kunstform, die gelegentlich als literarisches Stenogramm bezeichnet wird. Der „Meister des Sarkasmus" entwickelt einen treffenden, geistreich-ironischen und oft absichtlich saloppen Stil. „Salonfähiges" durchsetzt er mit Berlinismen, plattdeutschen und anderen dialektalen Formulierungen.

Jean Sibelius (1865 Hämeenlinna – 1957 Järvenpää bei Helsinki)

Der einer schwedischsprachigen Familie entstammende Johan Julius Christian Sibelius studiert bei dem deutschstämmigen Musikprofessor, Komponisten und Sammler finnischer Volkslieder Richard Faltin und vor allem bei dem in Deutschland ausgebildeten Martin Wegelius, Gründer des Musikinstituts in Helsinki. Im Jahre 1889 setzt er sein Studium in Berlin bei Albert Becker fort. Seine Unterkunft findet er in der Marienstraße 4. Dem Berliner folgt bis 1891 ein Aufenthalt in Wien. Das obige Bild entsteht um 1890. In Helsinki zunächst Musiklehrer, erhält er später eine Staatsrente und wird freischaffender Komponist.

Sibelius schreibt Orchestersuiten, ein Violinkonzert, Kammermusik, Chorwerke, eine Oper, Sinfonische Dichtungen und Sinfonien. Viele seiner Werke bleiben in Deutschland, im Gegensatz zu den angelsächsischen Ländern, lange Zeit unbekannt. Mit seiner Musik leistet er einen Beitrag zur Identität des sich aus russischer Vorherrschaft befreienden Finnland. Zeitlebens ist er bemüht, an der Schwelle von der Spätromantik zur Moderne einen ganz eigenen kompositorischen Stil zu entwickeln, um die klassische musiktheoretische Konzeption der Sinfonie zu erweitern.

Gustav Mayer (1871 Prenzlau – 1948 London)

Gustav Mayer studiert Geschichte sowie Wirtschaftswissenschaften und wird 1893 mit einer Arbeit über „Lassalle als Sozialökonom" in Basel promoviert. Davor liegen die Aufenthalte in Berlin und Freiburg. In der Reichshauptstadt verbringt er das Sommersemester 1890 und das Winterhalbjahr 1890/91; Linienstraße 139 lautet seine Adresse. Von 1896 bis 1906 arbeitet er als Auslandskorrespondent der Frankfurter Zeitung in Holland, Belgien und Frankreich. Danach ist er kurze Zeit Professor in Brüssel, seit 1919 dann Professor der Geschichte der Demokratie, des Sozialismus und der politischen Parteien an der Universität Berlin, später in Frankfurt am Main. Im Jahre 1937 emigriert der „Nichtarier" über die Niederlande nach Großbritannien.

Mayer ist einer der ersten Historiker der deutschen Arbeiterbewegung. In seiner Geschichtsbetrachtung bemüht er sich um eine „Synthese von Ranke und Marx". Er verfasst mehrere Biographien von Führern deutscher Sozialisten, darunter ein vielbeachtetes zweibändiges Werk des politischen Werdegangs Friedrich Engels'. Außerdem ediert er mehrere Bände mit Dokumenten zur Geschichte der Arbeiterbewegung.

Otto Warburg (1883 Freiburg i. Br. – 1970 Berlin)

Otto Heinrich Warburg studiert Naturwissenschaften mit Schwerpunkt Chemie an der Albert-Ludwigs-Universität Freiburg, ab 1903 setzt er das Chemiestudium an der Universität in Berlin fort, wo er in der Neuen Wilhelmstraße 16 wohnt. Ab 1905 schließt sich ein Studium der Medizin in Berlin, München und Heidelberg an. 1906 promovierte er in Berlin zum Dr. phil., 1911 in Heidelberg zum Dr. med. Ein Jahr später erfolgt Warburgs Habilitation für das Fach Physiologie in Heidelberg. Zwischen 1921 und 1923 hat er eine außerordentliche Professur für Physiologie an der Medizinischen Fakultät der Universität Berlin. Gleichzeitig und vor allem ist er Mitarbeiter des Kaiser-Wilhelm-Instituts und gründet dort im Jahre 1930 das Institut für Zellphysiologie, dem er bis 1967 vorsteht.

Seine wissenschaftlichen Beiträge leistet Warburg u. a. über die Photosynthese der Pflanzen und den Stoffwechsel von Tumoren. Die Hypothesen über Krebszellen gehören zu den Klassikern der medizinischen Grundlagenforschung. Für „die Entdeckung der Natur und der Funktion des Atmungsferments" erhält Warburg 1931 den Nobelpreis für Physiologie oder Medizin.

Robert Musil (1880 Klagenfurt – 1942 Genf)

Robert Edler von Musil, so sein Name bis zur Adelsaufhebung 1919, hat bereits ein Ingenieurexamen absolviert, als er sich im Wintersemester 1902/03 an der Berliner Universität für die Fächer Philosophie und Psychologie einschreibt. Seine Unterkunft findet er in der Burgstraße 10. Nach der Promotion im Jahre 1908 wird er 1910 in Wien Bibliothekar und schreibt nebenher für Zeitungen. Nach Kriegsende etabliert er sich in Wien und Berlin als freier Schriftsteller und ab 1921 auch als Theaterkritiker. In diesen Jahren lernt er seinen späteren Verleger Ernst Rowohld kennen. Nach dem Anschluss Österreichs emigriert Musil in die Schweiz.

Der österreichische Schriftsteller ist neben seinem Erstling „Die Verwirrungen des Zöglings Törleß" (1906) vor allem als Autor des unvollendeten Romans „Der Mann ohne Eigenschaften" bekannt. Dieses mehrbändige Buch entwickelt sich von ersten autobiographischen Entwürfen zu Musils Lebenswerk, in das nach und nach sämtliche literarischen Anstrengungen eingehen. Heute gilt der Roman als eines der größten Werke der klassischen Moderne und als ein literaturwissenschaftliches Prestigeobjekt.

Theodor Heuss (1884 Brackenheim – 1963 Stuttgart)

Theodor Heuss studiert in München Nationalökonomie, Literatur, Geschichte, Philosophie, Kunstgeschichte und Staatswissenschaften. Das Wintersemester 1903/04 verbringt er an der Berliner Universität, über die er sagt: „Sie hat mir, so glanzvoll sie in ihrem Lehrkörper war, nicht viel gegeben, was nicht an ihr, sondern an mir lag." Heuss wohnt in der Elsässer (Tor-)Straße 38 (damalige Nummerierung) am Oranienburger Tor. Im Jahre 1905 wird er in München promoviert. Es folgen journalistische Betätigungen und zwischen 1920 und 1933 eine Dozentur an der Deutschen Hochschule für Politik, Berlin. Gleichzeitig ist er von 1924 bis 1928 und 1930 bis 1933 Reichstagsabgeordneter für die Deutsche Demokratische Partei bzw. die Deutsche Staatspartei. Im Jahre 1948 wird Heuß Vorsitzender der neu gegründeten Freien Demokratischen Partei (F.D.P.).

Heuss wird 1949 zum ersten Präsidenten der Bundesrepublik Deutschland gewählt; eine zweite, bis 1959 reichende Wahlperiode folgt. Strenge Beachtung des Prinzips überparteilicher Amtsführung zeichnet ihn aus. Als Repräsentant der demokratisch-liberalen und kulturellen Traditionen Deutschlands gewinnt er im Ausland bald Vertrauen für die Nachkriegsrepublik.

Literaturverzeichnis

Akademische Auskunftsstelle (Hrsg.), Das Studentenhandbuch 1930/31

Amtliches Verzeichnis des Personals und der Studierenden der Königlichen Friedrich-Wilhelms-Universität zu Berlin. Auf das Winterhalbjahr 1860/61, Berlin 1861, ...1910/11, Berlin 1911.

Amtliches Verzeichnis des Personals und der Studierenden der Königlichen Landwirtschaftlichen Hochschule zu Berlin, lfd

Amtliches Verzeichnis des Personals und der Studierenden der Königlichen Tierärztlichen Hochschule zu Berlin, lfd

Ausgewählte Zusammenstellung der für die Humboldt-Universität zu Berlin nicht mehr geltenden gesetzlichen, statuarischen und reglementarischen Bestimmungen aus dem Jahre 1885, Berlin 1985

Ausstellungskatalog, Berlin und seine Kneipen, Berlin 1981

Peter Bahl (Bearb.), Wolfgang Ribbe (Hrsg.), Die Matrikel der Friedrich-Wilhelms-Universität zu Berlin 1810-1850, Teil 1, Berlin 1910

Berlin für Kenner. Ein Bärenführer bei Tag und Nacht durch die deutsche Reishauptstadt, Berlin 1911

Kurt U. Bertrams (Hrsg.), Cameliana, Hilden 2003

Franz Born, Berlin wie es ißt – und trinkt, Berlin 1969

Robert Bosse, Mensuren und Pandekten, WJK Verlag Hilden 2002

Heinrich Brunner, Der Antheil des deutschen Rechtes an der Entwicklung der Universitäten. Rede zum Antritt des Rektorats an der Königlichen Friedrich-Wilhelms-Universität zu Berlin, 15. Oktober 1896, Berlin 1896. In: Universität zu Berlin, Reden 1887-1896

Hans Dehmen, Kurt Wagener, Die Tierärztliche Hochschule, Küssnacht am Rigi, Düsseldorf, um 1931

Laurenz Demps, Der Schiffbauerdamm, Berlin 1993

Ders., Die Oranienburger Straße, Berlin 1998

Ders., Das Königliche Invalidenhaus zu Berlin, Dresden 2010

Ulrich Deus – von Homeyer, 1810 - 2010. 200 Jahre Berliner Universität. 200 Jahre Berliner Corps, Berlin 2010

Friedrich Dorno, Aus meiner Flämingheimat strömt doch all meine Kraft. Ein Studentenbuch, Berlin 2009

Joseph von Eichendorff, Aus dem Leben eines Taugenichts, Berlin 1964

Ludwig Elm u.a., Füxe, Burschen, Alte Herren, Köln 1993

Hans Fallada, Damals bei uns daheim, Berlin und Weimar 1983

Ludwig Feuerbach, Briefwechsel, hrsg. von Werner Schuffenhauer, Leipzig 1963

Gerhard Flügge, 'ne dufte Stadt ist mein Berlin, Berlin 1979

Theodor Fontane, Mathilde Möhring, Berlin und Weimar 1971

Ders., Hundert Gedichte, Berlin 2002

Ruth Freydank, Theater in Berlin, Berlin 1988

Friedrich-Wilhelms-Universität zu Berlin, Feier bei der Enthüllung des Denkmals für die im Weltkrieg gefallenen Studenten, Dozenten und Beamten der Universität am 10. Juli 1926

25 Jahre Handels-Hochschule Berlin 1906-1931, o. Autor, Ort und Jahr

Johann Christian Gädicke, Nachrichten für angehende Studirende in Berlin, Berlin 1811

Klaus Dieter Gandert, Vom Prinzenpalais zur Humboldt-Universität, Berlin 2004

Ludwig Ganghofer, Lebenslauf eines Optimisten, Stuttgart 1920

Johann Friedrich Geist, Klaus Kürvers, Das Berliner Mietshaus 1862-1945, München 1984

Luc Gersal, Spree-Athen, Leipzig 1893

Paulgerhard Gladen, Gaudeamus igitur. Die studentischen Verbindungen einst und jetzt, Köln 2001

Erdmann Graeser, Lemkes sel. Witwe, Erster Teil, Berlin, o. J.

Johann Jakob Hässlin, Berlin, München 1971

Heinrich Heine, Briefe aus Berlin. In: Säkularausgabe. Werke, Briefwechsel, Lebenszeugnisse, Bd. 4, bearbeitet von Karl Wolfgang Becker, Berlin, Paris 1981

Wolfgang Helfritsch, Lebenslang auf Wanderschaft. Berlinische Monatsschrift, Nr. 5/ 2001, S. 48 ff

Georg Hermann, Rosenemil, Berlin 1960

Theodor Heuss, Vorspiele des Lebens, Tübingen 1954

Gerhard Holtz-Baumert, Berlin wie es im Buche steht, Berlin 1996

Friedrich Holtze, Redende Zahlen. Die Entwicklung der Berliner Universität. In: Die Woche, Berlin, Nr. 41, 1910

Renate Issmer, Zur geschichtlichen Entwicklung der Universitäts-Frauenklinik Berlins. In: Wissenschaftliche Zeitschrift der Humboldt-Universität, Beiheft zum Jubiläumsjahrgang 1959/60

Gerhard Jaeckel, Die Charité, o. O. 2000

Erich Kästner, Fabian, Frankfurt a. M., Berlin 1961

Isidor Kastan, Berlin wie es war, Berlin 1919

Alfred Kerr, Wo liegt Berlin?, Berlin 1997

Walther Kiaulehn, Berlin. Schicksal einer Weltstadt, München und Berlin 1965

Ekkehard Klausa, Ein konservativer Fels in der braunen Brandung, Berlin 2009

Korporation der Kaufmannschaft von Berlin, Die Handelshochschule Berlin. Bericht über das Studienjahr 1906/07, Berlin 1908, ... 1909/10, Berlin 1911

Heinz Kossack u.a., Humboldt-Universität zu Berlin. Dokumente 1810-1985, Berlin 1985

René Kuczynski, Das Existenzminimum und verwandte Fragen, Berlin 1921

Max Lang, Die Universität Berlin, Wien, Düsseldorf, Küssnacht am Rigi 1931

Max Lenz, Geschichte der Königlichen Friedrich-Wilhelms-Universität zu Berlin, Halle 1910-1918

Magister und Skolaren. Professoren und Studenten, Leipzig, Jena, Berlin 1981

Heinrich Mann, Schlaraffenland, Berlin und Weimar 1970

Ders., Der Untertan, Leipzig 1986

Karl May, Der blaurote Methusalem, Berlin 1992

Max Mechow, Berliner Studenten 1810 – 1914, Berlin 1975

Friedrich Meinecke, Erlebtes 1862 – 1901, Leipzig 1941

Wilhelm Meyer-Förster, Alt-Heidelberg, Schauspiel, Berlin 1908

Agathe Nalli-Rutenberg, Das alte Berlin, Berlin 1912

Karl Obermann, Die Berliner Universität am Vorabend und während der Revolution von 1848/49. In: Forschen und Wirken. Festschrift zur 150-Jahr-Feier der Humboldt-Universität zu Berlin 1810 – 1960, Bd.1, Berlin 1960

Hans Ostwald, Berliner Tanzlokale, Berlin 1904

Ders., Berliner Kaffeehäuser, vor 1905

Ders., Dunkle Winkel in Berlin, Berlin 1905

Ders., Das Berliner Dirnentum. Der Tanz und die Prostitution, Leipzig o.J.

Ders., Das Berliner Dirnentum, Männliche Prostitution, Leipzig 1906

Ders., Die Berlinerin. Kultur- und Sittengeschichte Berlins, Berlin 1921

Felix Philippi, Alt-Berlin, Erinnerungen aus der Jugendzeit. Erste und zweite Folge, Berlin 1915 und 1926

Der Rektor (Hrsg.), Die Humboldt-Universität in Berlin. Bilder aus Vergangenheit und Gegenwart, Berlin 1976.

Angelika Ret, Tingel-Tangel und Volksvarieté. In: Ruth Freydank (Hrsg.), Theater als Geschäft, Berlin 1995

Adolf Rüger u.a., Humboldt-Universität zu Berlin. Überblick 1810-1985, Berlin 1985

Schütz (Hrsg), Die Thierärztliche Hochschule zu Berlin 1790-1890, Berlin 1890

Klaus Schultz, Stiftungen zur Studien- und Forschungsförderung an der Berliner Universität, Berlin 1994

Frank Schumann, Die Szene, Berlin 1993

Oskar Schwebel, Aus Alt-Berlin, Berlin 1891

Georg Speer, Student im Berlin der zwanziger Jahre, Bonn 1971

Statistisches Amt der Stadt Berlin, Statistisches Jahrbuch der Stadt Berlin 1908-1911, Berlin 1913

Statuten der Universität zu Berlin, Berlin 1912

Ulrike Steglich, Peter Kratz, Das falsche Scheunenviertel, Berlin 1994

Adolf Streckfuß, 500 Jahre Berliner Geschichte, Berlin 1900

Paul Thiel, Lokal-Termin in Alt-Berlin, Berlin 1988

Henry F. Urban, Aus dem Berliner Studentenleben. In: Berliner Bilder, Spreeathener, Berlin 1914

Veterenärmedizin in Berlin 1790-1965, Wissenschaftliche Zeitschrift der Humboldt-Universität zu Berlin, Sonderband 1965

Vierzig Jahre Akademische Turnverbindung Arminia-Berlin 1891-1931, Berlin 1931

Sven Waskönig, Der Alltag der Berliner Verbindungsstudenten im Dritten Reich am Beispiel der Kösener Corps an der Friedrich-Wilhelm-Universität. In: Rüdiger vom Bruch, Christoph Jahr, Rebecca Scharschmidt (Hrsg.), Die Berliner Universität in der NS-Zeit, Berlin 2005

Jabob Wassermann, Etzel Andergast, Berlin 1931

W. Wittmack (Hrsg.), Die Königliche Landwirtschaftliche Hochschule in Berlin, Berlin 1906

Hermann Zech, Die Friedrich-Wilhelm-Stadt in Berlin-Mitte, Berlin 1997

Ders., Die Dorotheenstadt in Berlin-Mitte, Berlin 2000

Ders., Gedenktafeln in der alten Mitte Berlins, Berlin 2001

Frank Zschaler, Vom Heilig-Geist-Spital zur Wirtschaftswissenschaftlichen Fakultät, Berlin 1997

Helmut Zschocke, Die Berliner Akzisemauer, Berlin 2012

Bildnachweis

Landesarchiv Berlin: S. 18, 20, 28, 34, 35, 44, 45, 79, 94, 130, 143, 144, 151.
Stiftung Stadtmuseum Berlin: S. 59, 104, 107, 133, 134, 139, 146, 149, 157
Staatsbibliothek zu Berlin – Preußischer Kulturbesitz: S. 23.
Landesdenkmalamt Berlin: S. 41.
Staatliche Museen zu Berlin, Alte Nationalgalerie: S. 168.
Universitätsarchiv der Humboldt-Universität Berlin: S. 85, 89
Deutsches Bundesarchiv: S. 180, 184, 185.
Verband alter Corpsstudenten beim Institut für Hochschulkunde Würzburg: S. 64, 67, 113, 125, 163, 170.
Deutsche Gesellschaft für Hochschulkunde im Institut für Hochschulkunde Würzburg: S. 155.
Deutsche Bauzeitung: S. 40. Deutsche Fotothek Dresden: S. 61. Universitätsbibliothek Basel: S. 172. Bayerische Akademie der Wissenschaften: S. 174. Welt-Bilderdienst: S. 179. Open Letters Monthly: S. 186. Wikipedia: S. 169, 171, 173, 175, 176, 177, 178, 183.
Sammlungen. Gerhard Brand: S. 92, 97, 103, 110, 114, 129, 136, 140, 148, 152. Ulrich Dëus – von Homeyer: S. 17, 38, 69, 87, 117, 118, 120, 121. Christoph Harbort – von Loeper: S. 116. Andreas Seedorff: S. 166. Helmut Zschocke: S. 16, 19, 24, 26, 31, 55, 57, 62, 65, 82, 84, 112, 119, 122, 158, 161
Reproduktion. Hans Dehmen, Kurt Wagener, Die Tierärztliche Hochschule, Küssnacht am Rigi, Düsseldorf, um 1931: S. 77. Klaus-Dieter Gandert; Vom Prinzenpalais zur Humboldt-Universität Berlin, Berlin 2004: S. 36, 37, 79. Theodor Heuss, Vorspiele des Lebens, Tübingen 1954: S. 187. Korporation der Kaufmannschaft von Berlin, Die Handelshochschule Berlin, Bericht über das Studienjahr 1906/07, Berlin 1908: S. 73, 74. Lehrerkollegium (Hrsg.), Die Königliche Landwirtschaftliche Hochschule in Berlin, Berlin 1906: S. 70. Schütz (Hrsg.), Die Thierärztliche Hochschule zu Berlin 1790 – 1890, Berlin 1890: S. 22. S. H. Spiker, Berlin und seine Umgebungen im neunzehnten Jahrhundert, Berlin 1932: S. 12. Vierzig Jahre Akademische Turnverbindung Arminia-Berlin 1891 – 1931, Berlin 1931: S. 76.